U0899002

# 回家

中国人的安身立命之道

薛仁明
白剑峰 著

红旗出版社

图书在版编目(CIP)数据

回家 / 薛仁明，白剑峰著. -- 北京：红旗出版社，2019.11（2023.8 重印）
ISBN 978-7-5051-5005-8

Ⅰ. ①回… Ⅱ. ①薛… ②白… Ⅲ. ①散文集—中国—当代 Ⅳ. ①I267

中国版本图书馆CIP数据核字(2019)第255709号

**书　　名** **回　家**
**作　　者** **薛仁明　白剑峰**

插　　图　老树画画
责任编辑　廖晓文　　责任印务　李先珍
责任校对　李晟搏　　封面设计　叔冰设计工作室
出版发行　红旗出版社
地　　址　北京市沙滩北街 2 号　　邮政编码　100727
　　　　　杭州市体育场路 178 号　　邮政编码　310039
编 辑 部　010-51631925　　发 行 部　010-57270296
E-mail　rucdj@163.com　　0571-85311330
图文排版　红汇·一品
印　　刷　天津鑫旭阳印刷有限公司
开　　本　787 毫米 ×1092 毫米　1/16
字　　数　260 千字　　印　　张　20
版　　次　2020 年 1 月第 1 版　　印　　次　2023 年 8 月第 3 次印刷
ISBN　978-7-5051-5005-8　　定　　价　79.00 元

# 自序一

这些年来，大家关注教育的强度，应该，亘古未有吧！可在空前热切的思考与讨论后，咱们的年轻一代，又是如何？

对此，与这群二十出头、十来岁乃至于才几岁大的孩子最息息相关的家长与老师，能乐观以待的，不多；更多的，毋宁是满心忧虑与困惑。

忧虑，是因为咱们的孩子“丧”。“丧”是眼下的流行语，也是时代病。从几岁大的孩童动不动就喊着“无聊”，到十几岁的中学生普遍没气力、啥都提不起劲，乃至于聚集一群台湾社会天之骄子的台湾大学开了一门没学分、听课人数却爆满只好改到最大的教室还走道挤满了人的课，名称是：《失败者社会学》。换言之，即便是世人眼中的“菁英”，同样觉得眼前无有光亮，因此，他们“丧”。中国人一向讲“精、气、神”，可这些字眼，似乎离咱们的孩子很远。他们不去谈、也不关心所谓的“精、气、神”，只经常是昏昏沉沉，看这世界，则一片灰灰扑扑。

家长与老师的忧虑，更因为孩子们抑郁。中国年轻一代的抑郁景况，民间曾有过调查，大家可关心一下。这里只说一点：在某些一线城市，鉴定为必须住院治疗的年轻抑郁症患者，即使等了许久，都不见得能排上号入院。这蔓延之势，一是人数急遽增加，二则年龄逐年下滑。他们，都才只是青少年！

面对这样的“丧”与抑郁，忧心忡忡之余，许多家长与老师不禁困惑：咱们如此重视教育、投入如此心血，咋地，孩子竟变成了这样？

是呀，孩子怎变成了这样？！

问题的症结，固然很多，但其中有一条：咱们谈了那么多的教育，是不是，忽略了后头还有个更紧要的根本？

“化”。

古人说“教化”。其实，“教”是末，“化”才是本；在人的成长过程中，“化”为先，“教”乃后。当下的孩子，是“教”得太多，“化”得太少；准确地说，他们是亘古以来“教”得最多而“化”得最少的一代。眼下不论是体制内还是体制外，不论是国学、读经还是西方传入的种种新教育，都太聚焦于“教”，却鲜少有“化”的能量。

“教”是概念、是知识、是技能，“教”可以评鉴、可以有种种指标、可以有各式各样的教材教法，这些都很重要，但是，与孩子的性情却没啥太大影响。咱们孩子的“丧”与抑郁，不是因为他们没技能、缺知识、少概念，也不是因为他们音乐听得不够、唐诗少背了几首，甚至也不是因为经典读得不多、圣人话语听得太少，更不是因为品格教育有所不足、太缺乏所谓的心理辅导。事实上，纯纯粹粹，他们只是因为性情有所偏失、魂魄不全、“精、气、神”不足所致。凡此，皆“教”所难致，无“化”无以成之也。

“化”是熏习、是耳濡目染，“化”是藉由某种气场、某种氛围，在无迹可寻、近乎浑然天成的状态之下，让人生之、长之、育之、成之。用个大白话说，“化”是一群对的人在对的环境之下做对的事，有意无意间，自然产生了某种能量。中国人说“大化无形”，有此能量，人才可能性情趋于平正，魂魄慢慢安稳，“精、气、神”渐渐养足。

这些年，我在两岸讲授传统文化。若论上课内容，概念甚少，知识点不多，跟学问也不太沾上边。每回有人问起，这课到底上些什么？我的学生常常无言以对，不知从何说起。真要说，大概，就是在可能的范围内做到那么一点点“化”字吧（“一点点”是实话，非谦辞。详见后）！通过对的人、对的地方、对的气场，让传统文化原有“化”的能量油然而生，某些人的生命或许从此一转，气象就打开了。

我这些学生大多数年纪在四十上下，上有老、下有小，正值所谓的“哀乐中年”；生命该有的忧虑与困惑，庶几有矣。几年下来，纵使有那么些人忧虑少了、困惑减了、生命也逐渐“化”开了，我仍不断提醒他们：真要说“化”，主场不会是咱们的课堂，也不会是一般的学校，中国文明一向以来“化”的最重要场域，就是诸位的家庭。

是的，家庭。中国文明的基地，是家庭；中国人性情的养成所，是家庭；中国人魂魄的安顿之处，也是家庭。在中国文明里，任何地方“化”人之能量，都难及家庭之一二；任何“名师”或“明师”对人性情的影响，也极不易与家庭相比肩。中国人通过厅堂的祭祀、礼教以及种种的熙攘往来，再通过餐桌上的一粥一饭、汤羹肴馔，还有个中的人情流动，乃至于院子里的花草树木、鸟兽虫鱼、日升月落的光阴徘徊，把人与我，把个体与群体，把当下与天地、历史都紧紧绾合在一起，才化育出一代代中国人的“精、气、神”。

因此，眼下年轻一代的“丧”与抑郁，与其说是家庭没“教”好，不如说是家庭没“化”好。家庭之所以没“化”好，正源于中国家庭的日趋瓦解；咱们孩子最大的困境，也在于千家万户本来极强极大的“化”的能量已逐年萎缩了。于是乎，大家整天关心教育，成日对孩子忧心忡忡，却始终无济于事。真要解决问题，真要反本溯源，是不是更该回过头把各自的家庭好好修补、好好重建呢?

这是我在课堂上一向对学生的期待，也是大家手边这本《回家》的主旨。《回家》一书是由剑峰执笔，汇集了我的著作、讲座、访谈以及一年多来他在北京、上海、杭州、济南、太原等我的课堂的听讲记录，还包括两岸的学生这些年把自己与家人关系理顺、各自“回家”的诸多心路历程，除此之外，当然还有剑峰这段时间孜孜矻矻所下的功夫与诸多的体会。

剑峰供职人民日报，长期关注医疗卫生，是这领域极少数有影响力的记者。中医说人之致病，有内因（性情、意志、心念）、外因（譬如风、暑、湿、燥、寒等外邪侵扰）、不内外因（譬如生活无度、饮食失调）；一般人多关注后两者，可这回剑峰正本清源，直接聚焦于最关键的内因。内因隐微，又不好入手，却是大根大本、重中之重。我想，剑峰这样的正本清源，是浸淫于医疗卫生领域二十余年来看似偶然、实则必然的向上一转。而今此书面世，倘使有越来越多的人也开始返本溯源，一步步恢复家庭“化”人的能量，进而找回中国人该有的“精、气、神”。那么，向上一转的，又岂止是剑峰一人?

薛仁明

2019年10月于台湾

# 自序二

## 家是养人的地方

每个人都有家。或圆满，或缺憾，皆是因缘。

家，是一个温暖的地方。柴米油盐，藏着最世俗的人间烟火；一粥一饭，盛着最神圣的骨肉亲情。外面再冷，家里总有一炉不熄的火；夜色再浓，家里总有一盏等你的灯。家，让人远离喧嚣，无有恐怖。

家，是一个敞亮的地方。世事无常，总有愁苦。但是，日子再苦，也有不苦的活法；日子再难，也有欢喜的时刻。娑婆世界，难忍堪忍。人生如璞玉，不经过岁月的打磨，就不会有通透的光亮。

家，是一个修行的地方。百年修得同船渡，千年修得共枕眠。家，历来都是中国人修行的道场。烧水做饭，洒扫应对，行住坐卧，饥食困眠，样样都是修行。道不远人，道在日常功用间。

家，是一个养人的地方。好身体，好性情，都是在家里养出来的。走进家门，抖落一身风尘，放下所有疲惫，泡一壶茶，温一壶酒，哪怕伤痕累累，转眼便又元气满满。走出家门，神清气爽，万象历然，一副气宇轩昂的模样，进可成事，退不受困。

家，是一个安心的地方。自古以来，中国人不太需要宗教的疗愈。中国人的信仰，藏在血缘里，藏在祭祀里，藏在丧礼里。上有列祖列宗，下有子子孙孙。有了这条线，人到哪里，都不孤单。中国人通过食、丧、祭，与祖先、历史、天地建立联系。只要血脉不断，生命就会安稳。

每个人都生于家庭，亦将终于家庭。个人的命运与家庭的命运，是无法脱节的。一个人如果理不顺家庭关系，生命的第一环就会脱扣。离开家庭这个支点，生命就会失去根基。现代人或躁或郁，大多与此相关。唯有诚心诚意地认祖归宗，接上中华文化的千年根脉，才能气定神闲，天清地宁。

家，是有形的，也是无形的。家，是身体的居所，也是心灵的归处。电影《罗马假日》有一句经典台词："灵魂和身体，总有一个在路上。"这句话被很多文艺青年奉为圭臬。但是，中国人历来把家作为安顿身心的基地。回家，就是让身体和灵魂都有归处，皆可落地。如今，很多人最大的愿望是退休后周游世界。这样的远大理想，更像是颠倒梦想。身体总想在路上，是因为灵魂在彷徨。事实上，放浪形骸，永远解决不了灵魂的忧伤。人过中年，更需要向内观照，而非向外驰求。真正的自由，绝不是"说走就走的旅行"，而是心无挂碍，如来如去。当人回到生命的原点，参透生命的本质，才会有真正的自在圆满。

一部中华文明史，就是一部家的历史。近百年来，中华文化面临着被西方文化转基因的危险，中国人步伐踉跄，身心不宁，失魂落魄，如同离家出走的孩子。寻寻觅觅，找不到那条回家的路。现代人浮躁难安，根源在于西方文化与中国文化的冲突，头脑里的东西和骨子里的东西打架。唯有回归自己的文化，才是安身立命之道。

此心安处是吾乡。唯盼每个人都能找到心灵的家，出入自在，日日欢喜，活出本来的样子！

白剑峰

2019 年 10 月于北京

# 目录

C O N T E N T S

## 第一章
CHAPTER ONE

## 家 居



## 第二章
CHAPTER TWO

## 家 祭

第三章
CHAPTER THREE

## 家　乡



第四章
CHAPTER FOUR

## 家　庭

第五章
CHAPTER FIVE

## 家 风



第六章
CHAPTER SIX

## 家 教

第七章
CHAPTER SEVEN

## 家 国

第一章

CHAPTER ONE

# 家　居

# 一碗白粥最养人

中国人的早餐，大多是从一碗白粥开始的。白粥，米香四溢，绵绵软软。喝上一碗，元气满满。

中国人为什么喜欢喝粥？因为父母从小就喝粥，祖父祖母从小也喝粥，这样的生活习惯，代代延续，遂成传统。一碗热气腾腾的白粥，飘荡着家乡的味道，盛满了家人的亲情，承载着祖先的记忆。

相对于中式早餐，西式早餐则要丰富得多。汉堡、三明治、鸡蛋、香肠、蔬菜、水果、牛奶，算是标配。

从营养学的角度看，西式早餐绝对满分，中式早餐不及格。不过，中国人吃西餐，虽然也能饱腹，却总觉得胃里不舒服。尤其是出国之后，头两天吃西餐还挺新鲜，第三天就开始想念中餐了。再过几天，看见方便面都馋。若是想喝一碗热粥，就更是奢望了。而在国内，无论哪家宾馆，早餐必有粥，少则有大米粥、小米粥，多则还有紫米粥、八宝粥、皮蛋粥等。

其实，中国人爱喝粥，与营养学无关。清晨，人体机能刚刚生发，身体比较柔弱，肠胃尚未苏醒，没有能量去消化肉食冰鲜。白粥是中性的，正好调和脾胃。一碗白粥，几样小菜，平常、朴实、温和。

在中国人的观念中，食物是与人的生命状态相匹配的。一种食物，你与它不相匹配，尽管好吃，但你消化不了，就是无缘。就像一个婴儿，母乳是与其最匹配的食物，尽管牛排比母乳更有营养，但婴儿消受不起。中国人讲究天地人相应，什么季节，什么地方，什么体质，吃什么样的食物。一种食物，你配得上它，就是食物，就是你吃它；你配不上它，就是毒物，就是它吃你。所以，古人不谈营养，而是谈人与食物的关系。

有一位女性朋友，五十多岁就去世了。朋友们都感到惊讶，因为她一直倡导“生机饮食”，即以野生和有机食品为主。她的早餐食谱是：三明治、鸡蛋、蔬果汁、冰牛奶。为什么要吃生冷食物？因为按照西方营养学理论，不蒸、不煮、不煎，可以最大程度减少营养流失。其实，她患有红斑狼疮，属于免疫系统疾病。按照中医理论，体质本来就弱，脾胃虚寒，却天天吃如此冰冷的食物，消耗了大量体能。食物虽有营养，身体却撑不住。久而久之，精气就耗竭了。

也许有人说，西方人也爱吃生冷食物，每天一盘一盘地吃蔬菜沙拉，身体不也很好吗？事实上，西方人和中国人的体质不同，饮食习惯也不同。西方人喜欢吃热量高的肉类，并配以胡椒、肉桂等调味品。中国人饮食本来就偏素，如果盲目模仿西方饮食，只讲营养，不讲寒热，只能是“食洋不化”，自作自受。

中国人爱喝热粥，也爱喝热水，以至常常被当成笑话。网上有一个经典段子。女生说：“我感冒了。”男生说：“多喝点热水。”女生说：“我胃疼。”男生说：“多喝点热水。”女生说：“我来大姨妈了。”男生说：“多喝点热水。”女生说：“我们分手吧。”男生说：“不要，我会伤心的。”女生说：“那你就多喝点热水吧！”那么，多喝热水，到底对不对呢？

浙江一位老中医曾立下家规：家人什么都可以吃，就是不允许吃冷饮。为什么？因为胃喜温不喜凉，肾喜暖不喜寒。所以，中医从不说“多喝冰水”，而是说“多喝温开水”。尤其是人到老年，胃肠功能退化，而冷饮则会让退化速度翻倍，从而诱发隐藏的疾病。当然，冷饮不是绝对不能喝，而是要像喝茶一样细品慢咽，以减少对胃的刺激。

记得年幼时，每逢生病，没有胃口，父母总会煮一碗白粥，说："喝白粥，清清肠胃，病就好了。"如果从营养学的角度解释，人生病时，应该吃大鱼大肉，否则没有营养，怎能有抵抗力？事实上，人躺在病床上，是吃不下东西的。这就是《易经》的"剥卦"。当人饿了一段时间，突然想吃东西了，就变成了"复卦"，一阳来复，生机渐起。此时，脾胃尚虚弱，先喝点米汤，然后开始喝粥，最后再吃米饭，这是一个循序渐进的过程。如果一开始就吃牛排，哪怕再有营养，也会变成一场灾难。

中医认为，药毒同源。同样一味药，用得对，就是药；用不对，就是毒。一棵寻常的萝卜，可成治病良药；一株贵重的人参，也能致人死命。关键不在药材，而在于怎么用。同样是"饥来食，困来眠"，有人终得无上菩提，有人却活在无间地狱。关键，不在食与眠，而在于心。

据报道，有一位湖南女士进入更年期后，特别痴迷养生之道。有一天，她突发奇想，在家中将20余种水果混合榨汁，简单过滤后，自己输入静脉。输液结束后，皮肤瘙痒，体温上升，不得不住院治疗。医生发现，这位女士全身感染严重，出现凝血功能障碍，肝脏、肾脏、心脏等均有不同程度损伤，诊断为多器官功能障碍、脓毒血症，如果不及时救治，随时有可能因大出血、多器官衰竭、休克等危及生命。医院一方面采用床旁血液净化，一方面给予抗感染治疗，同时大量输入凝血因子。经过救治，患者病情逐渐稳定。本来，果汁是营养品，但因放错了地方，就成了"毒药"。

佛经说："于食知量。"意思是说，什么年龄该吃多少，什么身体该吃什么，心中要有数。每个人体质不同，需要的东西也不同。营养过度，反而折寿。所以，"疾病以减食为汤药"。

西方人强调，人应多吃蔬菜水果，否则会缺少维生素。其实，只有完全吃不到新鲜水果蔬菜的人，才会缺乏维生素，如航海员等。中国人的饮食结构和西方人不同，五谷杂粮中本身就有足够的维生素，所以无需特别补充蔬菜水果。西方人脾胃功能好，消化能力强，吃肉食和奶制品比例高，所以需要多吃蔬菜水果。中国人先天脾胃不强，消化能力弱，以谷物等素食为主，营养比较均衡。如果过多摄入蔬菜水果，反倒容易阻碍脾胃消化，不利于营养吸收。所谓新鲜，往往意味着生吃，如果脾胃无法吸收，不能被身体利用，就是多余的“垃圾”。中国人爱吃热菜，这也符合脾胃特性。苦瓜、黄瓜、西红柿，本身就是凉性的，如果再做成凉菜，吃多了损耗脾胃阳气。苹果、梨子等水果，具有寒凉属性，也是少吃为佳。

《黄帝内经》曰：“毒药攻邪，五谷为养，五果为助，五畜为益，五菜为充。气味合而服之，以补精益气。”古人认为，水果蔬菜只是辅助和补充，不需要多吃。吃东西之前，先研究一下东西的“性味”，与自己相合再吃。性寒凉的东西伤脾胃，身体好也要尽量少吃。甘能生湿，湿气重的人不宜多吃甜食。所以，没有绝对好的食物，只有适合自己的食物。

“谷肉果菜，食养尽之，无使过之，伤其正也”。每种食物都有其用，但都不能过度，否则就会“伤正”。“谷肉果菜”，这才是中国人的食物配比法则。中国人的食物以五谷为主，因为五谷是植物的种子，包含了植物的精华，是植物生长繁殖的根基，最易于人体消化吸收，也最能补脾胃、益气血。如果饮食以蔬菜水果或者肉食为主，就会影响脾胃运化。西方人强调饮食多样、营养均衡，这没有错，但只有懂得自己的体质和食物的性味，才能更健康。

人到中年，身体渐衰，脾虚胃弱，所以应尽可能少吃不熟悉的料理，回归儿时熟悉的饮食。因为，儿时之饮食，脾胃最熟悉，身体最没负担。若仍一味寻新猎奇，胡吃海喝，难免自受其害。

同样地，人在青春期之前，饮食尤其应该本土化。盖年幼之时，发育尚未完全，脾胃柔嫩，重在一个“养”字。中医说“脾土”。本地食材与脾胃多能调和，故可养人，也最适合孩子的成长。在哪里生长的人，就该吃哪里的食物，喝哪里的水。孩子从小多熟悉家乡的水土，底子厚了，以后出门在外，才会承受得住异乡的水土。

有人说，农村人土气。这个土字，恰恰是农村人的特点。土是指泥土，农村人离不开泥土，土就是命根子。过去，农村孩子出远门，家里老人会把一包用红纸裹着的土，偷偷塞进箱子底。假如在外水土不服，就把红纸包裹的东西煮一点汤喝，因为那是灶上的泥土。

台湾作家林清玄 17 岁那年，决定离开家乡。临行前，妈妈送了他一个玻璃瓶子，里面装着黑黑的东西。母亲说："你别小看，这里面装了三样重要的东西，一样是拜祖先的香炉里的香灰，一样是农田里的土，还有一样是井里的水。"闽南人认为，离开家乡的时候带着这个，就不会水土不服。

己亥年伊始，贾樟柯拍摄了一部贺岁短片《一个桶》，电影讲述了一名小镇青年在老家过完春节踏上归途的故事。母亲给他带了一个桶，用黄胶带一圈圈地密封住。他抱着这个桶，从摩托车到渡轮再到小巴，一路辗转。结果，快到家了，桶的提手断了，滚到路边。到家后，青年打开那个桶，看到沙土保护着的土鸡蛋。蛋壳上，还有一个妈妈画的笑脸。一个桶，装着故乡的土，也装着母亲的爱。

国产科幻电影《流浪地球》上映后，外国朋友问："带着地球去流浪，这个创意是怎么想出来的？"导演郭帆说："中国的房子太贵了，舍不得扔啊！"玩笑归玩笑，中国是世界上最大的原住民国家，中国人最舍不得的就是这个家。当地球出现危机时，中国人宁愿带着地球跑，也不会逃离地球另寻出路。西方人是游牧文明和航海文明，具有天然的侵略性。中国人是农耕文明，具有天然的厚土意识。因为厚土，所以不会长离故地，不会千里远征。西方人总喜欢不停地向外出走，征服大海，穿越星空。而中国人则是安土重迁，故土难离，一寸土地也不舍得丢。所以，中国人最爱脚下这片土地，和泥土最亲。

# 回家吃饭最浪漫

某年，网上有一个莫名其妙的帖子："你妈喊你回家吃饭。"一句话，没头没尾，却瞬间走红，因为它击中了无数人心底最柔软的地方。

"今天炖排骨，回家吃饭吧。""好的，老妈。"这是一对母子的微信对话。人世间最真挚的情感，就藏在这最简单、最质朴的文字中。

纪录片《舌尖上的中国》播出后，收视率之高，超乎预期。这与其说是一部美食片，不如说是一部思乡片。舌尖上的味道，就是故乡的味道、童年的味道、亲人的味道。此后，另一部纪录片《风味人间》播出，依然热度不减。导演陈晓卿称，他是用温暖的食物讲述有温度的故事。对于中国人来说，简单的食材，家常的烹饪，更能唤醒内心深处的记忆。那些并不昂贵的食物，热气腾腾，温情满满。

汪曾祺先生说："四方食事，不过一碗人间烟火。"食物的诱惑力，不在于昂贵或稀有，也不单纯以工艺的繁简或厨艺的高下来评判。炊烟美食，是平凡生活背后的情感凝结。一桌有滋有味的饭菜，映照出一个有情有爱的人世。

据报道，江苏一名男子开车到东北运送货物，因错过了旅馆，天黑时来到一个村子，敲开一户农家的门准备借宿。那户家中，只有一名老妇。男子说有点饿，老妇就给男子下了一碗面，里面放着切成丝的大蒜头。吃着吃着，男子哭了起来。老妇问："咋了，你哪儿不舒服？"男子说："我小时候走丢了，被人带到很远的地方。没走丢之前，就喜欢妈妈做的面，里面切了蒜丝，就是这个味。”听罢此言，老妇也嘤嘤地哭了起来，她说自己的儿子五岁时走丢，至今未见。彼此都觉惊讶，莫非人间真有这样的奇缘？后来，两人做了医学鉴定，果真是母子。时光流逝，人事模糊，但儿时的食物，却在胃里留下了深刻而细微的印记。

其实，每个人的心底，都藏着一份儿时的味道。无论走到哪里，都在追寻这种味道。一旦味蕾感触到那种味道，立刻就会打开记忆的闸门。遗憾的是，人的味蕾是逐年衰退的。小时候能感受到的，长大之后就慢慢消失了。从这个意义上说，故乡的味道，就是永远也找不回来的味道。

一个人的乡愁，都藏在胃里。走遍五湖四海，吃遍八方美食，才知道异乡的饭菜，总不如故乡的养人。其实，饮食偏好并无高下之分，每个人的脑海中都深埋着自己的味觉记忆，味蕾被驯化后，会形成一种良性互动。一旦接触到熟悉的味道，美好的记忆便会瞬间被唤醒。

中国人做饭讲究火候，有文火与武火之说。文火是柔和之火，武火是强劲之火。或先文后武，或先武后文。火候与燃料亦有关系。中国的好菜，如炖甲鱼用桑木，烤鸭用果木，都有特定的燃料。火候，就是做菜的最大秘诀。

中国人做菜，有一份虔诚之意。做菜时，厨师必须全神贯注，心无旁骛。菜做好了，先供奉天地，然后供奉祖先，再献给宾客。送走客人，才给小孩吃。以感恩欢喜之心做出的菜本身就珍贵，关键是有了人的情感。餐馆里的菜难吃，是因厨师没有投入情感，只为赚钱而做。不带欢喜和感恩的菜，没有精气神。家常菜之所以好吃，多半是因为包含了亲人的情意。

中国人认为，做菜也是修行。做菜时必须放下恼恨，不能有怨恨和嫉妒，否则会化为“毒火”，影响菜的味道。同时，尽量吃与人关系较远的食物，如鱼、海藻、蔬菜等。这大概就是“君子远庖厨”之意，背后隐藏的是一个“仁”字。

真正的好菜，必须体现食物的本色。能保留原味者，才是烹调大师。作家汪曾祺在《食道旧寻》中记载了王世襄自创的一道神菜："学人中真正精于烹调的，据我所知，当推北京王世襄。世襄以此为一乐。听黄永玉说，有一次有几个朋友在一家会餐，规定每人备料去表演一个菜。王世襄来了，提了一捆葱。他做了一个菜：焖葱。结果把所有的菜全压下去了。"

后来，王世襄的儿子解释说，焖葱就是"海米烧大葱"。这道菜的做法是：海米适量加水或酒发好，加酱油、姜末、盐、料酒适量调成汁，取肥硕的大葱白切段，下温油中炸软，捞出码好，与调味汁下炒锅中烧一下，使之入味即可。说白了，无非也就是那些好吃葱烧海参的食客们，爱吃这个味儿，又嫌海参贵，光用佐料不用海参。做的时候，又怕舍了海参没了海味，故添上点儿小海米。

水是故乡甜，味是故乡浓。每个人的心中，都有一部关于儿时的美食谱。梁实秋在《北平的零食小贩》中写道："北平人馋。馋，据字典说是'贪食也'，其实不只是贪食，是贪食各种美味之食。美味当前，固然馋涎欲滴，即使闲来无事，馋虫亦在咽喉中抓挠，迫切地需要一点什么以膏馋吻。三餐时固然希望膏粱罗列，任我下箸，三餐以外的时间也一样的想馋嚼，以锻炼其咀嚼筋。看鹭的长颈都有一点羡慕，因为颈长可能享受更多的徐徐下咽之感，此之谓馋，馋字在外国语中无适当的字可以代替，所以讲到馋，真'不足为外人道'。"

有一位祖籍宁波的朋友，每当想家的时候，总会想起外婆的酒酿。儿时，每年去外婆家，嬉笑疯玩之时，就听得外婆叫道："快来吃酒酿了！"飘着桂花香的甜酒酿，让孩子们很快安静下来。外婆自己也会端着一碗，坐在边上的小凳子上，看着几个小孩，边吃边笑。那个劲头，让孩子们总以为她的那碗更甜。外婆做酒酿，所用容器，必是干净的，不得有油有生水，所用糯米必须是蒸制而熟，待凉至不烫手方可放入酒曲。最后，还要在缸里放上一个热水袋，以增加温度，并每日更换。所有程序完成后，外婆封上缸口，满意地舒口气说：“下回来，就可以吃了。”酒酿刚出缸时，并不十分香甜，还得在室内待上几日，那甜味就一点一点渗透出来。外婆走后，想吃酒酿时，只能去超市买了。可是，再也没有吃出那种味道了。

上海人有吃泡饭的传统。泡饭者，隔夜冷饭也。一锅水烧开，饭入锅，等水“滚”时搅开冷饭团，一分钟关火。泡饭烧得好，火候很重要，须估算泡饭烧好后入碗的时间与温度，保证吃的时候不冷不烫，榨菜铺上去，不咸不淡。旧时上海多用煤球炉，熬粥太麻烦，泡饭最便当。头一天饭多烧点，早上一热，隔夜菜扫光，最符合实用主义原则。况且，早上时间太紧，分秒必争。因此，泡饭成为老上海人的标准早餐。

南米北面，几乎是一道无法逾越的底线。南方人到北方吃不惯面，北方人到南方吃不惯米。无论南方人，还是北方人，都是根据本地物产，变着法儿地翻新花样，遂形成了一地之饮食习惯。在全世界，大概只有中国人能把单一的食物做成那么多种类。

山西人嗜面如命。东到娘子关，西到黄河边，南到风陵渡，北到雁门关，面食文化弥漫在每一个角落，流淌在每一个人的血液里。在山西人看来，能准确表达山西人风骨的，就是一碗面。山西有“表里山河”的说法，这里被山脉围绕，暖湿空气进不来，常年寒冷干旱，新鲜蔬菜难得。种种因素叠加，山西人才变成了“主食杀手”，所谓“晋南的馍，晋中的面，雁北的糕吃不厌”。每个厨房，都有一位擅长面食的“刀客”。山西的面食有一千多种，最知名的就是刀削面。厨师一手托着揉制成团的面坯，另一手拿着特制的削面刀，迅速掠过面团表面，柳叶状的面条随即飞出，直接落入锅中。削出薄厚均匀的面条，这对厨师运刀的力度、角度都有要求。而且，手托一块几斤重的面团，也是十足的力气活。山西人做面，基本上是手边有什么就用什么，用擦子擦面，用剪刀剪面，用漏床压面，用筷子剔面，用弯刀削面，用木棍

老树印信

擀面。实在没工具，还能用手指捏成猫耳朵。一天三顿面，保证一个月不重样。

关于“面食之都”，山西人和陕西人争了很久，至今没有结论。如果把中国地图看成一只雄鸡的话，那么，陕西正好就坐落在“胃”的那个位置。“八百里秦川尘土飞扬，三千万老陕齐吼秦腔，端一碗髯面喜气洋洋，没撮辣子嘟嘟囔囔。”陕西的面食，就跟三秦大地的人一样粗犷。陕西面食虽然不如山西种类多，但三原的疙瘩面、岐山的臊子面、西安的油泼面、鄠邑的摆汤面、杨凌的蘸水面……哪样都是一顶一的美味。其中，臊子面是集大成者。

据传，周文王时期，渭河有一恶龙为祸，大旱三年，民不聊生。周氏族人大战七日才将恶龙杀死，人们为庆祝胜利，将龙肉分割成小丁烹煮后食之，觉得鲜美无比。于是，便用猪代替龙，后来扩展至其他节日和祭祀。岐山臊子取材以五花肉为主，肥肉跟瘦肉都要分开，瘦肉一盘，肥肉一盘，燣的时候先添油，根据臊子肉的多少添清油，先放肥肉，再放瘦肉，再加大料、生姜、辣椒等。上乘的岐山臊子看起来颜色鲜红，吃起来肥而不腻，有盐而不咸，有醋而不酸。

臊子面好不好，擀面是关键。面擀开，又揉到一起，再擀开，再揉到一起，面粉的筋丝全拉开了，煮熟后就是青的，筷子挑起可以照见对面的人影。臊子面汤宽，让人觉得奢侈，头盔那么大一碗汤，碗底就一筷头面条，可这一筷头面条又长又筋，急速吞咽，发出哨子一样的嘘嘘声。在岐山地界，吃臊子面的碗，不是南方人吃米饭用的小碗，而是大海碗。如果吃臊子面只吃一两碗，那是很狼狈的，谁都瞧不起你。当地人吃到一半的时候，通常要站起来，松松腰带，放开肚子，再吃几碗。

在民间，妇女所有的骄傲和辉煌都写在厨房里。一个家里，有钱没钱，先让烟囱冒烟。厨房，是一个家庭的心脏。只要厨房有烟火、有热气，人活得就有生机、有底气。蒲松龄在《促织》里写道：“夫妻向隅，茅舍无烟，相对默然，不复聊赖。”这，大概是人世间最凄凉的景象吧。

餐桌就像一台时光机，记录着人生的每一寸光阴。有人说：浪漫，就是浪费点时间慢慢吃饭。的确，吃饭是需要仪式感的，因为它代表了一种生活态度。哪怕在家里，也不能没规矩。例如，吃饭时不看电视、不玩手机，既是对食物的尊重，也是对家人的尊重。

如今，很多年轻人喜欢叫外卖，即便在家里闲着，也懒得下厨做饭，家里很少有烟火气。于是，街头巷尾，到处可见外卖小哥穿梭的身影。其实，吃外卖代表一种低品质的生活。一个人除非不得已，最好不要叫外卖。因为，再好的食物，一旦离开了特定的时间空间，就会变味。厨师都知道，吃外卖的人肯定是生活潦草的人。既然吃饭的人都没有要求，做饭的人也就随意对付了。所以，大厨永远不做外卖。

人对于食物，要投入情感。你好好待它，它就好好待你；你糊弄它，它也糊弄你。现代人口味越来越重，进食速度也越来越快。因为与物有隔，与大自然有隔，所以与食物也有隔。形形色色的食品添加剂以及化肥、农药，不仅破坏了食物的品质，也伤害了人类的味觉和健康。现代人只知味精，不知原味；只知染色，不知本色。这就如同饥饿的人贪婪地大嚼油渣，虽然也有滋养，不免伤了肠胃。美食是人类文明的产物，人吃得草率粗鲁，到底还是不体面的。

食物是有温度的，也是有情感的。过去的年代，孩子们上学携带的午餐，都是母亲做的。现在，学校统一配餐，方便是方便，就只少了母亲的爱。其实，生活不只是图方便，还要有情意。凡是高级的事情，皆不可只求方便。否则，生活就会退化为活着。

# 那顿饭叫我爱你

中国人见面第一句话是“吃饭了吗”，见了朋友第一件事是约个饭局，不先喂饱肚子，似乎就没法聊事。任何事情，没有一顿饭摆不平的。无论红事白事，都要吃上一顿。中国人把吃饭当成天大的事。《论语》道：“兴灭国，继绝世，举逸民，天下之民归心焉。所重：民、食、丧、祭。”

意大利某服装品牌曾发布一则以“起筷吃饭”为主题的广告，一名中国模特用奇怪的姿势使用筷子，吃着意大利比萨饼。视频一出，引起轩然大波，网友质疑其丑化中国，随后将其上升为“辱华事件”。众多明星表态，拒绝出席其品牌推广活动。外国设计师万万没有想到，调侃一双筷子，居然引起一场“地震”，激起了中国人如此强烈的愤怒。

与此同时，央视发布一则视频《一双筷子》。短片以一双筷子为题材，通过几个场景，描述了生活中的文化传承和血脉亲情。小孩通过筷子，第一次尝到人生的酸甜苦辣；老人通过筷子，尝到了儿孙满堂的幸福滋味；孤独的人通过筷子，找到了人情的温暖；相守的人通过筷子，找到了彼此心灵的依靠……

筷子，是最经典的中国文化符号。儿时学习拿筷子，老人总说：“筷子拿得越靠上，长大就会离家越远。”筷子和家真是关系紧密呀！筷子虽小，藏着祖先做人做事的智慧。筷子最早的称呼是“箸”，繁体字写法是“筯”，其最原始的功能是帮助进食。用筷子时，如果两根都动或两根都不动，就夹不稳、夹不住，因为阴阳不搭配。只有恰到好处，才会有所“收获”。用筷子亦如做人，一个人孤掌难鸣，两个人彼此扶持，方能办成一件事。

筷子是根据阴阳法则而来的。使用筷子时，上面的一根属阳，下面的一根属阴，一阳一阴，一动一静。凡源自阴阳原理的东西，都是变化无穷的。筷子两头，一圆一方，象征着“天圆地方”。方圆亦是来自阴阳，阳发动而成圆，阴静止而成方。筷子的长度是七寸六，代表七情六欲。筷子成双成对，代表阴阳平衡。手握在中间，就是天地人合为一体。

筷子的历史可追溯到商代，至少有三千多年的历史。到了明代，筷子外形变为“首方足圆”，民间称为“四棱箸”。“首方”即上部为方形，“足圆”即下部为圆形。圆柱体易滚动，首方足圆放在桌上更稳重。

一双筷子，一分思念。饭桌上，碗筷摆好，恍惚间，亲人宛在，岁月静好。一双筷子，承载着中国人数千年的情感，流淌着生活的千种滋味。中国人吃饭时摆上碗碟筷子，物也端正，人也端正，只觉得人世间样样都珍贵。

筷子有学问，桌子也有讲究。古代的饭桌都是方方正正，规规矩矩。为啥叫八仙桌？客人来了，要好好招待，他可能是八仙中的一位。桌子分上下位，长辈坐上位，晚辈坐下位。吃饭时，不能用筷子敲打碗，那是乞丐相；不能拿着碗蹲在门口吃，那是贫穷相。中国人做任何事情，都是无形的教化。

孔子对食物的态度虔诚而庄重。“食不厌精，脍不厌细”，这是孔子对祭祀天地祖先的要求，表示有恭敬之心。孔子不仅深谙饮食之礼，且一食一饮，都能深识个中滋味，让人误以为他是个美食家。其实，孔子既能讲究，又可“食无求饱”；既深知其味，又甘于粗茶淡饭。“饭疏食，饮水，曲肱而枕之，乐亦在其中矣。”这才是孔子的本色。

中国人对于食物的情感，贯穿在整个文化里。一位台湾艺人的母亲过世前，曾有一个瞬间，脸上泛起了笑容，有阵呓语。他凑过去，分明听见：“饺子要什么馅儿？大白菜还是高丽菜？”当下，他就知道母亲要走了，游离的灵魂回顾一生的旅程，选出最温馨的瞬间，驻足凝眸，然后定格在一家人围炉剁馅包饺子的时刻。

中国人在外吃饭，喜欢围坐一桌，推杯换盏，欢声笑语，一浪更比一浪高，以至常被西方人认为“素质不高”。其实，这正是中国人的性格。虽然场面闹哄哄，显得不太优雅，但人与人融洽，没有隔阂。中国人的情感，大多是在饭桌上升华的。恩怨情仇，一饭了之。吃饭，并不仅仅是为了吃饭，而是为了表达情感。餐桌是最好的“黏合剂”，黏起了长辈和晚辈，黏起了亲情和友情，黏起了今生和来世，黏起了岁岁和年年。

孩子离家远行，父母总是用食物把行李箱塞得满满的；孩子出门在外，父母最关心的就是“吃得好吗”；孩子从外面回家，父母问的第一句话是“吃饭了吗”。吃饭，体现了最温暖的亲情。千言万语，尽在饭中。在外漂泊的人，打开家门，看见一桌温热的饭菜，总能热泪盈眶。感动，就藏在家人用筷子夹过来的每一口菜中。回到家里，有人备好饭菜，递过筷子，匆忙的脚步有了港湾，疲惫的心灵有了抚慰。日子再苦，也不觉其苦；日子再难，也不觉其难。

中国人的春节，一般是从腊月的祭灶开始的。小年也被称为灶王节，是中国民间传统的祭灶日。民间传说，每年腊月二十三，灶王与土地爷一起上天去通报每个家中的善恶，让玉皇大帝赏罚。因此，人们便以糖饼、年糕、大枣、核桃等祭祀灶神。祭灶时，还要把糖用火融化，涂在灶王爷的嘴上。这样，他就不能在玉帝那里讲坏话了。

祭灶，是中国人流传极广的习俗。旧时，差不多家家灶间都设有“灶王爷”神位。人们称这尊神为“司命菩萨”或“灶君司命”，负责管理各家的灶火，被视为一家的保护神。从古代的文献看，灶王形象曾经有男也有女。后来，灶王固定为男性，女灶王只是作为男灶王的配偶。送灶时，人们在灶王像前的桌案上供放糖果、清水等，以表示真诚祭拜灶王爷，为的就是让灶王爷多说好话。

清明扫墓，祭祀祖先，中国人一定会带着丰盛的贡品，就像亲人在世时一样，恭恭敬敬，摆上饭菜碗筷，敬上几杯酒，唠叨唠叨，仿佛祖先就坐在对面。这和西方文化明显不同。西方人到墓地去祭扫，往往只带一束鲜花，象征性地看望一下，连形式都那么简单。如果中国人也模仿西方人的样子，祖先一定会满脸嫌弃地说："这也太寒酸了吧？拿一束鲜花来，我吃什么？"

因此，中国人上坟祭祖，往往带上活人爱吃的食物。坟地边，一群人围坐下来，一起享用祭祀的食物，如同和故去的人一起吃团圆饭。这看似最世俗的形式，却也是最神圣的礼仪。中国人把最形而上的与最形而下的东西绑在一起。吃饭，既是最形而下的，也是最形而上的。人世间所有的情感，都含在一顿饭里。

基督徒在饭前要祷告，感谢上帝赐予他们食物，这样的仪式有一种神圣感。本来，食物是大自然馈赠给人类的礼物，无论有无宗教信仰，人类面对食物，都要有一颗恭敬心，尊重食物、敬畏食物、感恩食物。中国人认为，以美好的心意去品佳馔，以虔敬的欢喜去闻香气，再以洁净的身体去接地气，那便是"五蕴皆空"的境界。

在中国文化中，食与礼是紧密相连的。古人喜欢席前教子，长辈通过一顿饭，把做人的基本道理教给孩子。吃饭，本身就是教化的一部分。中国人不是要占有食物，而是与食物保持良好的关系。吃饭时心怀感恩，既是感谢做饭的人，也是感谢天地万物。

中国人把爱都盛在碗里。和越亲的人在一起，吃得就越舒服。回家看望父母，什么话也不必说，千言万语尽在一顿饭中。那顿饭，就叫"我爱你"。回家吃饭，包含着中国人对家的眷恋。和家人吃饭，平淡，温馨，有一种团圆的仪式感。在农村，黄昏时分，竹篱茅舍升起袅袅炊烟，那才是人间烟火的味道。在城市，傍晚下班，家家奏起"锅碗瓢盆交响曲"，响起嗡嗡的抽油烟机声，那是一幅多么和谐的画面。即便主厨手艺平平，也胜过外卖的味道。一家人，在一个屋檐下睡觉，在一个餐桌上吃饭，才叫团圆。食物，寄托着中国人对世间的深情，承载着中国人对亲人的厚爱。

一切文化终将积淀为人格。对家的依恋和向往，构成了中国人千百年来的文化人格，亲情眷顾成为中国人的文化胎记。“有钱没钱，回家过年”，亿万个家庭的团圆故事在春节集中上演，构成了“人类最大规模的周期性迁徙”。除夕之夜，中国人无论在哪里，一定要赶回家吃个团圆饭。无数的人，从一个地方赶到另一个地方。天寒地冻，大雪纷飞，搭不上火车、飞机，就是骑着摩托、坐着大巴，也要回到家里，尝一尝那碗热腾腾的饺子。

在自然界，只有洄游鱼类，才会有如此壮观的景象。它们成熟之后，哪怕历尽千辛万苦，九死一生，也要回到出生地去产卵，孕育下一代。其实，人也像这些鱼一样，必须跋山涉水，经历过无数磨难与坎坷，带着满身的伤痕，返回原来那条小溪，才能产出那堆圆润鲜亮的卵。

# 食饮有节顺天时

寒冬时节，朋友偶得一箱椪柑，据说是从未施用过农药和化肥的有机食品。因为有点酸，便吃得慢。来年立春，尚有半数，此时其味已转甜，最后只余五六枚。至惊蛰前后，剩余的椪柑不约而同地腐烂发霉，其变化竟与四时更替一体。水果离开枝头之后，常人即认为其已死亡，但既然死亡，又怎会接收到季节的讯息呢？惊蛰一到，万物苏醒，椪柑的种子想必也接到了天地信号，便催促果肉腐烂，以提供发芽的养分。

春天在哪里？春天就在声声蝉鸣里。蝉在地下七年，暗无天日，它是感应天地的脉动而鸣。如果春天来得晚，蝉鸣的时间则落在夏至之后，因为蝉感受不到春气，春气未来，蝉如何叫？如果春天提早来，原本三月要开的花，一月就开了，这表示春气提早到来了。因此，蝉鸣也比往年早。有的蝉在地下躺了七年，出土之后到树上仅鸣叫七天，就了无遗憾地离世，天地道理全都知道了。佛门有“打禅七”的修法。佛陀在菩提树下，七日证道。《易经》复卦中也有“七日来复”的说法。禅与蝉，有一种微妙的关联。

万物有灵，皆能感知节气。一入早春，水色亦异。春虽寒，而分明有春意；冬虽温，却依然是冬天。从肌肤可以感之，靠温度计则不能分别。冬尽后，立春迸发而出。每到那个节气，不仅动物、植物，就连石、土、水的感觉都变得不一样。它们都屏息以待，若不变化，只有等死。老子曰：“反者，道之动。”万物始于反，而不以正开始。竹子唯在节眼的地方，才有枝子。

竹子有节，长到节眼就务必重新来一番飞跃，才能生长上去。这就是反的力量。

西方有世界末日说，印度有无量劫说，但《易经》里没有“劫”字，而唯有变。春生、夏长、秋收、冬藏，都是好字眼。“劫”字在中国文明里，变成了“节”字。中国人喜欢行走在日月山川里，看到万物，都有新鲜感。偶然看看路边的土地与青草，那感觉也如露珠般新鲜。感官只能感到物之形象，而中国人则是更直接感得了大自然的息，感得了物之频率。

《礼记》曰：“人心之动，感于物也。”世界文明的开始，是人类渡过洪水时感知了一个“无”字。万物的变化，始于无极生太极。而一切知识学问，则是因于感。中国文明的伟大，就体现在尚在形先，就已有感。因为这感，所以创造了繁华与艳丽。西方人的研究对象是物之形象，而没有升华到物之振动，故不知“神无方而易无体”，因为他们对节气无感。

所谓性命，命是实，性是虚；命是有，性是无；命是色，性是空。凡自然界之物，皆有可见与不可见两个层次。有悟性的民族，用于物之象，游于物之相。万物皆有振动，振动就是频率。早春时节，草尚未青，而人感觉已有春的气息。西方人知道春夏秋冬，却不懂二十四节气。

《黄帝内经》云：“食饮有节，起居有常。”何为节？不是节制，而是节气。食饮有节，就是饮食顺应二十四节气。何为常？日月乃常。起居有常，不是起居要正常，而是按照日月的运行法则起居。春夏秋冬，太阳升起的时间不一样，人的起居也要不一样。《中庸》道：“喜怒哀乐之未发谓之中，发而皆中节谓之和。”天也有喜怒哀乐，如同人一样，就是二十四节气。中节之气是二十四节气的简称，在月初的叫节气，在月中的叫中气。

中国人祭天地神祇皆应于节气，与节气之祭为一。节气是大自然的息。庄子说“野马也，尘埃也，生物之以息相吹也”，息才可以让人逍遥游。祭天地日月，是人对大自然的欢喜；祭岁时节气，是自然的息与人事相接。中

国人的活泼、喜悦、光明，是从祭祀的情怀里培养出来的。

中国人讲究节气养生，让五脏六腑与天地之气相应。中医养生的核心是顺天时，即顺着春夏秋冬的四季变化，来安排衣食住行。

以农业为根基的中国人，自古顺应天时，把生活的智慧，转变为饮食的规律。孔子曰："不时不食。"吃东西要遵循自然之道，符合时令节气规律，到什么时节吃什么东西，其中包含着对时间的顺应、对自然的敬畏、对食物的珍惜、对欲望的克制。人吃的是天地给的食物，享受的是天地间的欣喜。

"冬至一阳生"，一年的阳气起于冬至。冬至那天白天最短，夜晚最长。冬至之后，白天慢慢变长，天地间的阳气慢慢增加。很多人认为，冬至要开始进补。其实，这是不太对的。冬至那天并非进补佳日，真正进补的时间是冬至后的农历初一，即腊月初一。"腊"者"猎"也，那个月要打猎物，对天要祭祀，人可顺便进补。腊月初一到初八，是这个月最佳的进补日。此八天，就是人体器官最能消化吸收的日子。所以，古人要吃"腊八粥"。

人的生命系统来自阴阳。阳是"日"，阴是"月"；阳无形，阴有形。人体无形的是经络，有形的是脏腑。其中，经络的循行来自太阳的变化，脏腑的运化来自月相的变化。

《黄帝内经》曰："月始生，则血气始精，卫气始行；月郭满，则血气实，肌肉坚；月郭空，则肌肉减，经络虚，卫气去，形独居。"从初一开始，人体的气血慢慢充盈，到十五月圆达到最高点。而月圆之后，人体气血就开始消减，在三十（晦日）达到最低点。所以，人体所有脏腑的运作，随着月相周而复始地变化。

如果冬至落在农历的下半月，刚好气血消减，就不适合开始进补，而最好的日子就是在下个月初一到初八。如果冬至落在前半月，冬至那天即可开始进补，到十五止。其实，每月的前八天皆是最佳进补时间，只是冬至后的腊月最好。

那么，冬令到底要补什么呢？补阳气。吃荤者，就吃羊肉，羊如其名，羊气即阳气。羊是生物中阳气最强的，因为干支第八为“未”。《黄帝内经》云：“君火以明，相火以位。”“位”与“未”同音，吃未羊才能补相火之气，相火乃肾中之阳气，也就是肾气，让肾之阳气归位归根，所以古代扶阳第一方有“附子羊肉汤”。吃素者，服十全大补汤，吃腊八粥也不错。

《史记》称“六律为万事之本”，《黄帝内经》称“六律建阴阳诸经”。六律为阳，六吕为阴。十二律吕表示十二个音，开头的音符叫黄钟，黄钟和大吕是一对阴阳。古人知道，音乐与天文、数学是生长在一起的，统归于律历。《汉书》说：“度者所以度长短也，本起黄钟之长。”黄钟之长是九十黍，因黍有大小，不能尽准，故又埋律吕之管于地下，取验于节气。

古人定音律，首先准备一个容器，大小一样、厚薄差不多的竹子，里面塞东西。这东西得满足三个条件：第一，必须是一颗一颗的，数量可以增减；第二，每颗大小、重量都差不多，体积也差不多；第三，取之不尽，用之不竭，不能在制作过程中原料就没有了。选来选去，只有农作物符合这些特征。第一个是玉米，南美洲玛雅人就用玉米，但是玉米大小颗不统一；第二是稻米，但稻米的品种与收成、多少取决于稻壳的厚薄；第三是黄米，古代叫“黍”。黄米的生长很奇妙，收成好的时候，结穗多，其大小一样；收成不好的时候，结穗少，大小也一样，而且黄米是圆的。

把黄米填充在一个容器里，此容器就是竹管，竹节一端刚好为容器底部，然后找大自然的声音，寻找与鸟鸣一样的频率。古人可以“以耳齐其声，以身度其律”，人用耳朵与身体去感觉，然后调整音高，增减黄米来调节声音。体积越大，低音越低，如果竹子发声比鸟叫声低的话，代表填得太多了，就拿出一些，调整到一个声音，人听起来很舒服，就定这个音高了。之后，把竹子打开，黄米一颗一颗排列，这就是长度。再装回去，这个容量就是体积，然后测一下重量，这就是衡。所以，竹管包黄米这个音律，就决定了古代之度量衡，古书中称“同律度量衡”。没有黄米定音律，就没有度量衡，也就没有中国文明了。

黄米很小，如果要排列长度，很不容易。偏偏有一个地方的米粒比较大，叫作“秬黍”，就是巨大的黍。古书记载，神农氏“秬黍定黄钟”，神农氏用羊头山（今山西境内）的黄米定了一个律，然后确定了度量衡。黄钟是一个音高，也是律本，就是所有事情的根本。

钱穆先生曾说：“如言时令，有二十四个节气，但同时有人造的节日。中国人把此二项混合看待，不加区别，如清明、冬至是自然节，端午、中秋、重阳是人造节。中国人在节日中，又多增添一些神话故事，使得人文自然益加亲密配合，社会礼俗随着天时节气而多彩多姿。这亦是一种天人相应，把我们的日常生活推衍到大自然变化中而与之呼应。”

中国人于自然界亲，对之是知，是感而遂通，所以活得安稳；西方人于自然界不亲，对之是欲，是征服掠夺，所以总是不安。中华民族至刚至柔，是因为悟得了天地阴阳之理。中华民族绵长悠远，是因为从食与色中解放出来了。

“春雨惊春清谷天，夏满芒夏暑相连。秋处露秋寒霜降，冬雪雪冬小大寒。”中国古代以农立国，农民正是吟着《二十四节气歌》，感受着天地的脉动，把农业做到了极致。土地经过千年耕种仍然肥沃，和农民的精耕细作、养护土地有很大关系，这就是“敬天畏时”的精神。

中国人对时间的认知，源自一根竹竿，学名叫“表”，也是“华表”的原型。一根竹竿垂直竖立在地面上，“光阴”被一寸一寸捕捉到了，这就是“立竿测影”。光阴的本意，就是光的影子。

时间和空间，本来都是幻象。假如人类离开太阳，生活在一颗“流浪的地球”上，时间和空间都将消失。我们的祖先立起一根竿子，通过观测太阳影子的位移，移光定位，于是有了时间和空间的概念。白天观日影，夜晚观月相，太阳起落和月亮盈亏是捕捉“时间”的两个基本点，由此悟得天地运行的规律。

立竿测影，贡献了一个了不起的数学定理——勾股定理。竿子为“股”，投在地面的影子为“勾”，勾与股连接的斜边为“弦”。于是，“勾三股四弦五”的秘密被发现了。勾股定理在《周髀算经》和《九章算术》里已有表述，比西方早了六百多年。

《尚书·尧典》中记载“以闰月定四时成岁”。中国人捕捉到了太阳运行与月亮运行的“时间差”，并以“置闰月”方法进行“补充”，形成了保持至今的“三年一闰，五年两闰，十九年七闰，四百年九十七闰”的“置闰时间表”。

二十四节气是中国古代天文学的集大成。每个节气十五天，二十四个节气在表面上看是三百六十天，实际上每个节气不是整时整点到来的，而是精确到时辰分秒，每个节气都是十五天再多出“一点点”。二十四个“一点点”累加起来是五天多的时间，一年合计三百六十五天多，与现代科技手段测量太阳一回归年的时间完全吻合。二十四节气不是一条线，而是一个圆，循环往复，周而复始。二十四节气最早的完整记录，是在汉景帝时期的《淮南子》中，到汉武帝时被写进国家历法“太初历”。

“年”和“岁”，是有区别的。《说文解字》曰：“年，谷熟也。”谷物由种植到收获的一个周期，就是一年。“岁”是天文学概念，一个节气到下一年这个节气的区间为“一岁”。年是以正月的朔日（初一）为开始，岁以节气的立春为开始。所以，春节（正月初一）是农历的“年首”；立春是干支纪年的“岁首”（冬至阴极阳生，是一个自然拐点，古人也曾用冬至作为岁的开始）。十二生肖中的属相变化，也是从立春开始。

在古代，元旦就是一年开头的第一天。哪个月是元月，元旦就是那个月的第一天。一年开始的首日，即元旦。古人以干支记录月序，冬至所在的月，即农历十一月，是一年中的首月，称“子月”，十二月是“丑月”，一月是“寅月”，依次是卯、辰、巳、午、未、申、酉、戌、亥月。

商代的“殷历”，以冬至之后一个月，即农历十二月，为岁首正月。秦朝统一全国后，施行“颛顼历”，岁首正月是冬至之前一个月，即农历十月。汉武帝太初元年（公元前 104 年）改革历法，废“颛顼历”，颁行“太初历”，规定元月为正月，正月初一为“元旦”。“太初历”是在“夏历”基础上修订的，以农历一月为岁首正月。

1912 年，中华民国改用阳历，即西方通用的格里高利历。1914 年，政府批准“四大节”提案：阴历元旦为春节、端午为夏节、中秋为秋节、冬至为冬节。从此，“元旦”不再是阴历正月初一，而是阳历的 1 月 1 日。原来的“元旦”改称“春节”，原来的“春节”就是“立春”。

历史就像一条河流，每个国家、每个民族都有自己的特色，不同河流可能交汇，有的还会分流、断流。中华民族这条河流已经流淌了数千年，之所以没有断流，必定有二十四节气之护佑。

# 有限空间亦无限

早在远古时期，中国人就悟得了时间与空间。何为宇宙？《淮南子》讲："上下四方谓之宇，往古来今谓之宙。"这就是把时空合二为一了。何为世界？世是时间，界是空间，亦是将时空合一。

中国古代的庭院，虽方寸之地，亦有泥土与青苔之亲。只因有几棵竹子、几块石头，就有万物历然的感觉。这是因为，有限空间升华为无限空间，短暂的时间里藏着无限的光阴。竹子、泥土、青苔虽是静态的，人却仿佛可以听见生命绽裂的声音。空间与时间皆有大自然的气息，无限时空必然与有限时空共存。

西方建筑是按照几何学原理修建的，是设计出来的，因而是死的；中国建筑遵循大自然的阴阳法则，是生长出来的，因而是活的。中国的传统院落，本身就是一部《易经》，生生不息，周而复始。西方建筑之美是用来拍摄的，在镜头中美不胜收；中国建筑之美是无法拍摄出来的，因为它有一股流动的气韵，只有住在里面才能感受得到。故此，中国建筑是用来住的，而不是用来看的。

云南省红河哈尼族彝族自治州有一个小县，名曰建水，明清两朝是临安府的治所，也曾叫临安县。这里保留的很多古院落，堪称中国人居住空间的"活化石"。

中国人历来重视家居。家是时间和空间的载体。在古代的院子里，空间和时间永远是一体两面、一阴一阳，体现在一砖一瓦、一草一木之中。现代建筑师往往只看到空间，而中国家居表达的是时间和空间。

要读懂建水的院子，就要理解春夏秋冬和二十四节气。建水的院子，按照春夏秋冬的顺序展开空间，进而涵养生命。院子是中国人宇宙观的形象表达。传统宅院分为生空间、长空间、成空间、终空间，与其相对应的是春夏秋冬，寓意是春生、夏长、秋收、冬藏。

建水有一处古院落，门头匾额写着“闲庭”二字。在这个院落中，每一个空间的变化，都要通过三级台阶来体现，暗示不同功能空间的转换。三生万物，生生不息。

进门之前，要先上三个台阶。登上一个平台，平台两侧有两块石头，名叫夹杆石。过去的大户或者在科举考试中有过功名的人家，家门口都会竖起一根旗杆，这两块石头就是固定旗杆用的。夹杆石的两个孔，一上一下，上方下圆，代表了对家族兴旺的期盼。夹杆石本身就是一个泰卦。地卦在上，天卦在下，轻清之气往上走，重浊之气往下走。泰就是生的开始。例如，故宫里有一个乾清宫，有一个坤宁宫，乾清宫和坤宁宫之间就是交泰殿。

第一个空间——生空间。这个空间对应一年四季中的春天。古人设计这个空间，寓意是生生不息。让后代延绵不断，是一个家族存在的终极目的。

“闲庭”过去是小户人家，门口没有留下木刻的对联。而另一个大户人家——曾子后代的“曾家别院”，门口就有一副对联：“三省传家承燕翼，一经教子绍箕裘。”从大门的对联，就能看到这个家族的传承。“三省传家”说的是曾参“吾日三省吾身”，“一经教子”说的是《孝经》。另外一个大户人家——王家，其大门的对联是：“北阙恩光荣两晋，南都春色映三槐。”上联所说的是王氏祖先的荣耀，即晋代琅琊（今山东临沂）人王羲之父子。下联中的“三槐”，指王氏的三槐堂。对联借用两个典故，颂扬了本姓氏历史上杰出的人物，衬托出家世的显赫。每扇大门就像一本书的封面，从对联就能知道这家人的精神追求。

古代家庭，挂一副对联、一幅书法，放一个摆件、一个器皿，都不是随随便便的，而是要再三斟酌。器物如镜，代表一家之性情与品质。有些文人的字，鬼里鬼气，飘来飘去，那是万万不能挂的，不然子孙长成那样，整个家族就毁了。

第二个空间——长空间。夏天的长，是通过两个部分来体现的，一个是前导空间，另一个是花厅。长空间，也叫性情空间。长，就是积累生命能量和培养性情。一个人只有把性情养好了，把气象养大了，把底气养足了，才能心无挂碍，远离颠倒梦想。

跨过大门，就进入前导空间。前导空间是建水院子的一个特色，它把家与外面的世界做了连接，也做了分隔。前导空间的大小，取决于主人的品位和格局。前导空间什么都不放。唯有砖缝里面，透出一线生机，所谓“不除庭草留生意”。这个空间原则上不摆一物，不锄一草，“无一物中无尽藏，有花有月有楼台”。这似乎是在提醒人们，进了这道门，就要放下一切。一旦放空，生机就开始了。回到家里，就要把自己放空，把外面的所有烦恼都放下，一身轻松，完全融入家庭。放下一切，才能拥有一切。如《金刚经》所云：“应无所住，而生其心。”当一个满身疲惫的人，悄然推开家门，在这个空间停住脚步，立刻会感觉到一种释然。由于有了刹那的停留，周边空无一物，可以体会到一种空旷之感，一种放下的安然自在。

花厅是有花台的，各种盆景都会摆上。花厅是吟风弄月的地方，其作用就是养性情。这里有山有水，有花有草，有昆虫蚂蚁。与前导空间的“空”相比，这里强调的是“有”。中国人就是在这一有一无、一开一阖中，扩大了生命气象。

长空间是集聚生命能量的地方。这个空间与人的生命成长相对应，养性

老树印信

情、养气象、养格局、养能量。在这个空间，常常会有一个水缸。水缸里养鱼，不是为了防火浇花，而是让人观察鱼的生命状态，像鱼一样悠然自得。养鱼，就是养性情。通过具象之物，感悟背后的理，这是中国人的智慧。缸上通常写着“静观鱼跃”。《大学》曰：“知止而后有定，定而后能静，静而后能安，安而后能虑，虑而后能得。”只有止静，才能感受到生命的跃动。《道德经》说：“归根曰静，静曰复命。”在这个空间里，孩子们可以自由嬉戏，尽情玩耍。他们凭直觉就知道，我的地盘我做主。

第三个空间——成空间。中国建筑处处在养气，处处在养人，最终目的就是“成”，也就是收获。在“闲庭”这个院落，进入厅堂，有一幅画，画上是一条鱼，寓意连年有余。画的两边是一副对联：“修辞立诚所以居业，服田力穑乃亦有秋。”中国古代特别崇尚耕读传家，耕和读是一体两面、知行合一。这个空间是读书的地方，也就是收成的空间。

成空间包括礼教空间。这里供奉着古圣先贤和祖宗牌位。中国人走到哪里都知道，要感谢天地，感谢祖宗，感谢父母，感谢师长，所以要供天、地、君、亲、师。在这里，古人按左上右下的次序安放列祖列宗牌位。两把椅子后上方，一般要摆一对瓶子，瓶子也分阴阳，左边摆圆的，右边摆方的，分别代表男女，左右位置和瓶的形状也标示了尊卑上下。

走进礼教空间，就要轻言轻语，庄严肃穆，以示敬畏和感恩。中国文明是礼乐文明，讲求礼乐教化。礼乐教化中的乐，就是培养人的性情、涵养人的能量。为什么不把乐放在前面？因为古人讲究终始之道。终就是终点，它是决定性的；而始是起点，它是气象万千、变化莫测的。礼是约束性的、中正的东西，乐是丰富的、变化的东西。礼乐文明，就是终而复始之道。

中国的学问，都是培养大人的学问。所谓大人，就是胸怀大、格局大、气象大的人，小人就是胸怀小、格局小、气象小的人。只有生命气象大的人，才能化解人生困局。可惜，现代人的家里基本没有礼教空间了，祖宗牌位早就不知道被扔到哪里去了，代之以书房和客厅。不过，客厅基本无客，只是一家人看电视的场所。更可悲的是，小孩都不愿意和大人一起看电视了，他们更喜欢虚拟网络空间。

第四个空间——终空间。一个完整的院落，应该是有后花园的。其含义是，没完没了，留有余地。如果一个院落，后面没有花园，就会让人觉得堵心。有了花园，就是《易经》的“未济”卦，生生不息，无穷无尽。

《易经》的六十四卦皆是演绎的，后一卦是前一卦的相承，但同时也是前一卦的相反。一卦内有六爻，一爻爻变化着朝前推行，而又呈着相反的姿态。例如，当策马前行的时候，先要以缰绳将马头重重后勒，使之高高抬起，然后借着相反的两种力量所造成的气势，令马奔驰。卦也与这种情形一样，对应着宇宙万物的生生之势。如此这般推到了最后一卦，便又回到开头的那一卦，重新出发。这即是大自然的循环法则。日月循环，过了今日必有明日；季节循环，花谢了依然会再开。这情形，给予人生多大的希望与信心。循环的每一节，都是生死成败的要紧关头。因为有个死，生才是新鲜的；因为有失败，成功才是创造性的。《易经》的终卦为“未济”，意即天地依然未了。

《大学》言：“物有本末，事有终始。”不言始终而说终始，是说终了之后还会重新开始。同样，不言阳阴，而说阴阳，意即由阴又生出阳来。中国有句俗语叫“交椅轮流坐”，意思是迟早会有轮到你坐头把交椅的时候。中国民间道：“富家岂有富到底，穷人哪有穷到头。”三十年河东，三十年河西，富贵与贫贱本是循环的。

中国古代的建筑，分为虚空间和实空间。所谓虚空间，就是露天的空间；所谓实空间，就是有顶有门有窗的空间。虚空间和实空间之间还有灰空间，就是有顶、没门、没坎的空间。虚空间代表天，灰空间代表人，实空间代表地。人在天地之间，虚实结合就代表人与天地共存。性情空间多在虚空间，礼教空间多在实空间。

中国人的智慧，在灰空间中体现得淋漓尽致。如果一栋房子只有黑白，没有灰，这房子就没法住。因为没有灰空间，感觉上就没有人的位置。院子里最有诗意的地方，其实就是亭、廊等灰空间。灰空间的功能是沟通天地，中国人的智慧就是把天、地、人的次序安排好，以此来养正气。在灰空间里，人可以直接感受天地，不会受到任何干扰，无论阴晴雨雪，皆可自由自在地待着。

阴阳虚实，体现在每一个细节中。虚空间是阳性的，铺地的材料就是阴性的，如石头；实空间是阴性的，铺地的材料就是阳性的，如土；灰空间是中性，铺地用的就是砖。中国人不喜欢纯阴纯阳，而是阴中有阳、阳中有阴。阴性空间要用阳性材料，颜色要亮一些；阳性空间要用阴性材料，颜色要重一些。门是各个空间的开阖枢纽，有了门，各空间才能像风箱一样能开阖、会呼吸，这也体现着中国的生命智慧。中国的庭院有踏脚石，西方的庭院却是用水泥铺满。东方文明有虚有实，西方文明有实无虚。中国古建筑，是用另一种语言写成的史书。建筑语言呈现的境界，是文字无法表达的。我们的祖先，就是要通过这样的数重空间，垂象示人。

西方的建筑，都是绝对对称的；中国的建筑，既讲究对称，又不是绝对对称，对称之中有变化。因为，中国人遵循的是自然法则。东方的美是自然美，是不规则的；西方的美是几何美，是规则的。规则的美，是违反自然的，是人为的；不规则的美，则是天然的，是神造的。例如，一棵盆景树，中国人喜欢自然弯曲的形状，西方人却把它剪得圆圆的。自然法则，就是动静有常，在不规律里有严整的规律。西方人只知有不知无，而大自然是有无相生的。西方人叫社会，中国人叫人世；社会是无情的，人世是有情的。

中国人的建筑有飞檐，飞檐的背景是喜悦的阳光世界。中国人的房子舒朗轩畅，天光云影可以进来徘徊。中国人尤其喜欢小楼，面向日月山河。

《诗经》云："梧桐生兮，于彼朝阳；凤凰鸣兮，于彼高冈。"中国人种花在庭院里，亦喜欢它开出墙外，给行路之人看。

民间百姓不懂禅理，却活得颇有禅意。中国的深宅大院，有悠悠人间的光阴。外面小巷亦有一种深意，可以散步逍遥。建筑物与建筑物之间，整齐疏落，余意不尽。那深宅大院，虽为几家共同居住，仍不破坏全宅的统一，有限的空间藏着无限的风景。而西方人建筑的高楼大厦，走廊里阴暗寒冷，四壁都是石头与水泥，像进了穴居时代的洞里，坐下来只觉离人世很远，岁月是挤压的，人是抑郁的。

中国的住宅是分内外的，西方人的住宅则没有。中国人的内外之分，是从阴阳之理悟得的。中国人家以前院为公，通于朝廷的廷与殿，后院则是晏私之地。过去，乡下人白天是从来不锁门的，任何人都可以随意出入邻家的前庭，并不需要打招呼。进门之前，咳嗽一声即可。孩子们则更无界线，可以到任何一个院落里嬉戏。而西方人则不同，住宅就是"私人领地"，不可越雷池半步。

从前的人建房子，没有人会在开始的时候就想着将来卖掉。无论贫富贵贱，一定要把房子造得天长地久，"子子孙孙永宝用享"。

在中国，从皇宫到民宅，向来没有那种高耸入云的建筑物。中式住宅，最具代表性的就是四合院。四合院是安身、立命、养育、教化的场所，是生命意义的体现和延伸。《说文解字》曰："家，居也。"四合院不仅仅是建筑，也意味着停止、安定、安宁、和睦。一个人若想走出孤单、享受亲情、繁衍后代，只有安家。家，是对生命的安享和守护。

中国的四合院，每一栋都是一座私家神庙。教化不仅仅是在文庙、寺院，更要在自己家里实施。跨进大门，绕过照壁，登堂入室，祖先牌位，桌椅秩序，斗拱梁柱……不知不觉，已经徜徉于一种仪轨、规矩和审美之中。

四合院是一种文宅。人居其中，并不仅仅是躲避风雨，而是要涵养性情，并将美好的德行赋予住宅。进入大门，就进入一种意境。照壁上的大字，暗示这家“文”的程度。文宅不是千篇一律的，而是像诗那样，依据居住者对文的理解深浅不同，看谁更接近于“道”。人一旦跨进四合院，就进入了礼教场所，门槛多高、大门朝向、走廊长短、台阶级数……都是礼数。《礼记》云：“礼也者，合于天时，设于地财，顺于鬼神，合于人心，理万物者也。”

古人的住宅，门前有狮子守着，门上有百兽舞蹈，凤凰、乌龟、麒麟、蝙蝠围绕房前屋后，诸神万物的灵性都通过对建筑材料的文身转移到家中。来到这样的门前，外人马上肃然起敬，不敢随意造次。土木结构之间，到处是文的符号。雕梁画栋是文，花鸟鱼虫是文，竹子桂花是文，轩窗回廊是文，假山盆景是文，匾额楹联是文，新月落日是文……道法自然，师法造化，无时无刻不在滋生着意义。住在这里，人生不会无聊。

天井是四合院的灵魂，寓示着天与人的关系。天井就像祭坛的中央，苍天在上，庇护着安居之人，安居之人守护着天。天不仅是四季之天，也是“上天”之天，时时刻刻阅读着人间故事，令人自省，令人沉思，令人慎独。

家和商品房不同，商品房只是建筑物，从便宜到昂贵，从简陋到豪华，讲的是面积大小、地理位置、增值空间。而家是诗意的栖身之所，可以托身、可以玩乐、可以施教、可以怡情。人住在里面，就像演员在舞台上一样，是一种没有表演的表演。人生如戏，进得去、出得来，出入自在。因此，中国人建造自己的屋宇，一定要造得舒适而体面，辛劳一生，然后安睡在自己营造的“天堂”里，寿终正寝。

房子是有生命、有灵魂的，是人的生命和情感的一部分。现代人的房子，只剩下居住功能。倘若房子不能滋养生命，人还能活得自在吗？人是“养”出来的，而不是“教”出来的。教，充其量只能生产出产品，但塑造不出人品，更培养不出贵族。随着城市化的突飞猛进，人被挤进了密密匝匝的“火柴盒”，连喘气都觉得压抑。昔日那些充满灵性的栖居之所，渐行渐远，如梦如幻。

老舍先生说：“生活是种律动，须有光有影，有左有右，有晴有雨，滋味就含在这变而不猛的曲折里。”真希望有一天，中国人的住宅不再是逼仄的“鸽子窝”，更多家庭拥有诗意的居住空间，养出温柔敦厚的性情。

# 人在天地山水间

中国人的宗教感特别淡薄。然而，中国文明对于自然山水，情感最为深厚，有时近乎宗教。远从孔子乐水乐山以来，中国读书人素来向往优游林泉。得意之际，虽身处庙堂，但山林之念，总未曾忘怀；失意之时，更是吟啸江湖，寄情山水。没有真山真水，想法子也要在园子里造个假山假水。尽管尘世喧嚣，但园子的主人，依然胸有丘壑，志在高山，意在流水。再不济，窗台放上几盆花花草草，厅堂摆个盆栽，书斋挂幅山水画，也算聊胜于无。

中国人讲天地人，首先就是对天地有所敬畏。自然有生命，山川有佳气。人与天地，绝非二元对立，而是共荣共衰，本来一体。如果没有对天地的敬畏和谦卑，终有一日，天会绝人。

西方人眼里的“天人关系”，天和人是分离的，天和人是二元的，人与物、人与自然是有隔的。天地间所有的一切，都只是个对象，跟自己没有内在的关联。于是，人与自然疏离了，人与人也疏离了。一旦与自然疏离，人就会凭借科技将欲望无限扩张，很快把这世界耗竭掉；一旦与人疏离，人就会得抑郁症，就需要麻醉品、电子产品甚至毒品来缓解焦虑。最后，人毁了自然，也毁了自己。《尚书》说：“天作孽，犹可违。自作孽，不可逭。”在二元对立的世界里，资本一旦结合了科技，就会出现这种根本性的毁灭。

西方人把自然界的所有东西，都当成资源。山是资源，水也是资源。山山水水，都要被利用。人对山水，无牵无系。如此远离山水，人稍稍一动，就全身浮躁，片刻不得清宁。但凡一静，就死寂枯槁，完全无聊难耐。动也不安，静更难安，全身上下，无个自在。于是，只好借着电子产品与毒品来麻醉自己，只好借着消费购物与大吃大喝来获取刹那满足，只好借着八卦新闻与低级趣味来打发无聊难耐的漫长岁月。

在中国人的眼里，自然界的东西绝对不只是资源，人和自然息息相关。面对自然，人有两种感受：一是一体感，人源于自然，与自然合二为一，理所当然；二是敬畏感，自然是有“灵性”的，也是有“能量”的，人想要获得什么东西，不能肆无忌惮。比如，什么样的季节，捕猎什么样的东西，采收什么样的东西，都要遵照自然规律。春天的时候，不能抓幼小的东西，尤其不能抓母兽，那是对大自然的尊重。人可以从大自然拿东西，但是要有个度，该拿的拿，不该拿的不拿，不能无度索取。

中国文化的基点，不是主客对立的二元世界。在中国人眼里，任何事物都有关联，都在相互影响。山有山神，河有河神，人必须敬之畏之，岂能说采就采、说挖就挖？人当然会有需求，但不能贪心，更不能逾越本分。《贞观政要》中记载：唐太宗在位时，安徽发现了一座铜矿，朝臣奏议开采，借此可增添国库收入。结果，唐太宗批驳了此议，理由是朝廷收入已足够，不应有此贪念。这就是中国文化的“止”。如果不知“止”，永远想着发展、永远想着“创新”，其结果必然会走向自我毁灭。

中国古人谈心情，总是在谈山水。一个重要原因是，如果老讲自己的心情，就是自恋，容易在情绪里面打转。所以，中国人都是借景抒情，从景绕一圈之后再来谈情。一圈一圈，荡着荡着，人就不会被自己的情绪所淹没。同时，人在看天地万物的时候，都觉得它不只是一个客观物体，因为那些东西跟人的生命是有连接的。所以，古代文人爱写山水诗、画山水画，因为这些东西与心境有关。山川大地，虫鱼鸟兽，都跟人有一种物质以外的连接。

千百年来，中国人酷爱山水画。山水画，一直是中国绘画之主流。异于此，西方向来强调人物之肖像，一直到十九世纪的巴比松画派，才出现了真正的风景画。即便是风景画，也与中国的山水画大异其趣。西方的风景画，向来是特定之人、在特定时空、对特定景色进行定点透视绘制而成。那风景，是有距离的，是客观的，是外在的。山是山，水是水，与人无所谓关联不关联。

但是，中国山水画不然。山水画向来不定于一点，而系多点之透视。人称台北故宫博物院三宝之一的李唐《万壑松风图》多达七个视点，更别说像黄公望《富春山居图》那样一路逶迤的山水长卷。山水画里，走到哪儿，看到哪儿，人只是俯仰天地，浪荡而游。故而画中人物，向来渺小，微不足道。山水画的传统里，画家与山水，主客相融，本为一体。画家画的是山水，也是自我；画的是冈峦丘壑，更是生命气象。

子曰："知者乐水，仁者乐山。知者动，仁者静。知者乐，仁者寿。"在中国文明里，看人看其气度，观山观水则观其气象。山水佳胜处，固可以群，亦可以游，更可以观。仁者乐山，观其巍巍，观其厚实，乐其不动如山；知者乐水，观其浩瀚，观其澄澈，乐其湛然似水。

知者在水面前，仁者在山面前，有一种生命的相互对应。也就是说，所有的东西，它既是一种物质，也有物质后面的"德行"。任何东西都有"德"，是因为他们从"道"而来。一个人合乎"道"，就是有"德"之人。物也是一样。所有的物，既然是天地造的，在这个物身上，就一定有天地之"德"。所以，山是有德的，水也是有德的。山的德，是厚德载物，是如如不动，这跟仁者的生命形态是相对应的。仁者因为不动，所谓安定稳重，生命有能量，所以更容易长寿。而水是灵动的、通透的，跟知者的生命形态是相呼应的。知者遇到任何事情都化得开，所以更容易快乐。

知者乐水，仁者乐山，既然是"乐"，就不会与山水保持距离，不会只是客观观察，甚至也不只是将其视为审美对象。智者也好，仁者也罢，中国的士人，看山也看水，游山也玩水，是涤荡胸襟于山巅水湄，也修心炼气于窅冥山林。总之，中国的士人，是在山水之间修、息、藏、游，也在山水之中融于大化。张大千晚年的泼彩水墨，云奔雾腾，山水融于天地，人也融于大化，天地万物在这一片大气淋漓中，尽成一体，故而气象万千。

老子云："人法地，地法天，天法道，道法自然。"中国绘画讲求"外师造化"与"中得心源"，二者其实是同一回事。巍巍乎高山！人生风涛多险，生命厚度若是不够，底气若是不足，每逢境界现前，都难免步伐踉跄，终至飘摇圮颓，狼藉一生。洋洋乎流水！生命的幽微无明，是如此之深，自身若不心系修行，若是无法日益澄澈，人生就是五浊恶世，苦海无边，业深难救。

现代人之所以痛苦，有一个很重要的原因，就是跟所有事物的联系都断了，所以才跟任何事物都有很深的隔阂。山水本来有情，人却越来越无情。中国文明一向以为，山河大地皆是法身。现代人成日叨念着"终身学习"，结果，都是一堆人为造作，常常越学越不得清安。看看山，望望水，也许才是最好的心灵疗愈！

第二章

CHAPTER TWO

# 家　祭

# 四时祭祀安人心

自古以来，大凡民间生活中的大事，都与祭祀息息相关。各式各样的礼仪，皆脱离不了祭祀。

在台湾中南部，每家每户的厅堂里，都有一张神明桌。桌子中间，供奉着神明像，神明的左边，则是祖先牌位。神明在先，祖宗在后。有先有后，有尊有卑。每天晨昏，乡下人就在这桌前，先拜神明，后拜祖先，上三炷清香，备一盏清茶。自古以来，这就是百姓每天的修行功课。这张神明桌，也是民间最重要的道场。

有一年，台湾闹水灾，很多人宅舍被淹，但他们仍把祖宗牌位恭请到一只小船上，而人却泡在水里，推着船走，因为这是他们心中最神圣的东西。

当然，道场不只是这张神明桌。天地之间，都可以是道场。人立于天地，就该处处感得、时时修得。因此，民间的头一桩修行，就是透过这张神明桌，透过祭祀，感得四时的节气，感得天地的消息。

民间祭祀的重点之一，就是岁时祭仪。百年以来，台湾官方受西方的影响，一直使用着阳历。但民间却始终以黄历为主。黄历即农历，不是阴历，而是阴阳合历。只有使用黄历，才能对应四时的节气；也只有使用黄历，才能维持传统的天地人联系。

民间正月初一拜神祭祖，正月初九拜“天公生”，数天后，拜元宵（上元），然后是清明、端午、七夕、中元、中秋、重阳、下元（农历十月十五）、冬至，随着季节更迭，一路祭拜到除夕。凡是节日，必有祭祀。台湾的民间，四时佳节，气候移转，具现于供桌上的丰盛佳肴与馨香袅袅中。

历来的民间，就是从这供桌上的香火缭绕中，虔敬地感知天地间的浩浩气息。也正因这样的祭祀不断，使得他们对天地有感激，对光阴有情感。这样的祭祀不断，使他们岁岁如新。

学者总爱说，中国人是天人合一。这当然有理，但说得再好，毕竟都只是个概念。民间当然不谈概念，但透过这样的岁时祭仪，却具体而真实、清楚而明白地让世人知道，什么是天人合一。

台北有一个北投菜市场，菜市场里有一座庙，门楣刻着“玄帝公祖”，两旁是“风调雨顺”和“国泰民安”，供奉的是玄帝公。这就是中国文化的特点，即使在菜市场这样世俗的地方，依然与神圣连接，与天道连接，这二者是不可分的。玄帝即真武大帝，能治水降火，解除水火之患，建庙是为了祈免水火之灾。对于菜市场的摊贩主人和市场管理者来说，当然不只是祈免水火之灾，更为重要的是，每天到神明前烧一炷香，把心交出去，把一天的辛劳交出去。如此一来，心便安于当下了。

祭，一是宗教心，二是诗心。最高位阶的祭，是祭天。北京有天坛，是天子祭天处。祭祀前，天子须斋戒，须沐浴；祭祀时，天子须神志清明，唯虔唯诚。

人虽六尺之躯，亦足与大化相融。生年虽不满百，却可绵亘古今，甚至无古亦无今。宗教心，使人立于有限与无限之间。祭，是宗教心的礼乐风景。诗心，可成宗教之美，可济宗教之失。宗教使人无限，信仰使人饱满。但是，宗教心若过于炽烈，过度僵死，稍一不慎，就难免落入巫魇，心神反更颠倒。魔与神，每每只是一线之隔。最深重的罪孽，总伴随最神圣之名；最彻底的疯狂，也常起因于最伟大的事物。于是，史上多少回的战争，以宗教之名，却招致了最酷虐的杀戮与迫害。

因此，中国历代，屡戒淫祀。祭祀再好，仍不可过度；祭祀再良善，亦不该太甚。祭祀之事，终归于一份平常之心，最忌说得过实，更忌咬得太死。西方一神论宗教之所以流弊既深且酷，总源于他们把神说得太实了。中国文明，是孔子说的"祭如在，祭神如神在"。这个"如"字，实若虚，有若无，故与诗最可相通。诗在虚实之间，言语寥寥，意思满满。诗于有无之际，风吹花开，光景无穷。

正因这份诗心，中国古代也祭花神，祭山神，更祭岁时节气。这份诗心，今在大陆，几已断绝。而在台湾民间，仍大致完好。有此岁时祭仪，佳气可生山川，良辰俱在四时。通过祭祀，人于天地自然，不仅可敬，更有可亲。

中国人的祭祀，本质上是一种生命礼仪。祭祀，贯穿了生命的全周期。

婴儿出生的第三天，民间为孩子做"三朝"。除了正式为婴儿洗澡之外，尤需准备祭品，虔诚地禀告神明与祖先。从禀告的那一刻起，这个婴儿就绝不只是生物性、社会性的个体，而是既与天地联系，也和历史连接。"三朝"之后，随着婴儿一天天长大，紧接着又有"满月""周岁"等。这一件件、一桩桩，统统都必须敬拜神明与祖先。这样的祭拜，当然是祈求神明与祖先的庇佑，但同时更是让孩子自幼就成长在天地人的场域，以及历史长河的悠悠岁月中。有这样的一路熏陶，待来日长大，他们的生命自然就深厚安稳。

中国传统的婚礼，不是契约。契约强调社会关系，讲究权利义务。民间的婚姻，不说权利义务，说缘分，姻缘天注定。民间的婚礼，因为祭神，所以顶天立地；因为祭祖，所以承前启后。有此祭祀，遂有天地人的自觉。所以，男女之间，常常不必领结婚证书。这就好比古代商人，通常没写收据，却可以守信不渝。因为，他们是天地人的那一个"人"。台湾乡下的婚礼，至今犹多祭天，曰"拜天公"。祭拜前，全身沐浴，衣物全新。拜时，堂上华烛高烧，堂外灯火通明。供桌上肴馔丰盛，荤素俱齐。另备大桌，供有猪、鸡、羊三牲（民间感念农事劳苦，不忍吃牛）。时辰踏正，子时方到，奏唢

呐、伴锣鼓，而后三跪九叩。旁有道士诵读疏文，祝祷上天；后有傀儡戏演，乐通天人。此戏辍演停歇时，则用头巾蒙住戏偶，以示戒慎。此戏，台湾民间唤为嘉礼戏。眼前香烟袅袅，堂前祖先神位，顶上阔寥穹苍，无边无际。唯念悠悠，但觉天地人俱在现前。

台湾乡下人的丧礼，多在家中办理。从死者生命终结的那一刻起，就有一连串的祭奠。一开始，是以七天为周期的“作七”，待七七四十九“满七”之后，接着又有以十天为一旬的“作旬”，直至死后百日，才以“作百日”告一段落。近年来，“作七”“作旬”虽有减省，但丧礼的精神大体仍在。当死者去世满一周年，家属又必须慎重地正式祭拜，称作“作对年”。“作对年”之后，死者列入祖先牌位。从此，平日晨昏，有一盏清茶与三炷清香。逢年过节，与列祖列宗同享盛馔。清明时节，则有儿孙坟前扫墓。每年忌日，定有慎重之祭奠。年年如此，不敢或忘。中国文明标举一个“孝”字。“孝”是回报父母之恩，祭祖则是丧礼之延伸，也是将孝思延伸，跨越幽冥，使之久远，无边无尽，犹如青山千万重。中华传统如此看重丧礼，使得死者虽逝，却没在人世间真正消失。正因如此，中华民族才是一个长寿的民族，中华文明也更辽远绵长。

民间的另一个祭祀道场是庙宇。台湾的庙很多，虽不乏殿宇巍峨的大庙，但更多则是零零散散的小庙。主祭的神明，大多是妈祖。祭祀妈祖，一来是报答昔日先民渡海来台之时的护佑之恩，二来是感激年年风浪但海上行船平安。这样的妈祖庙，从清晨到黄昏，人来人往，扶老携幼，始终香火鼎盛。因此，妈祖庙的四周，常常是当地人气最汇集之处，你会看到当地最大的市场，也会尝到当地最丰富的美食。同时，妈祖庙还是最大的“公共空间”。除了妈祖，其他大大小小的庙宇也祭祀圣贤，也礼拜仙佛。报答的，无非是他们遗泽后世、惠及万民。此外，庙宇还供奉着历史上铮铮有响的人物，有成功者，也有失败者。例如，有一座庙名为“太阳殿”，主祭日月星君，又称“太阳公”。这“太阳公”，其实就是崇祯皇帝明思宗。那自然是当年明末遗民渡海来台之后，始终思念先主，不忘故国。至于成败，那已不重要了。

不过，台湾分布最广、数量最多的是土地公庙。土地公庙，就是古代的“社庙”。周朝祭祀土地，名曰“社祭”。“社祭”之后，邻里间会均分“社肉”。“社祭”之处，即为“社庙”。土地公庙分布甚广，连坟地里也经常可见。台湾的公有坟地，都可见有一尊高大的福德正神矗立其中，慈眉善目，照拂着阴阳两界。更多的土地公庙，则在乡野间。许多客家村庄，走过庄头的那间土地庙，便可看见屋舍俨然，听闻人家笑语，等拜过了后头另一尊土地公，只见一片豁然，眼前尽是离离稻穗。换言之，这样的客家村庄，通常就坐落在两座社庙之间。等离了村庄，走着走着，又会忽见一株大树，或樟，或榕，树下总有另一间小庙，周围有几张藤椅，老者聊天下棋，幼童嬉戏其间，绿荫凉沁，风景独好。于是，世人皆曰：台湾民风淳朴，人情厚实！这些年，台湾政客大搞“去中国化”运动，试图将中国文化连根拔起，但唯一不敢动的就是庙宇，因为没有人敢惹神灵。在台湾，中国文化的最后一个堡垒，就是孤零零的庙宇了！

《大学》曰：“自天子以至于庶人，一是皆以修身为本。”祭祀，正是天子与庶人共通的修身根本。祭祀，塑造了万民的性情。比起教育，其移风易俗之效，更深更远。正因如此，为政者最重视“民、食、丧、祭”。固然，民以食为天，但丧礼与祭祀更是不能稍有轻忽。

据《史记》记载，汉代陈平早年谋了一个类似土地公庙管委会总干事的职位。每当祭祀之后，总干事要主持分肉。陈平“分肉食甚均”，这并不是说大家都分得一样多、很平均。假使如此，只要刀功好，或者准备个秤就行了。所谓“甚均”，是将祭祀的牲品按人的地位、贡献、等级之类来分，该有则有，该无则无，当大则大，当小则小。分到人人心服口服，没有人讲闲话，这难度就大了。分完之后，父老曰："善，陈孺子之为宰。"乡亲们都说，这小子总干事当得好呀！陈平说，等哪天我当了朝廷的宰相，肯定有办法像分肉一样，把天下事处理得匀匀当当。可见，分祭肉是何等大事！

当年，孔子离开政坛，也和祭肉有关。孔子在鲁国大展才华之后，引起齐君戒惧，担心一旦鲁国强大，将对齐国造成威胁，于是送美女八十人、宝马三十驷，刻意拉拢，藉以分化。这时，季桓子看了又看、想了再想，最后决定，请鲁定公接受这番"心意"，遂偕同一道"往观终日，怠于政事"。其实，这显然只是一个政治动作，装昏庸、当佞人，借机与齐国"里应外合"，唱唱双簧罢了。真正的目的，是要撵走孔子。这时，子路沉不住气，首先对孔子言道："夫子可以行矣！"孔子还抱着一线希望，想再缓一缓，看看鲁君祭祀之后，是否还会像往常一样把祭肉送到他家里。结果，孔子失望了。于是，他不得不开始周游列国。

中国是世界上造神最多的国家，有伏羲、女娲等诸多大庙，更有二仙、崔府君、马仙姑等诸多地域庙宇。清华大学建筑系有位博士生，发现了一座奇特的"奶奶庙"，引起网友的极大兴趣。这座"奶奶庙"位于河北易县城北的洪崖山上，距离北京一百多公里，有正殿、前殿、中殿、后殿。这里供奉的神像都有着直白的名字，如"财神""学神""股神""月老"等。更奇葩的是，后殿还有一位手握方向盘的"车神"，保佑人们出入平安、驾考顺利，还有北京人祈求能摇到车牌号。这里最大的特色是"按需造神"。据管理人员说，老百姓需要哪个神仙，庙里就建哪个神仙。"奶奶"不止一个，长寿奶奶、送子奶奶、消灾奶奶、转运奶奶、生意奶奶……不胜枚举。这些"奶奶"，几乎长得一模一样。然而，就是这个环境特别糟糕的"奶奶庙"，香火却绵绵不绝，号称"华北第一道场"。

中国民间有很多不知名的庙宇，尤其在北方农村地区分布甚广。老百姓只要听说哪个地方灵，这个地方香火就旺。他们不在意庙宇有多高、雕塑有多美，只说灵不灵、应不应。山西芮城的一座农村小庙，狭窄的空间里，供奉了观音、关公、财神等十余尊神像，每一尊神像前都摆放了拜垫，供村民跪拜。在一次祭祀活动中，因村中小庙被拆除，村民就在原址空地摆上桌子祭拜。在农村，类似的现象甚为普遍。民间百姓有一种独特的心态，见神就拜，见庙就跪，到哪儿都礼敬，到哪儿都供奉。既信，又不信；当信则信，当止则止。从某种意义上说，庙宇也是中国文化的捍卫者。

陕西某村一位村民，多次竞选村委会主任，屡战屡败。后来，他做了一件好事，竟然得到多数村民的拥护，结果逆袭成功。原来，村里有座山，山上有座庙，名曰达摩祖师庙。说是庙，其实就几孔破窑洞，里面放着几尊泥塑像。每年农历三月三举行庙会，附近数百里的人赶来参加，热闹非凡。于是，他决定把祖师庙修缮一番。他筹款二十多万元，盖了一座真正的庙宇，并铺了通向庙宇的车道，还在庙的对面建了一个大戏台。庙宇修缮后的第一年，他决定在三月三庙会期间给祖师唱三天大戏。他以庙会的名义写了一封信，邀请两个村的村民和在外地工作的人都来看戏。神的事，谁也不敢怠慢。即使不能亲自前往，钱也不能少。这一次庙会，总共收到捐款十万多元。这样，不到两年时间，他就还清了所有的欠债。从此，村民对他刮目相看。

在佛教传入中国之前，中国人是没有宗教的，之后也不纯粹和虔诚。没有宗教，就不会有信仰。信仰，就是对超自然、超世俗之存在坚定地相信。这样的存在不属于自然界，也不属于人类社会，不能靠科学实验和日常经验证明，只能靠信仰。孔子说："祭神如神在。"民间什么都不信，什么都可以信，本质上是"信而不仰"或者"仰而不信"。你要他真信，必须显灵。所谓"信则灵"，说到底就是"不灵则不信"或"灵了才相信"。信与不信，唯一的标准就是管不管用，能不能给自己带来实际的好处。这是典型的实用主义。

中国人以现实世界为重，以彼岸世界为轻，看似没有坚定的信仰，反而活得更通透。台湾有很多闽南、客家老聚落，那里的村间老妪多半没上过学，没受过现代文明洗礼。但是，比起许多知识分子，他们不酸不腐，不躁不郁。他们亲切，与人没隔阂。她们待人温厚，有礼敬。他们的心中，有个清平世界，有个朗朗乾坤。风日和暖，人世静好。这清平世界与朗朗乾坤，从何而来？当然，部分是天生地长，因为长居乡下，与自然不甚脱节。更多的则源于从小熏染的中国文明老传统。这老传统，以儒家为根柢，融合佛道两家，又有更多百姓日用而不自知的民间智慧。自古以来，尽多灾祸，尽多战乱，但这老传统依然绵亘千百年而不坠。数百年前，大陆移民过台湾，他们传承的华夏文明，亦随之渡海。五四之后，当两岸知识分子开始翻搅于欧风美雨之间，弄得自己仓仓皇皇、不得清宁之时，民间却是不然，他们依旧浸润在自家传统之中，活得滋滋润润，海晏河清。在那些乡间老妪身上，尤其可见五千年历史凝练而成的生命质地，最有深厚文明传统的一种安稳与信实。

这文明传统的熏染，林林总总，既有宗族邻里的万千礼仪，也有寻常往来的人情义理，亦有戏文故事里的光阴徘徊。其中，最要紧的，则是那终年不辍的四时祭仪。

民间老妪，一如百千年来，至今随着四季更迭、节气替换，总是祭祀不断。他们祭天祀地，祭神祀鬼；他们拜祖先，他们祭亡灵。自幼至老，生活之头等大事，就是这绵绵密密的祭祀。透过祭祀，他们对天地有感激，对历史有情感，对人世有欢喜。通过祭祀，他们得以安身立命，得以修炼出一身温婉而喜气的好性情。这般好性情，代代相传。于是，遂有了那最动人的传统底蕴。

祭祀大典，必有钟鼓。中国古人的八音，金、石、丝、竹、匏、土、革、木。若论特色，则在钟鼓。尤其是钟，乃国之重器。但凡仪式大典，必不可少。钟唯一音，讲究那一音之深宏悠远。佛教中国化之后，多纳礼乐文明之精髓。百年以来，神州大地黄钟毁弃，瓦釜雷鸣，礼既崩，乐更坏，唯有佛寺，尚有保存。听那钟声，平正和穆，又最清扬，满是朝气。中国古代，从朝廷宫城到大小县城，乃至山林深处之寺庙，天刚拂晓，便有钟声。即使贵如天子，也须黎明即起，准时上朝。中国的礼乐文明，有一股清扬之朝气。

数千年来，正因祭祀之风绵延未断，才培养出一代代清和之人。乡下老妪，年纪愈长，愈是和悦；愈到晚年，愈是定静。他们多半不识字，自然也未曾读书。经典里头的圣贤之道，通常也无甚听闻。但是，较诸许多饱学之士，他们生命之安稳信实，性情之清朗健旺，不仅毫无逊色，而且犹有过之。何以然？盖因他们在中国文明的礼乐之中，日日行之，日日由之。虽说未必知其理，未必明其旨，却具体真实地在行仪之中变化了自身，塑造了性情。

中国文明之所以气息绵长，皆因古人离天近，也离神近，而后世人则渐渐离天远了，离神更远了。欧洲因蛮族入侵陷入黑暗时期，倘无宗教信仰，人真的活不下来。而中国人是不假宗教而悟得了天地成毁之理，如《易经》所说的“神无方”，如老子所说的“天地不仁”。中国人不落宗教，直接从天道来感知人世。所以，天清地宁，清清明明。

# 敬惜文字重家谱

台湾的客家庄甚多，美浓尤其有名。美浓向来文风鼎盛，极重教育。美浓的博士比例极高，当校长的人甚多。他们的传统底蕴，尤其深厚。接近市区，有个小小的六角建筑，标示三级古迹，名曰“敬字亭”。此亭兴建于清乾隆四十四年，目的是倡导文风。因为客家尊文字为“胜迹”，所以敬字亭又被称为“胜迹亭”，亭前设有造字先师仓颉的牌位。

闽南聚落亦偶有敬字亭，但远远不及美浓普遍。以前，当地人礼敬文字，从小便教导小孩，但凡有字之纸，不可胡乱丢弃，亦不可任意焚毁，必集中于敬字亭，待礼拜仓颉或文昌帝君过后，方可焚烧。

这样的礼敬，随着今日印刷品之泛滥，当然已极其邈远。但在美浓，还是偶有老妪告诫：“有字的纸，别坐！”

他们对文字的虔敬，让人想起《淮南子》所说的“昔者仓颉作书而天雨粟，鬼夜哭”。这“天雨粟，鬼夜哭”，是真是假，其实无关宏旨。关键是，对于文字的创造，我们祖先的确有着极深刻之记忆。发明文字，何等大事！遥想当时，他们既无限欢喜，又不胜惊骇；既期待憧憬，又戒慎恐惧。他们明白，水能载舟，亦可覆舟。文字，可让这个世界光彩纷呈，也能让这个世界光怪陆离，更可以让这个世界错乱崩解。

正因文字肇始，祸福未定，我们的祖先遂诚惶诚恐，虔敬以对。有此虔敬，便可吉祥止止。中国文明遂绵亘久远，历久弥新。然而，这种虔敬，在百年来中国文字一波波的劫难之后，已日益杳然。这劫难之一，是过度简化，不仅破坏了造字原则，更蛮横地将文字完全视为工具。从此，文字之神圣性不再，文字之庄严感亦不再。劫难之二，是白话文运动走入极端，过度贬抑古文。紧接着，又极度尚俗非雅。即使学者，也用字草率，遣词无度，甚至粗口连篇。

从仓颉到《淮南子》，再到美浓的敬字亭，数千年来，中国文明对文字最根柢的虔敬，早已散入千门万户，再渗进庶民百姓，从而孕育出一代代清和之人。即使不识字，即使无甚人文素养，也能有美浓老妪那般深厚的底蕴。有虔敬，方有底蕴；有虔敬，中国文明方能新生再造。而今，少数有识之士，已挣脱当今之粗陋文字，重拾对传统文字也是对传统文化最根柢之敬意。他们明白，与其成日忧国忧民，与其整天空谈国家前途，不如踏踏实实地从眼前做起，从恢复中国文字该有的清净与庄严做起！

中国文字绝大多数是形声字。“以形藏理，以音藏义”，是汉字一脉相承的逻辑。真正读懂一个汉字，既要看其形，也要听其音，所谓“同音有同义”。有时，一个字最原始、最微妙的含义，恰恰隐藏在声音里。例如，宇、雨、羽、语、舆，都有从天而降的意思，因而与空间有关。数千年来，随着时代的变迁，汉字发音有了很大变化。但是，福建、广东等方言里，仍保留了部分古河洛语的发音。比如，“竹”在福建方言里的发音是“德”，而道家所言之修“德”，其实就是说人体如同一根竹管，通达则可得道。读唐诗宋词，用闽、粤方言比用普通话更有古韵，也更接近那个时代。中国人何以如此？是因为悟得万物生长之理。象形文字之所以比拼音文字优越，关键在于能够保留最原始的信息。通过对文字演变的考察，我们可以发现历史的轨迹。以甲骨文为母体的汉字，是能够跨越时空进行传播的符号。中华文明延续几千年不断，汉字功不可没。

中国人从伏羲画八卦时便知阴阳。阴阳有三大定律：阴阳互根；孤阴不生，独阳不长；阴极阳生，阳极阴生。汉字有象亦有相，包含了天地万物的阴阳虚实。例如，悠久，悠是无限的长时间，久是有限的长时间。西方说时间，中国说光阴，时间实而光阴虚；西方说社会，中国说人世，社会实而人世虚。

汉文字可以为书法，而西方的符号文字则不能。因为汉字是有生命的，汉字象形而不受象形的限制。绘画是写已有之象，书法则是创造出象来。所以，书法比绘画更能广达于万物之旨。中国的书法，写字是有笔顺的，自上而下，先左后右。自上而下是宇宙自天以成地，先左后右是万物阳始而阴随。一个字的笔顺，多是上轻下重，左简右繁，带有非对称性的。如果头轻脚重则沉坠，左繁右简则倾侧。所以，上头书写要宽舒，下头收笔要有始起之势，终而复始，全体生动。写左要疏离，留有空间，这才罩得住右边的茂密。这就是书法中的阴阳虚实之道理。

中国人的姓氏，表面上是一个个文字，背后则是血脉传承。一个字，就代表一个家族的演化。

福建宁化，是客家人的祖地。每年数以万计的客家后人来到这个武夷山下的县城，从厚厚的族谱中，寻找自己和祖宗的血脉联系。

这些族谱中的每一个字，都是用木活字印上去的。作为古代中国“四大发明”之一，木活字印刷传承七百多年，如今几乎失传。雕版活字手工印刷，从刻字、排版，到敷墨、刷印，通常有十多道工序。一天只能印几版，一版印完，再拆掉排新版，工序烦琐，极其耗时。

如今，懂这门手艺的谱师屈指可数，邱恒勇是其中一位。他家四代修谱，传下来的不仅有手艺，还有一套古董级的工具：六万多个字模，大小不一的刻刀，刻着“文林堂”堂号的木箱。字模据说是当过秀才的祖先留下来的，至少有两百年历史。

二十世纪八十年代初，民间纷纷重修毁坏的祠堂和族谱。邱恒勇辍学跟着父亲，带上祖先的修谱工具，在不同村落中穿梭。刀起刀落，每天都被浓墨和木屑的味道包围着。

在千年的迁徙中，客家人历经世事艰难，稍作安定，便修族谱，用白纸黑字的方式，留住存续的血脉。修谱间隔，往往需要三十年，也有间隔更长的，百年一修。每次修谱，家家都充满虔诚。修谱前，祠堂里举办仪式，请来活字印刷的祖师爷。族中长老上香、奠酒、献牲、叩首，祈请历代祖先保佑赐福。

修谱时，谱师享受最高礼遇。无论男女老少，都敬称其为“先生”。遇上关于族谱的难决之事，也会请谱师帮忙定夺。每家每户轮流请谱师吃饭，过年都不舍得吃的东西，统统给谱师端上来。有些人丁多的家族修谱，谱师一住就是大半年。婚丧嫁娶，生卒年月，坟冢地点，生平事迹，多则百来字，少则几十字，概括了一位真实存在过的祖先。谱师要逐一确定入谱者的生卒日，光靠听闻不行，必须要有实证。哪些信息该入谱，谱中写多写少，常常再三讨论斟酌。邱恒勇有过一次非常不愉快的修谱经历。当时两房人的意见分歧极大，谱师夹在中间，左右为难。结果，那一次的族谱修了整整两年。

无论过程多么苦闷烦琐，族谱修成的时刻，绝对是普天同庆，场面比过年还隆重。总谱端正供在祠堂中，家谱传递到家家户户。各房男丁扛着族谱，大步快跑，传说跑得快、发得快、旺得快。每年清明，全族人聚在祠堂翻族谱、添新丁。春节可以不回家，但清明一定要回。

家谱是一个家族的生命史。家族从哪里来？又曾到哪里去？做过哪些荣耀的事情？许多人的名字，是根据族谱的字辈来取的，走到天涯海角，都带着先祖的祝福。家谱中寥寥数字，时刻提醒后人莫忘祖先。

罗燕依的夫家在台湾新竹县新埔镇，那里的居民多是勤恳朴实的客家人。夫家老屋前门对着镇上的大街，前前后后一百多米，中间有两个天井，后门对着另一条街。除了客厅、餐厅、书房、厨房、卧室等居家空间，最特别的是有一间神明厅。

神明厅里，有两层质朴厚重的红木神桌。前桌方正略低，系着金线银线绣工精致的蟠龙桌裙；后桌高而窄长，正中间供奉着神像、关圣帝君、妈祖，墙上挂着观世音菩萨圣像。左右两边有对联：上联是“养桃园湄州南海，沐义气圣母观音”；下联则写着杜姓堂号（京兆堂）的藏头诗，“京建西东乘燕翼，兆占科第壮鸿图”。

红木神桌左边，供奉京兆堂历代祖先牌位。那是特别定制的木刻牌位，上面写着第十一世祖。为何由第十一世祖开始？因为杜家是第十三世祖前来台湾，后来又返回家乡，再背着祖父十一世祖的骨灰，带着抄录的家谱渡海而来。牌位依着家谱，人人各有其位，左右排列，最旁边的一些名字用红纸遮住。

这是一座不折不扣的家庙。不只是新过门的媳妇要来拜，年节时分，叔伯子侄也来祭拜。罗燕侬的公公婆婆每天早晚必定三炷香，向神明和祖先请安。丈夫每次回老家，也是早晚三炷香。如今，公公婆婆皆已不在人世，丈夫的兄弟与成年子侄相约，每周轮流回老家，酌备水果素饼，燃香祭拜。尽管老家屋舍无人居住，而神明厅里依然香火不断。

作为一个外省媳妇，她来到这样保守又传统的乡下人家，刚开始觉得神明厅新鲜，久而久之，也就习以为常了。该拜就跟着拜，维持做媳妇的基本礼数。其实，她真的不知道要跟神明或祖先说些什么。就这样过了二十年，偶然得知，杜氏历代祖先牌位上，那红纸遮住的名字不是别人，是同辈在世的人，包括她和丈夫以及兄嫂。那一刻，她有点惊吓，心里忽然冒出六个字：“男有分，女有归。”小时候，父亲要她背诵《礼运》，其中就有这句话。直到此时，她才开始有了一丝安稳的归属感。嫁进夫家，不论有没有冠夫姓，她都已从豫章堂罗家的子孙，转换而为京兆堂杜家的媳妇，延续着杜家子嗣，杜家的牌位刻着她的名字，这即是女子有所归。至此，她如梦方醒：自己早已是夫家的人，死后也入夫家的坟。

杜家扫墓，依例是在清明节。几百位京兆堂杜姓宗亲一起，燃香祝祷。杜姓客家人来台已三百年，先落户在新竹县关西，后来迁到新埔镇。几年前，宗亲募资兴建祖塔“京兆佳城”，将原先分散的祖先墓地迁至一处，仍在关西的下南片附近，占地半个小土丘，祠堂也在附近。

回想起三十年前婚后第一次清明扫墓，看到这数百人的阵仗，她几乎惊呆了。这些人齐聚在墓前祭拜，全都姓杜。宗亲带来的鞭炮，串串相接，围绕坟上，两头一起燃放，噼里啪啦，半小时才放完……回想娘家，台湾仅父亲一人，一个亲戚都没有，如何孤零零在此安身立命？完全没有家族的支撑，外省人在台湾安顿下来谈何容易。

祭祀开始之时，人人手持一炷香，宗长先用客家话诵念祭文。罗燕依不太懂客家话，但很认真地听，感觉到用古音诵读很典雅，很多地方都押韵，特别有味道。宗长送了她一本新编的《客家礼俗范本》，有婚丧喜庆的各种礼仪及风俗和清明节的祭文、请神文、送神文等。

清明祭祀从请神开始：“伏以一炉清香，二案乾坤，三通法界，四海遥闻……九霄云外直虚空，十请众神齐下降。日吉时良，天地开张，叩首下拜，躬身焚香，香烟才起，神通万里，香烟沉沉，神必降临，香烟洋洋，直透天堂，香在炉中，神在虚空，有求必应，叩祷即灵。”这请神文写得太有画面感了，情境描述非常到位。而送神文写道：“酒冷没气，肉冷没味，小小酒筵不敢久列神前。”这是多么亲切人性的实话实说，完全是民间的质朴本色。宗长要她把请神文、送神文背下来，还叨叨念念指点她，遇到不同的时节与场合如何调整用词。老一辈对于这些熟稔于胸，各种场合，随时开口都合乎礼仪。

祭祀结束，在墓前山坡旁边，宗亲准备了好吃的客家肉、炒面、炒米粉和福菜肉片汤，用大锅大盆装着，大家自备餐具，在这里享用。数百人嘻嘻哈哈，热热闹闹，彼此说着笑着，与祖先一起吃团圆饭。

在中国文化中，祖先崇拜、传宗接代是重要的精神价值。中国的姓氏宗亲和血缘文化，是很难动摇的社会基石。对于炎黄子孙来说，维持这个纵向的联系，可以让人扎根、让人沉稳、不觉轻飘、不觉孤独。

# 死亡是生的余韵

中国人于死，豁达而激情。死，是在社会上消失，但在人世间长存。

自古以来，送终都是人生大事。人活得再穷、再潦倒，最后的丧礼一定要风光体面。而丧礼既是对死者的安慰，也是对活人的教育，让生者好好做人，活得更有分量。所以，农村的葬礼往往不是悲伤的，而是鼓乐喧天，鞭炮阵阵，热热闹闹，如同一个盛大的节日，全村老少都去吃流水席，数周不散。来的人越多，死者越风光。

墨家主张“薄葬”，从物质的角度看，这是有道理的。因为，人死之后，尘归尘，土归土，再豪华的棺椁也要腐朽，最终还给大地，化为尘埃。但是，从礼乐的角度看，葬礼具有安顿人心的作用。不同的时代，有不同的课题。在物资匮乏的年代，可以提倡“薄葬”；在信仰匮乏的年代，则可适度主张“厚葬”。当然，这并不是说可以铺张浪费，而是指礼仪上要“厚”，精神上要“重”。

某年，河南周口发布文件称，用三年时间完成农村公益性公墓全覆盖，火化率百分之百，彻底遏制偷埋乱葬和骨灰二次装棺，不再出现新坟头，逐步取消旧坟头。当地官员说，平坟的初衷是解决死人与活人争地问题。

为了让农民平坟，政府出台了免费火化、公墓建设等殡葬惠民政策，规定火化费用由财政承担，并免费提供骨灰盒以及遗体接送等服务，全市规划建设农村公益性公墓。

一位村支书称，他曾召开两次家庭会议，平坟的事还是没通过，他只得强制执行。他雇人用了两天时间，把全家几个爷爷、太爷的坟头全部平掉，一共二十八个。他还给在外地工作和上学的人打电话："要是不主动回家平坟，就用铲车把坟平了，到时候面子上可不好看。"

对于村民，平一个坟头，可获得两百元补助。主动迁坟进公益墓地者，还可获三五百元补助。无论是祖坟还是新坟，统一平掉，不区别对待。有一家"钉子户"不愿意平坟，村里就派了几名男子站在坟头边，手持铁锹做出铲土的架势，坟前打着一条红色横幅：你妈喊你回家平坟。

平坟运动历时数月，两百万个坟头陆续被平掉。然而，具有戏剧性的是，不久后民政部门出台新规定，不再强制平坟。于是，至少半数被平掉的坟墓一夜间被恢复，百万座坟墓重新拱起。即使平掉了的坟头，也没有转化为耕地，光秃秃一片，很是惹眼。当被问及会不会再种上庄稼时，一位村民说："谁愿意在自家祖坟上种地呢？"

入土为安，是中国人几千年的习俗。刨了祖坟，是对后人最大的侮辱。平了坟头，平不了民心。一场声势浩大的平坟运动，无疾而终，成为当地人心中挥之不去的阴影。

某年，江西吉安为了全面推行火葬，将农民的棺材全部收缴砸烂。有的农民不愿意棺材被砸，躺在棺材里号啕大哭，依然未能阻止这场行动。如此粗暴地砸棺材，与其说是推行殡葬改革，不如说是刨了中国文化的根。那些被砸了棺材的农民，失魂落魄，噩梦连连，惊恐不安。

山西襄汾县某村曾发布一份公告，要求葬礼不准披麻戴孝、不准进行祭奠活动、不准送花圈纸扎等。其实，披麻戴孝，在中国已有几千年的历史了。这和清明烧纸一样，都是由来已久的习俗，主要是表达生者对逝者的哀思。一个庄重肃穆的葬礼，是死者最后的尊严。葬礼不准披麻戴孝，是对死者尊严的亵渎，更是对生者权利的漠视。

从某种意义上说，祭祀就是中国人的宗教。很多中国人不信宗教，却用祭祀获得了宗教性的价值。中国古代的丧礼之所以是全世界最繁复的仪式，是因为中国人想尽办法让每一个离开世界的人，都跟原来的世界产生千丝万缕的关联。中国人有了这条线，就不会觉得飘浮。如果没有人再扫墓了，这条线就断了，这个家族就亡了。所以，中国人把传宗接代称为“续香火”。

在人口膨胀、耕地减少的今天，推行殡葬改革当然必要。然而，消灭土葬是一个渐进的过程，不能“一刀切”。如果急于求成，搞疾风骤雨式的平坟运动、砸棺运动，不仅无益于移风易俗，反而容易激起民众的对立情绪。大禹治水，靠的是疏，而不是堵。其实，保留一方墓地，让民众有墓可扫、有祖可祭，未必是一件坏事。至少，可以解决部分人的信仰问题。墓安稳了，人心就安定了。

在《红楼梦》中，秦可卿给王熙凤托梦，说了两件事情：第一件是祖坟虽四时祭祀，无一定的钱粮；第二件是家塾虽立，无一定的供给。她让王熙凤趁今日富贵，在祖坟附近多置田庄房舍地亩，以备祭祀供给之费皆出自此处。将家塾亦设于此，日后按房掌管这一年的地亩、钱粮、祭祀、供给之事。即便是将来家族遭了罪，祭祀的产业可以不入官。败落下来，子孙回家读书务农，也有个退步之处，祭祀又可永继。秦可卿作为宁国府管事之人，对贾家的兴衰存亡自然十分关心。这两件事，本是关系家族荣誉的根本大事。可惜，王熙凤忘做了。结果，树倒猢狲散，“好一似食尽鸟投林，落了一片白茫茫大地真干净”。

某年，台湾金门一个家族搞春祭仪式，把祠堂里的祖宗牌位一一请下来，共有二十几代人，一直追溯到明朝初年。跨越了六百多年的先人，冥冥之中还有后人在祭拜，精神上跟这个世界还有牵连。中国人透过丧礼和祭礼，获得了永生，所谓“死而不亡者寿”。死了之后，精神没有消亡，就是最大的长寿。中国人有一条血脉的线，往上拉没完没了，往下拉无穷无尽，子子孙孙，无穷匮矣。借着祭祀，中国人走出了生死困局，完成了“中国式永生”。

宋明以后的儒家，对于“人”的世界，有其强大而坚定的秩序感。可对于“天”这部分，却常常有隔阂。他们解读事情时，通常会有一个清楚的大是大非，也会有个清晰的道德观，但正因过于强调是非道德，反而受限于“人”，“天”这部分就相对薄弱了。

古人讲天人关系，通常不会说得太确切，中国的宗教因此也一向不太发达。中国人信神是在若有若无、似信非信之间。因此，中国人一向相信有命，却不喜欢说“宿命”。

中国人活在天人之际。所谓天人之际，就是既有“天”的因素，也有“人”的成分。如果单单强调天，人像傀儡，啥都被安排好了，那就活得没意思了。相反，如果为所欲为，以为人定胜天，意志可以决定一切，那当然也是狂妄。人只要过度狂妄，最后就会被天所灭。在历史发展的过程中，人当然可以扮演一定的角色，但是，对于更大的必然、更大的因果、更大的自然规律，人必须保持敬畏，在自由与敬畏之间保持平衡。

中国人把血缘关系放在第一位，一辈子都关心自己的父母和子女。因此，中国人有一个无比强大的信仰系统，就是信仰祖先、信仰血缘、信仰家族。每个人都活在历史长河里，往上要对得起列祖列宗，往下要对得起列子列孙。每个人都相信，即便自己死了，某些东西还在影响着活人，其所作所为，或庇荫子孙，或贻害子孙。

《易经》云：“积善之家，必有余庆；积不善之家，必有余殃。”在中国人的传统观念里，做人或做事失败了，不敢回家乡，因为“无颜见江东父老”。中国人最大的丢脸，就是给祖宗丢脸。任何时候，都不能对不起列祖列宗。在家谱里，无论是好官还是坏官，其行为都会被如实记录下来。在祠堂里，家族长者扮演着法官的角色，绝大多数矛盾纠纷都能得以解决。

中国人事死如事生。除夕之夜，餐桌上总有单独留出来的碗筷，那是为过世亲人准备的。那碗筷，其实就是祭祀了。那样的缅怀之思，透过具体的形式，令后代内心深处与祖先血脉相连。中国文明以色显空、以体显用，正是以这样年年相续的仪式，传达了真切的缅怀，从而让世世代代能与历史相连，这正是祭祀之极意。

上海的管维莹回忆，打她记事起，家里每年清明、冬至两天，都会祭祖。父母是无神论者，却笃信祖宗在天有灵。每逢那天，父母都会准备很多好吃的，鱼和豆腐是必备品，夫妻那天也会格外恩爱，绝对不会吵架。父亲端上烧好的菜后，轻声问母亲："可以请了吗？"母亲认真审视一番后点点头，父亲就点燃一支香，插在门口。缕缕青烟升起，老祖宗们仿佛就进家门了。

于是，孩子们退到隔壁小房间，轻声细语。一会儿，父亲走到外屋餐桌前，点了一根香烟，放在桌前说："阿爸，抽根烟，慢慢吃。"然后又退回小房间。孩子们边说边等，声音轻轻的、柔柔的，还带着几分敬意，生怕打搅了隔壁用餐的老祖宗。估摸二十分钟之后，父亲就叫孩子们给老祖宗盛饭，上饭的时候不能碰到椅子，要毕恭毕敬地端饭。孩子们偶尔不小心碰到椅子，自己都会吓一跳，立马说"对不起"。父亲却说："没事，都是自家祖宗。"

又过了二十分钟，家里按照位序，轮流上香磕头。母亲拿出前几日准备的锡箔银宝，开始烧起来，边烧边说："在那边也好好过，钱多拿些，也请保佑孩子们平安。"父亲把香炉里最后一支香拿起来，恋恋不舍地说："阿爸，时间差不多了，走吧，明年再来。"说完，把香插在门口，一阵风，把烟吹向远方。于是，全家人收拾饭桌，酒菜重新热过后，开始共进晚餐。

祭祀祖先，代表了一份心意，也代表了一种联系，表示一个家族的香火在延续。中国文化的根本，中国文明的大信，都建立在祭礼的基础上。如果没有祭祀，每个人看似有家，却又无家可归。

有一位广州朋友，多年来心里总是不踏实。早先，她以为是收入不稳定的缘故。在广州，居无定所，老是搬家。她的先生说："住哪里都一样，无所谓。"可她常常觉得，住哪里都可以，等于住哪里都不可以。因为无论住到哪里，都没有家的感觉。后来，她在厅堂给去世的父母立了一个牌位，每天清晨和黄昏，上香，奉茶。结果，自从把牌位竖起来，她就有了家的感觉。

台湾的罗燕侬回忆，小时候，每逢过年或清明，父亲都会在餐厅挪出一个位置，摆开一张破旧的小折叠桌，仔细地铺上枣红色的桌巾，弄得平平整整。桌巾垂坠着流苏，她总忍不住伸手拨弄着玩，父亲会轻声制止："这是拜祖宗的，别乱动！"父亲小心翼翼地在墙上贴上一张红纸，上书："豫章堂上罗氏历代祖先之神位"。这是前一晚父亲用毛笔亲自书写的，有时父亲喊她帮忙磨墨，她就倚在桌边，看着父亲先用毛边纸练习，等到写顺手了，才铺开那张裁好的红纸，一点一横、一撇一捺，很专注地写那十几个字。一会儿，小桌摆上香炉和鲜花，妈妈在厨房里准备各色菜肴，父亲一边摆放一边絮絮叨叨念着："丫头啊，这是你爷爷爱吃的，这是你奶奶喜欢的……"她边看边流口水，饥肠辘辘却不能吃。菜上齐了，父亲拿出小酒杯斟上酒，点起几支香，领着孩子们向祖宗牌位拜三拜。有时鞠躬，有时叩首，孩子们跟着做就对了。

罗燕侬的父亲是湖南长沙人，1944 年刚考上大学，就被"一寸山河一寸血，十万青年十万军"的口号所感召，毅然选择了从军。之后，被选派赴英国接回"重庆号"军舰，又随海军到台湾。父亲离开老家时，还不到二十岁，哪想到竟然再也回不去了。家中兄弟八人，仅他一人跨过台湾海峡，台湾没有亲人。逢年过节，他摆开这张折叠桌，弄出一桌好菜，遥祭对岸的亲人和祖先。一炷香后，他把菜回锅热一热，再喊全家与祖先一起好好吃顿饭。

像她父亲这样的人，在台湾被称为外省人。她在台湾出生，是外省第二代，小时候住在军官的宿舍里，村子里几乎都是外省人。军旅生涯中，父亲随军舰移防，常常不在家。这辈子，她从未见过爷爷奶奶，只在泛黄的老照片中看过模糊的容貌，当然也不知道他们爱吃什么菜了。

小时候，她虽不明白父亲的心情，却在祭祀中深深感受到，父母离乡背井，颠沛流离，每逢佳节倍思亲。他们在祭拜之中，除了虔敬和思念，更混杂着遗憾、怅惘和不安。

祭祀，把人与自然、历史、祖先瞬间连接在一起。这力量就像锚一样，把人牢牢地钉在土地上，让人归位，让人接地气，让人不再随风飘荡。如果说每个人的一生都是一部“断代史”，而祭祀就扮演着连接历史的角色，串起了一部部“断代史”，完成了中国人的“通史”。

生命是有形的，有形即有限制。一切有形之物，必然都要毁坏。孔子说：“祭如在，祭神如神在。”这个“如”字，似有似无，说得最好。孔子当然不赞成迷信，却也绝非所谓无神论者。孔子一生，极重祭祀。中国的祭祀，似宗教，非宗教。所以，古人大多信仰虔诚，却鲜有宗教狂热。既不虚无，也不痴迷，就是受益于祭祀的那个“如”字。

在《论语》中，子路问“死”，孔子答：“未知生，焉知死？”孔子之所以这么回答，潜台词可能是：死后的世界倘使真能知道，然后呢？倘使不能知道，对于我现在该做的事又有什么妨碍呢？想太多死后的世界，一来会干扰眼下的安稳；二来也容易舍本逐末，忘掉了当务之急；三来还可能会变得过于功利。毕竟，想多了死后世界，功利心太重、目的性太强，总不是件好事。所以，孔子不谈死后的世界。

但凡穷究关乎生命本质性的问题，必然要有种追问的姿态。一追问，就容易变成纯思考、纯概念的驰骋。这样的驰骋，一开始看似有其必要，可不多久，就难保不会变成本末倒置，成了庄子所说的“往而不返”。孔子对这种“往而不返”的问题似乎很警惕，因此，面对各种思索与叩问时，便有一种强大的节制力。这种节制力，古人称之为“止”。换句话说，孔子不会陷入思索的泥淖而无法自拔。孔子的这种“止”，源于对当下生命的专注。相较于种种的思索与叩问，他更关切的，毋宁是怎么把当下的日子过好。本质性的问题当然可以思考、可以疑问，但是，如果问到最后，要么，不得其解；要么，相互矛盾；要么，争论不休。反而妨碍了当下生命的安顿，问了依然是白问。说到底，想多了、追问久了，事情就容易复杂化。事情一复杂，人心就容易乱。这正是孔子不太追问的关键。

孔子明明信神，可又像个无神论者。孔子说“敬鬼神而远之”，既然“敬鬼神”，肯定是相信鬼神了；可随即又“而远之”，一下子就把人拉回来了。一如与鬼神的若即若离，对孔子而言，人必须把该尽的人事先尽了，然后对于鬼神到底是怎么一回事，才会有个大概的体会。这体会不好言说，也难以客观地谈。但总而言之，人得先尽人事，否则讨论再多的鬼神，都是枉然。

中国古人祭祀的主要对象有三种：天神、地祇、人鬼。天神是天上的，比如风神、雨神、太阳神；地祇是地上的，比如山神、河神、土地神。人鬼则是死人，人死为鬼，包括祖宗。但是，如果一个人有大功德，死了以后就不是鬼，而是神。例如，都江堰有一座二王庙，庙内供奉的就有战国时期秦国蜀郡太守李冰及其儿子。李冰父子因为治水有功，被民间奉为神。所以，中华民族没有创世神，只有创业神。凡是有大功德、大贡献的人，死后都会被尊称为神。神在中国，是最高的善。

中国以“元”命名的节日有三个：上元节、中元节、下元节。上元节就是元宵节，春节后第一个月圆之夜，张灯结彩，结伴聚会。而中元节和下元节，都与生死有关。中元节是农历七月十五，下元节是农历十月十五，这两个节日被称为“鬼节”，除了纪念祖先、纪念亡灵之外，都有祭祀、祈祷的内容。中元节对应地官，主题是“赦罪”。下元节则对应水官，主题是“解厄”，帮人们散去倒霉的事情，来年获得幸运，好像一年的经历在这一天做个清零，苦难留在过去，好运留待来年。祖先或逝者，成为生者与神祇之间的沟通者。这一天祭拜祖先或逝者，才是真正的家庭追思仪式。

中国人对于死后有一个基本态度，就是肉体和灵魂是分离的。古人认为，人的生命有两部分，一部分是魂，一部分是魄。人死之后，魂往上走，魄往下走，魂归于天，魄归于地，然后两者就分开了，尘归尘，土归土。我们常说人的体魄如何，表明魄与身体有关。中国人最在意的不是魄，而是魂。肉体会化为灰烬，但人总希望自己与这个世界还有千丝万缕的联系，精神常在，那就是魂。

古语道："不孝有三，无后为大。"中国人之所以在意有后与无后，是因为如果没有后人祭祀，生命的分量就会减轻。台湾早期的渡海移民中，不少人死于非命，或者无妻无子，死后变成孤魂野鬼，没有人祭祀。民间为了弥补这种遗憾，专门建了万应公庙，让孤魂野鬼有个安身之处。每年农历七月十五，庙里的祭祀对象就是无后之人。这是中国文化独有的礼乐风景。

人之所以对死亡恐惧，主要是因为觉得人死后什么都没有了，一切都消失了。古人认为，人有"三魂七魄"，人死之后，身体消灭，变成了鬼神。所谓鬼神，其实就是指魂而言。故此，中国人并不怕死，很多农村人生前就为自己准备好一口棺材，每天看着它、抚摸它，心里有一种踏实感。有的老人生前就为自己选好墓地，经常去转一转，甚至还亲自带着子孙去看，告诉以后来这里看他，就像邀请亲人串门一样。他们对于死亡没有焦虑，也没有恐惧。他们最在意的是，葬礼是否场面隆重，忌日是否有人烧纸。如果一个人笃信：当他离开人世后，一定有人叹息、有人落泪、有人恸哭，送别的人排着长队，想念的人没完没了。于是，面对死亡，他就坦然了。

张艺谋曾拍过一部电影，名叫《我的父亲母亲》。片中男主角毕生执教于乡间小学，去世之后，一群受业的老学生，从异地他乡，纷纷赶回。为了让老师安葬故土，他们协力运送遗体，从县城到乡下，冒着严寒，接替着扶灵抬柩，疾奔快走，那风雪中的一路逶迤，令人动容。

中国人的永生并非在天堂里，而是在悠悠无尽的人世风光里。死是生的余韵，就像越好听的歌，余韵越是柔和。人世悠悠，情义无尽，即便死亦非消失，不过是隐去而已。

墨西哥电影《寻梦环游记》有这样一组镜头：亡灵节，孱弱的猪皮哥孤独地躺在吊床上，他身下还压着许久前人世间亲人带给他的东西。此时，人世间已经没有亲人再记得他了，只有这些东西聊以自慰。那些尚有亲人祭奠和供奉牌位的亡灵们，都是有人记得的，他们如同在人世间一样开心地活着。当一个人肉体消亡，也没有人再记得他时，那才是真正的死亡。亡灵节那天，有的灵魂还能穿过万寿菊桥去“探亲”，而猪皮哥们则在贫困和孤独中等待魂飞魄散。无人惦念的猪皮哥，在一首吉他曲终了时烟消云散，吊床上只剩一些破烂旧物。那顶破礼帽也终于完成使命，落寞地掉落在地上。桌上刚刚喝过的龙舌兰酒杯还在，但是这个已被全世界遗忘的人彻底消失了，这才是真正的死亡！

亡灵节，相当于中国的清明节。墨西哥人认为，人的一生中有三次死亡：第一次是断气那一刻，那是生物学意义上的死亡；第二次是在葬礼上，那是社会学意义上的死亡；第三次是最后一个记得你的人离开这个世界，你彻底被世人遗忘了，此乃终极死亡。这和中国人的观念何其相似。中国人认为，一个人咽气了不是死，烧了埋了还不是死，没人上坟了，没人提起了，没人念叨了，没人魂牵梦绕了，那才是死。

曾子曰：“慎终追远，民德归厚矣。”慎终，就是要谨慎对待葬礼，做好祭祀这件事。祭祀，可以与天地神祇连接，与古圣先贤连接，与逝去亲人连接，顺着文化的血脉找到源源不断的力量。祭祀，是让有限的生命余音不断。没有祭祀，人生便只有此生此世，没有可期可待的来世。

有祭祀处，必有血脉传承。清明节，就是中国人的感恩节！

# 祭祀正则人心正

《左传》言："国之大事，唯祀与戎。"除了对外作战，国家的第一等大事，就是祭祀。

那一回，刘邦惨败，汉卒十万余，一时灭尽，"睢水为之不流"。刘邦受困，被项羽严严实实围了三匝。所幸，沙尘暴忽从西北而至，楚军因此大乱，刘邦也才乘机脱困。兵败后，一路狼狈，诸侯又纷纷叛去，回返关中，喘息未定，他却既不惊慌，又不忧惧，随即进行了两桩看似不急之务的长久大计：立太子，修祭祀。立后来的惠帝为太子，继承王位，以安满营将士之心。同时，采纳萧何的建议，恢复祭祀，"令祀官祀天地、四方、上帝、山川，以时祀之"，遂安天下人心。

这样的刘邦，就不只是打天下之人，更是安天下之人；这样的刘邦，就不只是削平群雄的旷世英豪，更是规模宏大的开国明君。兵戎征伐，虽说难免，仍系不得已而为之的非常之事；祭祀天地，虽说平常，却是维系人心的长久之道。祭祀之事，一在感激自然，二在缅怀历史。刘邦东击黥布的那年十一月，到了鲁地，又以太牢祭祀孔子；十二月，下令凡秦皇帝及六国诸侯无后者，皆予五至廿家，专司守塚，世世代代，香火永祀。如此二事，则是对历史的缅怀。

人透过祭祀，在空间能与天地山川相连接，在时间可与历史长河成一体。有了祭祀，人知敬畏，人能虚心，人更可扩大。在祭祀的涵化之下，人虽有限，实亦无限。顶上有天，脚下有地，旁边更有着日月山川。上有列祖列宗，下有子子孙孙，年寿岁多不满百，但都可以有着千秋与万世。这样的辽阔迢远，这样的悠悠人世，人当然不会只是一个孤独的个体，更不会只是疏离无趣的寂寥身影。正因如此，祭祀正，则人心正。虽说儒生多不喜欢刘邦，但兵马倥偬之际，刘邦却做了儒者最企盼的端正人心之大事。刘邦一生，凭其豁然大度，打下了天下；又藉其宏远规模，开创了堂堂四百年汉家岁月。

世界上所有的文化，一定要解决信仰问题。如果解决不了信仰问题，文化就会垮掉。全世界大部分文化，解决信仰问题都是用宗教。信仰，是每个人最根本的精神需求。“我是谁？我从哪里来？我到哪里去？”这是人生最大的课题。尤其是当自己的亲人徘徊在生死边缘，或者当自己缠绵病榻来日无多时。面对死亡，人都会焦虑、会恐慌，不知所措。因此，宗教的核心是解决死后的归属问题。

然而，不同宗教的说法不尽相同。如果说基督教是对的，那么，佛教说的完全是另一套，如何看待佛教的说法？如果说佛教是对的，基督徒情何以堪？中国人很早就意识到宗教强大的说服力和不兼容性，所以中国人的宗教感特别弱。在很多名胜景点，儒释道“三教合一”，既有孔子像，又有老子像，还有释迦像。其实，儒教不是宗教，是后人因尊崇孔子而称之为教。道教算是中国本土的宗教，可到底是不是宗教也很难讲。佛教来自印度，虽然在唐朝就完成了中国化，但三世因果、六道轮回等观念并未深入人心。

虽然中国人的宗教感很淡，但中国人容得下所有的宗教。历史上，中国从未发生过宗教战争。可问题是，在中国的文明系统里，生死问题到底怎么解决？答案是：中国人不用宗教来解决，而是用丧礼和祭礼来解决。

中国人的丧礼是全世界最慎重的。在古代，许多人即使一生穷困，仍然非常在意父母死后有没有办个像样的丧礼。甚至有人为了丧礼，不惜将自己卖掉。黄梅戏名剧《天仙配》中的董永，就是因为家贫，父亡无以为葬，于是才卖身傅员外为奴三年，换得了资金替父亲举办丧礼。问题是，中国人为什么那么重视丧礼呢？

有位朋友讲述，十八年前，她刚到比较远的省份去念大学，开学不多久，母亲就溘然去世。家人想着她路途遥远，回来一趟太费时，且刚读大学，一请长假，功课也会跟不上。于是，就叫她不要回来。结果，她没赶回家奔丧。可从此之后，这件事就使她心里一直很难受，整整十八年，时不时就隐隐作痛。为了解除痛苦，她上了许多心理疗愈课程，也找了不少高僧灌顶加持，但不论怎么做，最多也就是一时的缓解，终究无法彻底解决她心中最根柢的伤痛。后来，她做了一件事情：在母亲的忌日，买了一大堆祭品，并亲手做了母亲生前爱吃的饭菜，在墓前好好哭了一场。那止不住的泪雨，宛若十八年前最终还是赶回来奔丧一样。于是，所有的懊恼与悔恨，在哭声中渐渐消散，心里的郁结也慢慢化开。

在中国人的丧礼中，人们总是恸哭号啕。丧礼中的泪如雨下，见证了亡者毕生之分量，也给予生者人世之大信。那是阴阳两界的互证。也正因如此，丧礼中该哭而没哭，该保证而没保证，就会产生各式各样的难受。一般而言，知识分子没在丧礼中好好地哭，算是挺常见的。毕竟，知识分子强调理性，经常摆出一种冷静而不带情感的姿态。现实中，恐怕有不少人在丧礼中是那种不太哭得出来的人。然而，过度强调所谓理性，一不小心，就容易把情感堵住。正因如此，中国古代丧礼讲究尽哀。该哭，就得好好哭；哭好了，人也畅通了。

有人不理解，为什么中国民间某些丧礼看起来如此之怪？明明，才呼天抢地一场恸哭，不多久，就又找人来唱戏，还放鞭炮、摆酒席。其实，这跟欢送会的道理差不多。毕竟，欢送会不只单纯地忙着哭，肯定，还有其他活动，大家总还是要乐那么一回。本质上，丧礼就是办一场“欢送会”。当然，不能说是“欢送”，可必得是盛盛大大地送那么一程。所以，会哭，会难过。

可除了难受之外，丧礼还会有另外一种心情：人走了，情未了，再送一程，再陪一回。

老人去世，亲人固然难过，但悲伤之色并不那么深沉，因为有“老丧白事也是喜”之说，必得做个热热闹闹的道场法事，锣鼓喧天，鞭炮齐鸣，似乎都在庆贺老人“脱身”。农村人有个说法，“早死早超身”或者“早死早托生”。孝子贤孙杀猪宰羊置办酒席，凡来喝酒者，每人一根白孝布，或系于头顶，或系于腰间，或戴白帽子。虽然老人的法事也是喜事，但哭丧却是必不可少的环节。

在哭丧之声此起彼伏的时候，主事正带着孝子邻里乡亲四处求人举重。所谓举重，就是抬棺，把棺材从家里抬到坟场墓地下葬。举重得八个人，都要年轻力壮的。找到差不多符合条件的，主事会先沟通有没有时间愿不愿意，等到对方同意了，孝子便会跪下叩头致谢，这叫求举重。举重的八人找齐了，便会做一席好饭菜，让他们吃饱有力气。这一席好饭菜也叫八大碗。八大碗其实是一桌饭菜的统称，因共有八大碗热菜而得名，是红白喜事招待贵客的最高规格。

如今，农村的年轻人都出去打工了，有时都找不齐抬棺的。有位朋友多年在外，和老家人都没有交往了，但他们逢年过节还要回去联系邻里感情，这也是他们以备年迈的父母去世时能有人抬棺。“死了都没人抬！”那骂人是非常恶毒的。

以前乡下的老太太，丧礼时，一跪下，眼泪像水龙头似地哗哗流，哭得死去活来、涕泪纵横。这一哭，才一会儿，人就整个瘫软了，旁边的人只好一直苦劝：“哎呀，你这样哭坏了身体，死者的在天之灵，一定也会难过的，你要节哀……”刚开始，还一边听一边抽泣，后来听听，挺有道理，慢慢就不哭了，随即眼泪又像水龙头似的关了起来。才待片刻，一转身去，又和人聊天说话，甚至，还能欢声笑语。那么，她头前的号啕大哭到底是真哭还是假哭？肯定是真的。可是，为何情绪转换能如此之快？理由很简单，因为她的情绪是畅通的。这种畅通，就是“发而皆中节”的那个“和”。

该哭就哭，该收就收，这很重要。与亡者今生如此一场，丧礼中肯定要难过的。因此，好好地哭，亡者可以安息，生者也能逐渐平复心绪。该没完没了的，就没完没了；该画句号的，也须告一段落，从此好好过日子。于是，通过丧礼，再通过祭祀，我们不断与先人有着千丝万缕的联系，同时，也能好好地活在当下。丧礼完毕之后，通过上坟扫墓，再通过祭祀不辍，死者和这个世界的联系就依然绵延不断。于是，我们在生死之间、阴阳两界，有一种既模糊又清晰的关系。《论语》中说“祭如在，祭神如神在”，同样也是这种既模糊又清晰的关系。其中同一个关键词“如”，虽假犹真、虽远实近；中国人有此“如”字，就能够跨越时空，使古人与今人、祖先与子孙浑然一体。

中国人最讲究吃团圆饭。祭祀祖先，本质上就是与先人再吃顿团圆饭。祖先生前，除夕夜吃；而今去世，则是清明节吃。虽然节日有异、阴阳有隔，可“团圆”依旧，亲人也永远是亲人。“事死如事生”，亡者活着时怎么样，死后我们也同样地对待。仿佛，他还在世。因为，在我们心里，他一直都在。如果我们一辈子都能确定，将来死后子孙后代也会一直这样地“事死如事生”，在我们心中，或多或少，应该都会有种安稳与踏实吧！

几千年来，中国人正是通过丧礼与祭祀，而非通过宗教，获得了生命的安顿。毕竟，宗教是信者恒信、不信者恒不信，难免会有各式各样的、没完没了的争论、矛盾与冲突。中国人用丧礼与祭礼来安顿生命，既避免了宗教潜在的副作用，也可以对于别人信仰宗教没太多意见。中国人宗教感淡，可中国人的信仰却如此牢牢地立了起来。这信仰，就植根于每个人的具体生活里，丧事好好办，祭祀好好祭，扫墓好好扫。有此信仰，我们才会活得踏实。

丧礼和祭祀，是中国人祖先崇拜的体现。坟茔在，姓氏在，身上流淌的血脉在，我们从未见过的祖先也一定真实地存在过。中国人信奉的“永生”，一是血脉或基因绵延意义上的永生，一是家业和家风绵延意义上的永生。相对于西方人信奉的上天堂“永生”，中国人的“永生”似乎更接地气，更真实不虚。这种信仰与传承，是中华民族生生不息、绵绵不绝的精神密码。如果祭祀不能延续，就会动摇民族的根基、破坏文明的本体。

在社会学意义上，家庭、家族乃至宗族作为自然血缘共同体，对内是一种安全机制，所有成员有了身心依托，不再孤单和惧怕；对外则是一种信用机制，后人定期去祭拜祖先坟茔，就是最好的信誉抵押物。在外人看来，这样的家族是值得信任和托付的。

丧礼与祭礼，固然是良风美俗。但在现实中，却会遇到操作上的问题。毕竟，如果往上算一代、两代、三代、四代、五代，甚至更多代，肯定没有人有能耐扫完这么多墓。任何事物都要有个“度”，所以，中国人扫墓，一般往上最多扫到五代。因为五世以上，终究离得太远，后人都没有记忆了。因此，五世之后就立个神位，在祠堂里供奉着。到了祠堂之后，后代子孙依然每年祭祀，重要的事情，子孙也都得来祠堂汇报。即便没有墓了，祖先还是跟这个世界有着无限的牵连。

# 礼乐文明是根本

明朝万历年间，意大利传教士利玛窦来到中国。他以西方僧侣的身份，用汉语传播天主教教义。当初，他提出允许中国人祭祖、允许读书人祭孔，因其深谙中国文化而大获成功。然而，鸦片战争之后，西方人借助洋枪洋炮的威力，带着优越感进入中国传教，他们不屑研究中国文化，结果水土不服，在宗教本土化上遇到阻碍，推广普及进程迟缓。

近百年来，知识分子因与传统疏隔，又与民间脱节，遂将祭祀误解为迷信。诚然，祭祀虽好，若是太过，若是太甚，也难免落入巫魇。然而，太过太甚，都只该清禊，却终不可废。祭祀一旦荒废，性情也从此难以平正。

在《论语》中，“子贡欲去告朔之饩羊”。子曰：“赐也！尔爱其羊，我爱其礼。”鲁文公死了以后，告朔礼每况愈下，鲁君都不去行告朔礼了，每月初一，派人送一只饩羊去供奉祖庙。子贡看到，既然礼都没有了，不如把这只羊也去掉。可是，孔子的着眼点就比子贡要高，他带着深深的感叹说：“子贡啊，你爱的是那只羊，可是我爱的是那个礼。”孔子宁可让那只羊先摆着，至少，这礼还在，不论什么时候形势转变了，“告朔”（初一祖庙祭祀）还是可以恢复的。别只因为那只羊，就把将来一个重要的可能性都取消掉了。

有人认为，祭祀是中华传统文化中的糟粕。其实，精华和糟粕本是同一个东西，就看把它放在哪里，位置摆得对不对。所谓糟粕，不过是放错了地方的精华；精华，就是放对了地方的糟粕。比如，榨油之后的豆渣，留在工厂里就是糟粕；如果放到田地里，就是最好的肥料，也就是精华了。这就如同垃圾和资源的关系，垃圾不是废物，而是放错地方的资源。

很多事情，也许一时看不清楚，但放在五千年的历史长河中，便如观掌中果了。在《史记·高祖本纪》的结尾，司马迁没有正面评价刘邦，却做了一段貌似“离题万里”的论述：“太史公曰：夏之政忠。忠之敝，小人以野，故殷人承之以敬。敬之敝，小人以鬼，故周人承之以文。文之敝，小人以僿，故救僿莫若以忠。三王之道若循环，终而复始。周秦之间，可谓文敝矣。秦政不改，反酷刑法，岂不谬乎？故汉兴，承敝易变，使人不倦，得天统矣。”

整个夏朝的政治，如果用一个字来概括，就是“忠”，即质朴。从大禹开始，夏朝整体的格局就是质朴。但是，事物有利有弊，质朴固然好，但最后产生的流弊，就是“小人以野”。一般百姓过度质朴，缺乏收束，容易变得粗野。所以，商代建立之后，立国精神就转成了“敬”，把老百姓原先过度粗野的情形收束起来。可是，“敬”过了头，后来产生的弊病，就是“小人以鬼”，一般百姓这也敬畏、那也敬畏，这也怕、那也怕，变成了迷信。然后，周人“承之以文”。过度迷信之后，周人开始强调人文世界。这样的礼乐人文世界，一开始彬彬有礼，但后遗症则是“僿”，变得虚伪，徒有“礼”的形式，骨子里都不是那回事了。这就是“僿”，只剩下一个躯壳，流于形式，变成形式主义，就像后来所说的“礼教杀人”。“礼”人人都会做，可是骨子里的性情没有了，就像《红楼梦》里的那班男人，因为是世家子弟，个个都知礼守礼，可是那些礼全都是假的。嘴巴里，外表上，统统到位，可骨子里却完全不堪。周代后期也有类似的情况，因为强调人文、强调礼教久了，就容易有这样的后遗症。“僿”怎么办呢？就是先打掉礼的外在形式，再重新回到质朴。三代之间，有着如此终而复始的循环。在周、秦之际，礼乐人文产生非常大的流弊。但是，秦没有调整，反而用了严刑酷法。到了汉朝，针对礼乐人文的后遗症，重新回到了质朴。如此一来，人的生命状态有了转换，也符合天道运行的规律。汉初最大的特点，就是质朴，萧何、曹参、周勃厚重少文，可堪大任。汉初就有一群这样的人，看来没什么文化，但都很质朴，这就变成汉朝的风尚。直至今日，看到汉砖、汉瓦的大气与质朴，谁能不心生佩服呢？

读历史，需要有超越是非对错的视角。是与非，对与错，本质上是一回事，是事物的一体两面。陷入是非对错的纠结中，往往是因为视角不够广，格局不够大，不能超越事情本身。是非对错，无非是阴阳之间不断转换、此消彼长、生生不息、无尽循环的过程。这正如一块土地很大很厚，容得下肮脏，也容得下纯净，承得住荣辱是非、毁谤赞誉，不管什么东西进去，都能被转化，生出茂盛的树木，开出美丽的花。

在《高祖本纪》中，司马迁从刘邦未起时一路写来，到起兵成就大事，再到安排后事，讲得那么清楚、那么详细，最后在“太史公曰”，却没有针对刘邦个人的是非成败来做评论，反而是谈一个新朝代该有的气象。这样的角度，不是个人的得失，而是天道的兴衰。这就是司马迁所说的“天人之际”。用现代的话来讲，就是所谓的“历史哲学”。司马迁从这个角度来做《高祖本纪》最后的论断，是站在前所未有的历史高度，掌握了整个历史的气运。至于汉高祖刘邦本人的“踹小儿”“烹太公”等“无赖”之事，在历史的长河里，都是过眼云烟，无足轻重。唯有那四百年的汉朝气象，才是影响历史最深的东西。

在《吕太后本纪》里，人们看到最多的是权力倾轧与腥风血雨，但最后的“太史公曰”，司马迁只字不谈这些。他只说：“孝惠皇帝、高后之时，黎民得离战国之苦，君臣俱欲休息乎无为，故惠帝垂拱，高后女主称制，政不出房户，天下晏然。刑罚罕用，罪人是希。民务稼穑，衣食滋殖。”孝惠皇帝和吕后的时代，休养生息，无为而治。一般百姓得以脱离战国时代的苦痛，天下太平，没几个罪人，老百姓的生活迅速复苏，汉朝的元气从此一步步恢复。

这段“太史公曰”，完全不谈吕后生前死后的权力关系，谈的是历史的另外一面。任何一个社会，粗粗分来：一个是显性世界，一个是隐性世界。

吕后时代的显性世界，就是那一连串的权力斗争。可司马迁则提醒，还有一个更紧要的隐性世界：当时天下太平，百姓富足，一个四百年的汉家天下已经开始奠定基础。

人有生老病死，事有成住坏空，朝代也一定会由兴而衰。事物一旦成熟，就意味着要出问题了。果子熟透了，也意味着即将腐烂了。中国历史之所以在由兴而衰的过程中最后总是能振衰起敝、屡仆屡起，就是因为有一股“破”的力量。这股“破”的力量，一方面导致了由兴而衰、由衰而亡，可另一方面，在走向衰亡的过程中，也产生了某种新生的可能。换言之，这股“破”的力量，最后把衰亡也给“破”了。后面的这个“破”，就通于“兴”。破的时候，通常是坏的东西破，好的东西也破。不论人们再怎么不舍，某些好东西被破掉，说到底，就是天意，无法随着人们的意志而转移。倘使真破了，那就算了。只要那个与“破”相通的“兴”的力量在，自然又能生出好东西。即使是破，都可以是件好事。

中国历朝历代的兴衰，之所以一治一乱、一乱又能一治，之所以合久必分、分久又能必合，正因为中国文明有一种周而复始、回到天地之始的自我清理能力。这样的自我清理能力，每每发生在朝代末期的天下大乱，一群英雄豪杰乘势而起，集体无意识地把中国文明推回到天地之始的状态，有点像道家的辟谷，藉由自我清理，让人回到更早也更该有的生命状态。

《易经》的“易”，就是变化之意。在中国文化里，没有永恒的东西，只有永远的变化。一个国家建立之初，虽然继承了质朴大气，但随之而来的弊端就是粗野少礼，不敬天地，缺少礼仪。因此，夏朝的质朴，商朝的敬畏，周朝的礼乐，三种文化是互补关系。任何一种文化用过了头，都需要用另一种文化来平衡。质朴过度，流弊渐生，就需要补上敬畏和礼乐。当今社会，信仰缺失，人心浮躁。中国传统文化经历多次劫难，已经破败不堪、粗陋不堪，急需“承之以敬”与“承之以文”。提倡祭祀，恢复礼乐，正当其时，可谓“得天统矣”。

祭祀与政治似无关系，但周礼的祭祀却是政治。中国的祭祀是无为而为，中国的政治亦是无为而治。从夏商周至清朝，一直是“祭政一体”，这不同于西方的“政教合一”。在周礼中，郊祀与宗庙祭祀，主祭者是天子，神官只是助手而已。《论语》说：“宗庙之事，愿为小相焉。”朝廷政事，天子为主；民间祭祀，当事人为主。故天子主政亦如主祭，只是居于其位，自己做得很少，这就是无为而治。而西方人祭祀，祭司是主祭者，人与神的对话要通过祭司。

中国的祭祀非宗教，只是出于对天地的感激，想要与天地相应，这就是祭祀的本质。何为政治？秩序也。治世与乱世的区别，就在于有秩序与无秩序。西方的秩序是限制，所以要用权力；中国的秩序是自在，把人摆平，把事摆平，把东西摆平，把天下摆平，人各得其位，物各得其所，自然就可以无为而治了。例如，汉朝的政治是教化，虽然遍布在民间生活里，却让人不觉得有政治。倒像是天高皇帝远，不受人管。其实，好的政治像是系鞋带，虽然系着，却不觉得有带子。一个国家的魅力，不是路宽楼高，而是多元包容，让每个人都能找到自己的舒适区。

中国人祭祀，不贵灵异，而是为了培养平时对天命的感知。很多中国人信神，却又是无神论者。中国的神，有若无，实若虚。中国人遇到难事时，有的叫天，有的叫妈，少有叫神的。民间过年，只是在院子里摆一张桌子，供的是清水，最多放点茶叶，点起香烛拜一拜，就算是祭天了。中国人的祭祀，在于对万事万物的喜爱。祭祀，是对自然的感激。人受恩于历史，也受惠于自然。由父母长辈抚育，也由皇天后土生养。因此，中国人祭祀天地日月，祭祀四时节气，祭祀炎黄二帝，祭祀古圣先贤，祭祀列祖列宗。有了这样的惟虔惟敬，故中华文明源远流长。

恢复祭祀，是中华文明复兴的第一步。不论是家族的宗祠，或是历史人物的庙宇，只要不泛滥、不夸大，都应乐见其成。祭祀与宗教不同，不涉及有神论、无神论的问题。只要恢复祭祀，根脉就不会断裂。

《史记》载："黄帝者，少典之子，姓公孙，名曰轩辕。"黄帝，是古华夏部落联盟首领，是远古时代华夏民族的共主，被尊为中华"人文初祖"，历朝历代都把祭拜黄帝作为明确政权合法身份的重要仪式。黄帝陵，是轩辕黄帝的陵寝。黄帝陵古称"桥陵"，位于陕西省黄陵县城北桥山。《史记》称："黄帝崩，葬桥山"。黄帝陵古柏群，是中国最古老、覆盖面积最大、保存最完整的古柏群，共八万余株，千年以上三万余株。"黄帝手植柏"距今五千余年，相传为黄帝亲手所植，又称"轩辕柏"。

中华民族历来有祭祀祖先的传统。数千年来，祭祀黄帝从未间断。

自从汉武帝亲率十八万大军祭祀黄帝陵以来，桥山一直是历代王朝举行国家大祭之地。

1912年，中华民国成立后，孙中山曾亲自书写祭文一篇，留下"中华开国五千年，神州轩辕自古传。创造指南车，平定蚩尤乱，世界文明，唯有我先"的词句。1937年4月5日清明节，国共两党共祭黄帝陵，毛泽东亲撰《祭黄帝陵文》，宣示"民族阵线，救国良方，四万万众，坚决抵抗"，开创了联合抗日的新局面。

近年来，越来越多的学者呼吁平息地方争议，立足大局，放眼长远，把拜祭黄帝上升为国家祭祀，让黄帝陵祭典成为中华民族最高祭典。自1949年以来，每年清明，台湾民间都要举行遥祭黄帝陵典礼。两岸虽然分隔已久，社会制度不同，但在归宗认祖这个根本性问题上，却是高度一致的。海峡两岸祭祀一个共同的祖先——黄帝。同根同源，同祖同宗，不正是中华民族统一的希望吗？

但愿有一天，每年清明节，黄帝陵公祭成为全球华人最隆重的典礼。有此祭祀，天清地宁，人心安定，中华民族吉祥止止！

第三章
CHAPTER THREE

# 家　乡

# 乡愁袅袅如炊烟

中国人的心底，都有一分乡愁。从出生那天起，每个人就与故乡有了一种最根柢的联系。乡愁，和故乡的水土有关，也和故乡的人事有关。

费孝通先生说，在乡土社会，人生于斯、长于斯，常态的生活是终老是乡。每个孩子都是在人家眼中看着长大的，而在孩子眼里，周围人也是从小就看惯的。这是一个熟人社会，没有一个陌生人，人像植物一样在土地上扎根。在悠长的岁月里，每个人都可从容地抚摸生活，像母亲对儿女一般。陌生人是无法听懂婴儿的话的，唯有母亲听得清清楚楚，甚至还能听出没有用字音表达出来的意思。

在旧时代，人们习惯于“日出而作，日落而息”的节奏。记忆是多余的，历史也是多余的。每一代人的生活，都像放映同一部影片，有的只是“传奇”。所谓“新闻”，就是稀奇古怪、荒诞不经的意思。在这种社会里，语言足够传递世代间的经验了。当个人碰着生活上的问题时，他必然能在一个比他年长的人那里，得到解决这问题的办法，因为大家在同一环境里，走同一道路。他先走，你后走。先走后走，踏的都是祖先的脚印。经验口口相传，不会有遗漏。哪里用得着文字？在这种不分秦汉、代代如是的环境里，个人不但可以信任自己的经验，而且同样可以信任祖辈父辈的经验。一个种田的老农所遇着的只是四季转换，而不是时代变更。一年一度，周而复始。前人所用来解决生活问题的方案，尽可抄袭来作自己生活的指南。愈是经过前代生活中证明有效的，也愈值得保守。

乡土社会，维持人与人关系的东西，是血缘。人与人的亲密关系，往往依赖于相互拖欠着未了的人情。朋友之间抢着付账，意思是要对方欠自己一笔人情，像是投一笔资。既然欠了别人的人情，就得找一个机会加重些去回个礼。加重一些回礼之后，就使对方反欠了自己一笔人情。来来往往，维持着人和人之间的互助合作。亲密人群中既无法不互欠人情，也最怕“算账”。“算账”等于绝交，因为如果相互不欠人情，也就无需往来了。

血缘是中国乡土社会的基础，而地缘是契约社会的基础。契约是指陌生人中所做的约定。在这里，主导因素是冷静的思考，不是感情，理性支配着人们的活动。这一切，正是现代社会的特性。从血缘到地缘，是地理空间的转变，也是社会关系的转变。

美国历史是一部移民史。从欧洲到北美的移民，不但不怀念祖国，年老了也没有丝毫意思要到故乡去寿终正寝，更不会留遗嘱把棺材葬入祖坟。他们死心塌地想在美国立足，衣锦昼行。移居美国的人是负气出门的，对于压迫他们不得自由的老家，心里充满愤恨。他们像受尽委屈的孩子，发誓不再回家，找一个机会出一出怨气。好马不吃回头草，就是冻死饿死，被雷劈死，也不再进那扇门。他们甚至有意去改变口音，有意去避免和原来的同胞接触。因为，祖国是一个必须疏远的影子，虽然这影子永远在他们心底作祟。他们决心在新大陆创立一个好世界，给大西洋那边的人看看。美国三百年的历史，就是一部背叛家庭、自求独立的历史。这些移民大多是受不了欧洲社会的穷苦和束缚，他们对故乡没有留恋，没有怀念，因为饥饿与冷漠不会使人有亲密的感情。

然而，中国人则不同，亲人在故乡，支持来自故乡，人人都对故乡充满感情。乡愁，是一种记忆，是一种思绪，也是一种情感。若有若无，忽隐忽现，恰似袅袅的炊烟，伴随人的一生。很多人前半生拼命摆脱故乡，后半生却又努力返回故乡。

“问我故乡在何处，山西洪洞大槐树，祖先故居叫什么？大槐树下老鸹窝。”山西洪洞县有一棵大槐树，是全球华人的寻根祭祖之地。山西历史上有过多次大移民。史载，明初朝廷从山西迁民，不管老百姓家在何府何州何县，都要先集中到洪洞县广济寺。朝廷在广济寺为移民登记，发给凭照、川资，尔后再由此处编队遣送。据说，当时是按照“四家之口留一、六家之口留二、八家之口留三”的比例，从山西向全国各地迁移。当时，负责迁移的官员下令：“如在限定时日内抵大槐树下报备，可以不迁。若未到者，全部迁移。”立时，各地百姓携家带口齐聚大槐树下，却被官兵绳索捆缚，一连串连接起来强行迁移了。如果想上厕所，就喊一声“解手”，这才会被松开绳索。自此，民间便将如厕称为“解手”。没有在既定日期抵达洪洞的，得知这一消息后，奔走相告：“去了洪洞就被骗，洪洞县里没好人！”于是，南迁的人渐行渐远，只看见冬日广济寺前荫遮数亩的大槐树，以及错落其上的老鸹窝。

每个人都想念自己的出生地，那就是割不断的乡愁。古人把“七”作为一个周期，天地和生命都是如此。人作为天地的一部分，走一走，再回来，是很自然的需求。走一走，回回头，感受一下自己出生的地方，让元气重新恢复起来，才可以走得更远。

楚汉相争，项羽亦眷恋故乡。《史记·项羽本纪》记载，项羽攻占咸阳后，有人劝他定都，可因为思念家乡，项羽急于东归，说：“富贵不归故乡，如衣锦夜行，谁知之者！”纵是一代霸王，一旦荣华富贵，依然急于回故乡炫耀。到后来，项羽被围，英雄末路之际，不胜悲怆，自为诗曰：“力拔山兮气盖世，时不利兮骓不逝，骓不逝兮可奈何，虞兮虞兮奈若何。”如是，“歌数阙，美人和之”。那乌江边的亭长正舣船以待，只要渡过江水，项羽就可重回江东，徐图再起。可是，项羽望着那一片江水，想起五年前的霸业，再想起江东故土，顿觉千回百转，真要往前渡去，竟是举步维艰，万万不能。“籍与江东弟子八千人，渡江而西，今无一人还，纵江东父兄怜而王我，我何面目见之？纵彼不言，籍独不愧于心乎？”乌江边的项羽，思前想后。此时此刻，他真这样奔回江东，看到家乡父老，究竟颜面何在？除了自刎，别无选择。

在《史记》里，刘邦的乡愁是最浓烈的、最有情味的。汉高祖十一年，初秋，淮南王黥布反。黥布骁勇善战，是汉初三大异姓王之一。当韩信和彭越相继败亡后，黥布起兵造反，算得上极紧要的一桩大事。刘邦不敢轻忽，遂硬撑着病体，率兵自击之。三个月后，黥布败走，刘邦松了一口气，便令手下将领追之，自己则回师长安。途中，心想，时入冬日，沛县老家的庄稼已经收割，这晌，顺道回趟沛县吧！

于是，刘邦“留置酒沛宫，悉招故人父老子弟纵酒”。酒既酣沉，刘邦击筑而歌，曰：“大风起兮云飞扬，威加海内兮归故乡，安得猛士兮守四方。”唱罢，又令身旁一百二十个小儿“和习之”。

这首歌，极好。朱熹曾誉之：“自千载以来，人主之辞，未有若是壮丽而奇伟者也。”可是，司马光编《资治通鉴》时，从刘邦置酒沛宫一路写起，“悉招故人、父老、诸母、子弟佐酒，道旧故，为笑乐。酒酣，上自为歌”，到此，偏偏不将此歌辑入。不收此歌，其实无碍于叙事之完整，更无碍于“资治”之用。或许，在司马光眼里，收进就多余了。但是，太史公不仅写入书里，还成了文章一大亮点。正因如此闲笔，太史公笔下的历史，不仅有了温度，更有着光阴的徘徊；也正因有此闲笔，不仅闻听得到这些人物的言语声咳，更可触及那生命的魂魄深处。

初冬，北风一阵阵袭来，一百二十人齐声高唱。在浪也似的歌声中，刘邦起身而舞，“慷慨伤怀，泣数行下”。对着沛县父老，刘邦言道：“游子悲故乡，吾虽都关中，万岁后，吾魂魄犹乐思沛。”这四句话，说得动人，尤其在刘邦自知余日无多之际，格外显得情真意切。

自即位皇帝后，刘邦第一次回到沛县。然而，这也必然是最后一回了。毕竟，原本就病笃疴沉的他，击黥布时，又“为流矢所中”。那伤有多重，他心里清楚。反正，不也六十多岁了吗？下次再来，确实也只能魂魄归来兮了。乘这回打仗经过，到家乡探探父老，见见故旧，顺便，也看最后一眼，和大家告个别吧！将来，他肯定是无法埋葬故土了，但“万岁”之后，却必然“魂魄犹乐思沛”。

刘邦最大的本领，是与世人无隔。他是个迥异于常人的天才，可偏偏最能与常人相知相悦，故他可成就大事，可打得下亮亮煌煌的汉家天下。《汉书》说他，“自监门、戍卒，见之如旧”，这是王者吞吐开阖的能耐。既然连“监门、戍卒”都可“见之如旧”，更何况家乡的父老？然而，《资治通鉴》写到这儿，独独只留了“游子思故乡”一句，后头的三句，尽管感怀更深，可司马光大笔一划，直接就删掉了。

刘邦与故人叙往事、思来日，悲欣交集，叙不完的旧情，饮不尽的醇酒。然而，天下没有不散的筵席。十数天后，终究得走了。可这一走，恋恋不舍的，又岂止高祖刘邦？沛县的父兄，一个个苦苦相留。刘邦看着大家，笑一笑，摇着头，“吾人众多，父兄不能给”。随从侍卫这么多人，再这样吃喝下去，恐怕大家负担不起了，还是走吧！于是，准备启程奔赴长安。

结果，一出城，沛县全城皆空。整个沛县百姓，扶老携幼，跟随高祖，从西门而出，一路绵延，逶迤不绝。送了好长一段路，人累了，马也乏了，歇会吧！这时，沛县的满城老小，纷纷张罗着，献牛的献牛，献酒的献酒。刘邦不禁动容，遂“复留止，张饮三日”。那就再搭帐设帷，痛痛快快喝他三天吧！

这三天，欢笑依旧。在人声鼎沸中，有喜，有乐，有悲，有感。刘邦望着平野上满城老老少少一边言笑，一边张罗着吃食，“水涌云腾，氤氲四溢”。

来日，他真正眷恋的，大概也就是这人世间的热闹与悲欢吧！他眺望着初冬的田畴，有些萧索，极目四望，也有些苍茫。刘邦抬起头，望着天，云流动得很快，像是要飞扬起来了。

这一段，《史记》写得满纸人情。可是，《资治通鉴》却只字不提。《史记》写人，更写魂魄。刘邦对故乡的感情，跃然纸上。在历史上，很少有一个史官，对于皇帝回家费了那么多笔墨，写得那么感人。司马迁最厉害的地方，就是他懂得中国人最根柢的需求，他知道中国人最在意的是什么。对于平民百姓而言，虽然未必都能“衣锦还乡”，但无论贫富贵贱，回到家乡的安稳感是一样的。

现代人的乡愁，是从离开家乡那一刻开始的。城市越大，越怀念那个小地方；楼房越高，越怀念那片矮屋檐。每当遭遇困顿，心里觉得难受，就想回家看看，哪怕只是吃顿饭。故乡，是每个人生命的源头。一旦踏上那块土地，悬着的心就落地了，乡愁就消失了。

北美崔哥离开中国三十余年，在美国走南闯北，混得也算不错。十月一日，在美国就是一个普通的日子。对于海外华人来说，每天忙着养家糊口，谁也不关心政治，也想不到哪天是国庆节。有一天，他突然听见街上敲锣打鼓，看见有人舞狮子。当锣鼓声停下时，《义勇军进行曲》响起来了。他心里咯噔一下，鼻子开始发酸，眼泪就掉下来了。他猛然意识到，自己都出国这么多年了。这声音那么遥远，那么陌生，又那么亲切。抬头看见远处的五星红旗，一股乡愁涌上心头。原来，自己是从那片土地来的，亲人、朋友、发小都在那个地方。

北美崔哥有三个儿子，他们小学时都喜欢学中文，而且很骄傲地对同学说：“我爸爸是中国人。”但是，到了中学就不说中文了，生怕同学们知道爸爸是中国人，回家也故意不说中文。有一年，崔哥回到北京，走在胡同里，寻找儿时的感觉。突然，听见有人在喊：“爸，我回来了。”这一声“爸”，让他恍若隔世，泪眼婆娑。他想，自己的儿子从来没有叫过他一声“爸”，只有英文“Dad”。但是，“Dad”怎么能替代“爸”呢，毕竟缺了一份亲情。自己把孩子生在海外，儿子不说中文了，孙子更不说中文了，这不就是断子绝孙吗？这件事，成了他一辈子的心病。中国人每天说中文，就像呼吸空气一样，不觉有什么稀罕。然而，一旦离开中国，只要听见中国话、看见中国字，打心眼里觉得亲切。有一年，儿子给他写了一张父亲节的卡片，上面画了一个心，居然还歪歪扭扭地写着一个“爸”字。看见这个“爸”字，他的眼泪唰地流了出来，从来没有那么感动过。

某年，美国洛杉矶的一位华侨，因为快递屡次遭窃，于是在家门口安装了监控探头。十月一日，他在家门口挂上了中国国旗，没想到在他离家以后，国旗竟然被风刮掉了。孤零零的国旗，一连几日躺在地上，无人问津，被落叶盖满。

监控器显示，一位中国大爷捡起了国旗，拍干净上面的灰尘落叶，将它叠成了工整的小方块。他拿着国旗走到主人家门口，喊了几声，试图寻找国旗的主人。从大爷的口音猜测，这可能是一名来自广东的老移民。发现没人在家，大爷四处转了一圈，有些手足无措。站在木架子前愣了一会儿，大爷竟然“顺”走了国旗，离开了小院。主人看到录像，以为大爷这就把国旗“据为己有”了，心中纳闷：这年头，怎么还有偷国旗的？然而，五分钟后，剧情反转。这位大爷再次出现在视频中，他拿着国旗返回了院子，同时还带了一张看起来像是广告传单的东西。他把传单垫在国旗下面，小心翼翼地将国旗放在了木架子上。放平后，用手缓缓地将国旗卷起的边角抚平。那温柔的模样，仿佛在对待一件稀世珍宝。把国旗妥善安置后，他还站在原地注目凝视了许久，才缓慢离开。主人这才明白，原来大爷盯着木架子看了很久，可能是觉得这个地方有些脏，这才离开想要找一些纸垫着，防止国旗被弄脏。

这段视频，戳中了不少海外游子的泪点。国旗、乡音、中国红……任何带有中国色彩的东西，都能瞬间勾起他们对于祖国、对于故乡的思念之情。“归来吧，归来哟，浪迹天涯的游子；归来吧，归来哟，别再四处漂泊。”一首老歌《故乡的云》，总能让他们潸然泪下。

人要搬家可在一朝一夕，心要搬家则需要数载。人离开故乡，仿佛一棵树连根拔起，栽往异地。人越成熟，扎根越深，各种牵扯越多，越不易活下来。当这棵树重新栽下去，头几年多半是了无生气，枝败叶垂。待根须在新的泥土中稳固，才又见枝叶繁盛。若移栽失败，从此便一蹶不振。一样米养百样人，一样水土长百样树。异乡移民，初时挣扎，渐渐适应，此心安处是吾乡。

一个人有乡愁，一个民族也有乡愁。个人的乡愁和民族的乡愁，其实是一回事。一个人，离开故乡多年，总会有一种不安。中华民族走了五千多年，离开文化的源头，也会有一种迷失。今天的中国人，面临着双重乡愁：一种是地理的乡愁，一种是文化的乡愁。

随着经济社会的发展，越来越多的人不得不离开家乡，到大城市寻找生存机会，心里难免会有一种异乡人的失落感，这是地理的乡愁。对于普通人来说，这种乡愁是很容易解决的。例如，漂泊在外的打工者，无论多么辛苦，过年总要风风光光地回去，与亲朋好友吃顿饭、喝顿酒，给孩子们发发红包，满足感油然而生。看到亲人故旧，心里就踏实了。故乡，永远是游子的心灵家园。

然而，另一种乡愁却很难解决。在西方文化主导的现代化大潮中，很多人离自己的本土文化越来越远，会有一种漂浮的感觉。尤其是久居异国他乡的人，心中的无根感更为强烈，这就是文化的乡愁。当代中国，城市化是不可阻挡的潮流，但城市的发展，也割断了传统文化的根脉。当连锁超市吞噬了大卖场、小地摊之后，当星巴克、肯德基挤走了大排档、串串吧时，城市固然整齐了，但少了烟火气，更少了人情味。在一个没有本土文化的城市

里，人自然会有焦虑感和恐惧感。于是，“逃离北上广”才成为一句流行语。只有将城市文化与传统文化融为一体，市井小民才能活得好，外来者才能住得安。

中国人的文化乡愁，隐藏在古老的戏曲里。然而，随着西方歌剧、交响乐大行其道，中国传统戏曲正在走向衰亡。与戏曲一起走向衰亡的，还有那一座座的乡村古戏台。

山西作家葛水平对古戏台情有独钟，她这样写道：“中国，有多少个村庄就有多少个戏台。秋罢，粮食丰收了，一台戏水到渠成，台子下那些脸庞的隐现，台上锣鼓家什猛一响，台下黑乎乎清一色核桃皮般的脸上，会漾开一片十八岁春光。戏台，是一个村庄最重要的场所，在寺庙，在村子里，很显赫地坐在视觉的高处，与四周简陋的房屋形成鲜明对比，是与日常重复的劳动生活划开的区域，有许多激动人心的时光。”

在葛水平的眼里，一座戏台的出现可以让村庄的天空改变分量，连贫穷也像绸缎一样富足无比。戏台是村庄伸出的手臂，向神表示敬意，是人借着神对自己的暧昧。倘若村庄里没有戏台，“戏无以演，神无以奉，为一村之羞也”。凡是村庄的神庙必有戏台，甚至戏台都能与庙宇的主殿相媲美。戏台是主庙之后最华丽的建筑。山西人对戏台真是太热爱，他们把唱戏看作是村庄的脸面，村庄的荣光。一年能开上两台戏，村庄里的人外出走动都得挺起胸脯仰着脸。

“要说什么地方最能体现乡村的味道，肯定是戏台。只要唱戏了，生活就进入了最饱满最疯癫的时刻。很多人平常想不起来，在你就要忘掉的时候，一转身却和他在戏台下碰见了。天涯海角走远的家乡人，到了过会的节点上，再忙也要找一个借口，回乡看戏去。回乡看戏，啥时候念着了，心吊在腔子里都会咣咣响。”

山西现存元明清古戏台两千多座，在全国排名第一。中国现存的十二座金元代戏台，都在晋南一带。戏台，北宋叫“舞亭”“乐楼”，在汴京还被称作“勾栏”“瓦舍”“乐棚”。金元戏台作为建筑的一种遗存，古戏楼本身除了演戏之外，又是一个综合的艺术品，有雕梁画栋，琉璃、砖雕、木雕，还有石雕镶嵌的戏楼。

看西方歌剧，演员与观众往往有一种“高雅的距离”。演员仪表端庄，观众也只好端着装着，彼此少了一份真实感和亲近感。而看中国戏曲，演员与观众融为一体，台上台下相互加持，彼此打成一片，毫无隔阂。戏曲雅俗共赏、文白相间，不论是王公贵族，或是贩夫走卒，均可唱可游；不管是文人雅士，抑或黎民百姓，都可赏可玩。戏曲里头的中国文化，宽阔而活泼，处处皆源头与活水。戏曲不夸大生命冲突，也不穷究人性幽微，只是平平实实、真心而善意地看待人生的悲欢与离合。戏曲锣鼓喧天，但骨子里却有种“人闲桂花落”般解脱的静意。那种喧闹中的静意，犹如人生有再多的跌宕起伏都可以波澜不惊，人生有再多的苦难伤痛也都有着根柢之淡然。有此淡然，便可以从所有的苦难中解脱。一旦能当下解脱，就可以诙谐，就可以逸趣横生，随时都能“好玩”得很。戏曲这种当下解脱的境界，几乎成了民间数百年来的集体修行方法。民间看戏曲，若用现在的说法，几乎已成为一种“疗愈”。可实际上，“疗愈”这个词并不恰当，“疗愈”必然假设是处于生病的状态，但依中国人看来，人本来好好的，哪来那么多病？因此，戏曲更多的是自己看得开心，但本身又是种修行，寓教于乐。过去目不识丁的老百姓，往往都看过很多出戏，因为戏曲有教育的功能。过去的人会受戏曲的影响，不知不觉中就受教育了，看不到一点痕迹。而现代人虽有学历，却没有受过教化，至少没有受过真正意义下的教育。学校不教做人做事的道理，只教专业知识，将学生训练成为专业人才。而所有讲台的能量，比不上戏曲的高台教化。戏曲演员是中国意义下的“神职人员”。演员有说有笑，有哭有喜，不像西方神职人员那样道貌岸然，却产生了巨大的教化能量。

戏曲里头的中国文化，是个清平世界、荡荡乾坤。戏曲“无声不歌、无动不舞”，那是中国文明的礼乐风景，也是中国文明独特的光明喜气。人生在世，当然多苦多难，但有这光明喜气，便能在苦难之际，峰回路转，绝处逢生。中国文明因凡事看得开，故可以“山重水复疑无路，柳暗花明又一村”。于是，只要锣鼓一响、板子一拍，人生依然可以沿途皆风景、一路有歌声。

无论是戏曲，还是音乐，只能传承，无法“保存”，也难“保护”。戏曲或音乐，除了一定要有人唱奏之外，更要有合适的“场”。比如，宫廷音乐一定要有皇室的存在，即使没有皇室，也得要有“朝廷”意识。不论是重大仪式，还是与国外贵宾酬对，都不仅有“礼”，更要有“乐”。这个“乐”，一旦由中国乐器担纲，用于恢复传统朝廷般的庄严肃穆，宫廷音乐自然就会重生。即使样貌与唐代、宋代有所不同，但只要精神在，你一听，还是会觉得那是宫廷音乐。如果没这个“场”，即使找到了唐代、宋代古谱，一演奏起来，还是会像演戏一样，感觉有点怪。同样的道理，地方戏曲的最大问题，就是要找回那个“场”。最重要的“场”，既不是剧场，也不是音乐厅，而是民间向来处处皆有的戏台。民间有庙就有戏台，有戏台就有观众，地方戏曲就有办法找到生机。

如今，中国正在建设美丽乡村，希望子孙后代“望得见山、看得见水、记得住乡愁”。其实，中华文化的根就扎在千千万万的乡村里。中华传统文化的基因，至今仍相对完整地保留在农村里。一个个美丽乡村，一个个活生生的人，就是中华文化的载体。真正维系天下文明于不坠的，是广袤深阔的中国乡村。记得住乡愁，就是要让每个人透过出生的地方，唤醒骨子里的文化基因。

曾经，戏台被拆、祠堂被毁、家谱被烧、祖坟被刨。根断了，魂散了。多少海外游子，彷徨又彷徨，找不到那条回家的路。近百年来，中华文化屡遭劫难。其中，最近的一次劫难就是“文革”。尽管“文革”破坏了不少传统文化，但是，我们不要忽视了中华文化的自愈能力，更不要把传统的东西看得过于表象。“文革”可以破坏表面的东西，却很难伤到中国人骨子里的性情。只要中国人还讲汉语，中华文化就会保存下来。因为，语言里头，蕴藏着文化基因。只要说中国话，就是在不知不觉地传承中华文化。越是骨子里的东西，越是根柢的东西，越不容易消亡毁灭。

建设美丽乡村，不仅仅是建造山水田园，更重要的是培植文化之根。自然是躯壳，文化是灵魂。今天，中国的乡村最该恢复的是祠堂。有了祠堂，一个人无论走多远，都会心有所依。祠堂建起来了，家庙立起来了，戏班子自然就会红火，日渐萎缩的戏曲也会重现生机。当家家户户都能认祖归宗时，家族和血脉就会成为凝聚人心的力量，中国人便能跨越地域和信仰的鸿沟，回归久违的精神故乡。

# 有乡村就有明天

胡兴旺出生于山西农村，如今在上海有房有车，却自嘲是“十里洋场的土包子”。在上海，他虽然表面上过着都市的生活，但本质上还是小农。从思维模式到行为模式，一副农民的做派。

小时候，他最大的梦想就是进城。因为村里太土，城里洋气，有汽车、有楼房、有超市。当他考上大学，来到沿海城市大连，顿觉世界好大、眼界好宽。毕业后，他又“南漂”到上海，经常陪老外出入“十里洋场”，外滩的酒吧、新天地的夜店、陆家嘴的景观餐厅……都是他的“生活圈”。有外地朋友过来，他就主动带他们到那些地方玩，让他们也体验一把大上海的“洋味”。东方明珠他上去过三十多次，连那些导游们的解说词，他都背熟了。每次陪老家来的朋友吃饭，看到他们啧啧赞叹大上海的“洋气”、抱怨一杯啤酒八十块钱时，他的内心就升腾起一种快感。

然而，农村人就是农村人，即便是生活在大都市，穿上西服、吊着领带，也还是有股“土”气。每次打领带，都觉得要上吊似的。那个“土”是来自骨子里的土，留在血液里的“土”，难以改变。

他在外漂泊三十多年，各地的饮食都基本适应了，但骨子里还是喜欢山西的面食。上海的山西餐馆很少见，味道也不纯正。有一天，他突然在南京路附近发现了一家叫“三晋春秋”的家乡菜馆，味道比较正。他如获至宝，每隔一段时间就乘公交车一个多小时，到南京路吃碗“剔八姑”，再美美地坐车回去，来回半天就过去了，但他觉得很值。

癸卯年春节，他回老家过年，正遇上邻村下峪整体拆除。说“拆除”，而不是“拆迁”，是因为一年后，村民将回迁到这里，他们将住进像城里一样整齐的楼房，原先的老院子、老窑洞将成为历史。据说，这个村的东山卖给了开发商搞墓地，村里已经拿到一千多万用于安置村民。每户十万，自找落脚处，等待新家落成。

这一年，胡兴旺准备修缮自家老宅院，特意过来看看，看能否收罗一些旧砖瓦，说不定到时候能用上。本地的老宅院多为清代建筑，用的是老青砖，很有年代感。小时候，他经常在这样的老院子里玩耍、走亲戚。如今，附近的村庄大都面目全非，被开发、改造成洋气的模样，再难看到原来农村的氛围。年轻人大多离开村子到城里生活，因为孩子要读书。居住在村里的人越来越少，村里的宅院和土地便成了开发商眼中的“资源”。

走在人已搬走的一个个宅院中，看到那些历经岁月沧桑的门楼、窑洞被推倒，许多旧农具、老家具、日用器皿被丢弃，让人颇感凄凉。还有许多漂亮的筒砖、瓦当，上面有非常精致的图案，都在挖掘机的轰鸣声中被推倒，像垃圾一样被运走。一些老砖则被人捡去，或者垒墙，或者卖钱。山西古建多，除了被开发为旅游景点的被保护和修缮起来，其余大多散落在民间各处。像这样有几十户人家的村子，通常都会有几个旧时富庶人家的院落，修建时颇费资材，指望世代在此安居繁衍，谁料想，时代变迁，落得人去楼空，坍塌损毁，直至被整体清除。

时代的车轮滚滚向前，一些人、一些村子注定会被碾压得粉碎，变成一道痕迹，有的连个痕迹都留不下。

胡兴旺的童年是在这样的村子里度过的。那时候，生活节奏很慢，大家衣食不是很富足，但过得踏实，没有如今那么多焦虑。农村人守着厚厚的黄土，只要勤劳吃苦，日子总是过得下去的。虽然盼着日子过得好一点，但物质欲望并不是很强，容易满足。村里的婚丧嫁娶、祭祀、唱戏、走亲戚之类的事，一点也不马虎。小时候，他每年春节要走上几个小时的山路，顶风冒雪去亲戚家磕头、拜年。如今交通便利，开车二十分钟能到达方圆几十里的亲友家，但人情往来却越来越少了。

唱戏是乡村最为隆重的盛典。每逢婚丧大事，总有人邀请剧团到村里唱戏。村里的古戏台至今仍在，只是破败不堪了。通常，唱戏会延续五六天，每晚一出。村里会提前公布剧目，有《打金枝》《空城计》《三娘教子》等。但凡成年人，对这些戏曲的故事情节、台词唱腔以及当地名角，都是耳熟能详，这也是田间地头、茶余饭后的主要话题。每逢唱戏前一两个月，各家便会到方圆二三十里的亲戚家邀请客人，希望大家到时都来看戏。到开戏时候，村里每家都住满了人，平时不住人的窑洞也会打扫出来，给亲戚留宿。村里没有旅馆，连剧团的人也会被分派到各家吃饭住宿。大人们自然会非常忙碌，村里洋溢着一派喜气，戏台周围会有各种卖小吃的摊点，唱大戏便成了孩子们的节日。大人看戏，孩子们在一边玩，耳濡目染，戏剧的情节也略知一二。台上唱得出彩，听到叫好声，孩子们也会跟着激动一番。时间一久，哪些戏唱得好坏，内心也是有点感觉的。事后听大人们讲戏里的故事，孩子们免不了拿着自制的“刀枪棍棒”，学着戏里的人物舞弄一番，非常快活。戏通常都在晚上演，邻近村子常有步行一两个钟头来看戏的。散场之后，已是深夜，还要打着手电，翻山越岭地回去，但爱看戏的人们乐此不疲。

村里的许多农民，一辈子没上过学，也不识几个字，但却颇有见识，对于历史文化、传统礼仪、地理天文都知之甚多。村里的长辈讲故事，楚汉相争、三国演义、岳飞抗金、包公断案等，他们都如临现场，对历朝历代皇帝年号顺序都大体记得不差，比一般初中生的历史知识还丰富。

每逢婚丧嫁娶，各家族长派代表出席主事，言谈之中，语言颇有古风，极尽文雅，“令尊令堂”“拙荆犬子”之类的称呼常在嘴边。那些辛苦劳作的农民，其实是很有文化底蕴的。长辈们的温良恭俭、诗书礼仪、孝道廉耻，很大程度与传统戏曲的无形教化有关。戏台上，刘备的慈，关公的义，张飞的猛，包公的正，秦香莲的苦，才子的悲欢离合，英雄的浩然正气，怎能不让人心潮澎湃呢？难怪村里一些长者斥责不孝儿孙的语言，几乎就是戏中的台词。

山西被誉为“中国戏曲的摇篮”，有五十多个地方剧种。过去每个自然村都有戏台，戏台对面一定有庙。这戏台既是为人建的，也是为庙里的神建的。戏台上的演员是为神演出，村民是与神一起看戏。这些戏曲流传已久，成为敦化民心的最好教材。

这些年，每次回老家，胡兴旺都是喜忧参半。喜的是，还能看到村里的老街坊、老宅院、老样子，让人有真正“回家”的感觉。忧的是，生怕村子被哪个开发商“相中”。院子没了，老树没了，窑洞没了，祖坟没了，村子没了，根也就断了。

许多年来，他总是挥不去对老家的那份情结，自己也说不清为什么。在上海二十多年，有家有业有朋友，无灾无病无欠债，但就是没有根的感觉，内心总有隐隐的不安，这些和财富、事业、地位都无关。回来修缮老房子，不是为了居住，而是为了安顿灵魂。有老房子在，有回忆在，心就能落地了。

中国古代的乡村，首先是一群人共同生活的地方，而不单纯是从事农业生产的地方。那里有鸡鸣、有犬吠、有祠堂、有墓地，有乡音、有乡味、有乡风、有乡俗。村民大多具有血缘或亲情关系，并形成共同的风俗习惯和文化价值。乡村社会所独有的敦厚、本分、好客、重情等特质，已经融入每个人的骨髓，成为村民的文化基因。其实，老实本分不是农民的自有本性，谁种地谁都会变得老实本分，这是土地的性质决定的。因为农业生产靠天吃饭，想要投机取巧，天不允许。春天播种，秋天收获，天道酬勤，这是自然规律。

乡村是熟人社会，人与人是高度透明的关系，由此形成的伦理逻辑是

“人性本善”。一个村就是一个大家庭，乡村的孩子吃百家饭长大。在这样的社会，谁能成为乡村治理者，不需要通过竞争和投票，而是由有威望的长老与村民共同协商，推选出有德有能有实力的乡贤。乡村的人际关系越紧密，其内部的约束力越强。家族姓氏越单一，治理越稳定。目前南方保留下来的几百年不衰落的古村落，大部分是家族化的村落。而城市是陌生人社会，形成的伦理逻辑是“人性本恶”。在这样一个人与人不熟悉的社会中，维护社会秩序最好的选择是法治，决定管理者最好的办法是民主选举。

有人说：“人造的城市，神造的乡村。”这话不无道理。从文明的渊源看，西方文明源于城市，中华文明源于乡村。自秦统一中国以来，在历次改朝换代中，作为皇权中心的城市，虽然遭到一次又一次毁灭，但中华民族的血脉并没有因此而中断。只要乡村在，中华文明便会一次又一次劫后重生。相反，起源于古希腊、古罗马的西方文明，从一开始就建立在工商业基础上。工商业经济的载体是城市，由此决定了西方文明之根在城市。一旦外来民族把城市毁了，他们的文明就中断了。城市文明，是西方人的禀赋和优势。在美国，真正意义上的乡村是不存在的。美国的乡村，其实就是农场主居住的地方。

然而，现在一些地方搞新农村建设，竟然争相模仿美国的农场式农村、西欧的庄园式农村、荷兰的花园式农村，且冠以“现代化美丽乡村”的名字，而不是传承中国千年的耕读乡村、书香农村、手工农村。按照西方的样子改造中国的农村，本质上是破坏甚至消灭中国独特的乡村文化。其实，新农村建设的核心是要有乡土味道，保留乡村风貌，留得住青山绿水，让人记得住乡愁。

古代的乡村建设，基本上是按照“天地君亲师”的顺序，把最好的资源留给天地和祖先。就一个村而言，风水最好的地方用于建庙，然后是祠堂，再后是私塾书院，这代表了中国古人的精神高度。一个村庄的最高价值不是有形的物质，而是文化与精神的传承。乡村里最常见的一副对联是："耕读传家久，诗书继世长。"乡村土地资源的分配首先是神灵、祖宗、学校，然后是田园，最后才是活着的人。农村一户盖三间房，中间风水最好的叫中堂，供奉神灵和祖宗。这是人与神共享的空间，也是主人接待客人的地方。在这里，头顶三尺有神明，人人要谨言慎行，不能胡说八道，做人做事都要对得起天地良心。

乡村的公共空间，除了宗教、文化等精神空间外，还有村民共享的生活空间。北方人主要吃面食，基本不炒菜，所以吃饭不需要坐在桌子旁。到了开饭点，每人端一个大海碗，或蹲或站，在家门口边吃边聊，渐渐形成一个"饭场"。特别是夏天的晚上，劳作了一天的人们围聚在一棵老树下，说古道今，插科打诨，很晚才散场。很多人童年最美好的记忆，都和"饭场"有关。

乡村是中华文明的最后一道防线，是中华文明的基因库，也是中华文明的蓄水池。越是遭遇危机，乡村的功能越会凸显。数千年来，中华民族曾屡屡遭到北部游牧民族的毁灭性侵扰。但在一次次劫难之后，中华文明为什么没有断裂毁灭？因为乡村保留了财富、保留了人才，也保留了文化的种子。一旦城市回归稳定，那些躲在乡村的文人、官员、隐士便会再度出山，文明火种重新燃起。那些隐藏在大山深处的贫困乡村，就像一个天然大仓库，为中华民族保留了古老文明的种子。而古希腊、古罗马之所以成为断代的古文明，根源就在于单一的城市形态文明。城市一旦毁灭，文明就中断了。

城乡关系就像一棵大树，乡村是根，城市是冠。中国古代解决乡村与城市融合问题，有一个告老还乡制度。从朝廷退休的乡贤们叶落归根，不仅解决了乡村经济发展的投资问题，也解决了乡村的文化和教育问题。他们办学堂、办书院，使穷乡僻壤的孩子们也能享受到优质的教育资源。他们把城市的文化艺术、生活情趣带回乡村，留下了精美的宅院、祠堂、戏台、门楼等建筑。

如今，很多村子都成了“空心村”。从物质的角度看，“空心村”几乎没有任何实用价值。但是，从精神的角度看，“空心村”并不空，因为乡村是有生命的，在乡村陪伴、看护后代的还有列祖列宗。祖坟、祖位、祖训、祠堂、族谱，都是无价之宝。虽然村子空了，但不等于什么都没有了，这些老房子承载的乡村记忆仍然存在。乡村是活着的人与祖先共同居住过的地方。这些房子与游子之间仍有一种情感和记忆的联系，只要房子在，这条纽带就不会中断。

农村人讲究风水。所谓风水，其实就是建筑的生命能量系统。风代表来自天的能量，水代表来自地的能量。建筑是有生命的，当然也需要汲取天地的能量。那些留着历史记忆的泥巴墙、刻着时间年轮的老木头，都是有生命气息的存在，是可以和灵魂对话的。

农村的房子，大多是农民用一生攒的血汗钱盖起来的。大多数人一辈子只盖一次房子，所以盖房子是他们人生中的大事。房子就像他们的孩子一样，是生命和情感的一部分。农村盖房子，首先要祭土。从动工到上梁、合龙、完工，每一道程序都要和天地“对话协商”。这不是迷信，而是敬畏天地的生命观。房子盖好了，头一件事就是把祖宗牌位请到新房里来。如今，在很多拆迁村里，被称为“钉子户”的大多数是老人，而不是年轻人。其实，并不是老年人固执不讲道理，而是他们内心的痛苦难以言表，也无人能懂。

城市人住的房子，是用钱买的，只有商品属性，没有情感联系。从一个城市搬到另一个城市，把房子卖掉，只要有合适的价钱，几乎没有任何牵挂。按照货币价值来衡量，乡村的房子也许根本不值钱，但在农民心中，人和房子的情感却是难以割舍的。

一位在北京工作的大学老师，在山西农村至今保留着一间百年老屋。他的母亲从七十岁以后，就离开了这间房子，每年冬天到北京住，夏天到村里的女儿家住，老房子一直空着。有一年夏天，夕阳西下，他陪着母亲回到村里的老房子看看，母亲坐在院子里的猪圈边，久久发呆。他轻轻提醒："妈，天黑了，该回家了。"母亲却突然说道："我不想回，能不能让我在这里住一段时间？"他意识到，原先自己以为不值钱的老房子，在母亲心中却有着极重的分量，这房子已经成为母亲生命的一部分。于是，他抓紧时间把破旧的老房子进行了修缮。几年之后，母亲重病。他从北京赶回老家的第一件事，就是把老房子的火生着，让房间里暖暖和和，再把母亲接回去。母亲本来已经昏迷，回到老房子后，居然回过神来了。老人问："这是在哪？"他说："在咱家的老房子里。"母亲的眼睛一下子有了光，露出满足的微笑。在这间老房子里，母亲住了两个多月，最后安详离世。

乡村是离天地和祖先最近的地方，也是中华民族共同的精神故乡，蕴含着中国人"从哪里来、到哪里去"的答案。中国式现代化离不开乡村文明，否则就是无根的现代化。

有乡村就有明天。

# 一湾浅浅的海峡

“小时候，乡愁是一枚小小的邮票，我在这头，母亲在那头。长大后，乡愁是一张窄窄的船票，我在这头，新娘在那头。后来啊，乡愁是一方矮矮的坟墓，我在外头，母亲在里头。而现在，乡愁是一湾浅浅的海峡，我在这头，大陆在那头。”台湾诗人余光中的《乡愁》，字字滴血，句句揪心，成为海峡两岸广为流传的经典之作。

1979年元旦，全国人大常委会发表《告台湾同胞书》，宣示争取祖国和平统一的大政方针，提出一系列发展两岸关系、促进和平统一进程的政策措施，如尽快实施通邮通航、同胞直接接触探亲访友等。同时，大陆宣布停止炮击大、小金门等岛屿。

炮击停了，生活继续。有生意头脑的金门人，把炮战时期的炮弹材料，变成了做饭用的菜刀，以炮弹为原料的金门菜刀成为当地名牌，与高粱酒、贡糖一起并称“金门三宝”，谱写了一段铸剑为犁的佳话。

“炮击金门”期间，距离金门岛最近的福建晋江围头村，不到三平方公里的地方，落下五万多发炮弹，由此得名“海峡炮战第一村”。《告台湾同胞书》发表后，这个村子的命运随之改变。昔日的“炮战第一村”，变成了“两岸通婚第一村”。

多少高堂明镜悲白发，多少妻子长年守空帏，多少儿女不知父母生与死，多少异乡客夜夜梦神州。《告台湾同胞书》传到台湾岛内，众多大陆籍老兵再也抑制不住思乡之苦，日日盼望“回家”探亲。

“今生今世不能活着见父母，死也要回大陆。不达目的，誓不罢休！”思乡心切的老兵高喊口号，游行集会，高唱着《母亲你在何方》，想要冲破重重阻碍，敲开两岸封锁之门。

1987 年，两岸恢复民间交流。1988 年 1 月，首个“台湾返乡探亲团”启程赴大陆，老兵们终于回到日思夜想的大陆故乡。然而，有的人回家了，有的人却永远回不去家了。

“活着已做游子，死了拒做游魂。树高千丈，叶落归根。”这个流传在台湾老兵中的口号，成了祖籍山东菏泽的台湾律师高秉涵的承诺。从 1991 年开始，高秉涵陆续将老乡的骨灰送回故乡。二十多年来，他送回了约一百五十位老兵的骨灰，让离乡的孤魂叶落归根。

出生在台湾的韩正文是所谓的“外省第二代”。其父亲祖籍是徐州沛县，后随军来台。那个年代，女孩儿的名字里，大多秀气、婉约，而她的名字却是个例外。父亲按照家族辈分，将她排入“正”字辈，最后一个字，取了“文”。上学后，每每上课点名，她总被老师误认为男生，引来全班哄堂大笑。这让本就害羞寡言的她，窘得无地自容。因此，她常向父亲抱怨：“为什么要给我取个让人笑话的名字？”父亲总是耐心地解释：“你的名字可有意义的呢！老家只有男孩儿才排辈分，我偏让女孩儿也排。”当时的她，哪里听得下去？只觉得自己就是父亲思乡情切下的“牺牲品”。

20 世纪 80 年代，父亲辗转跟大陆老家的人联系上了，开始偷偷地通信。每次放学回家，她只要感觉平时沉稳的父亲，情绪特别波动，就猜想应该是又收到老家的来信了。父亲拿着粗糙泛黄的信纸，津津有味、欲罢不能地一读再读。读完之后，再小心翼翼地把信收进抽屉的隐秘处。有一回父亲看完信，喊着她的小名很得意地说：“真是心有灵犀啊，老家正字辈的老大竟然也叫正文。”

小时候，只要父亲听京剧，她总是闪得老远，只因为觉得太“吵”。她不解父亲跟他那群难兄难弟，为何对《四郎探母》情有独钟？

杨延辉在宋、辽作战时被俘，改名换姓为木易，苟且偷生，在辽国生活了十五年，娶了辽国的铁镜公主并生了儿子。但思乡情切，想趁母亲佘太君押粮草到辽国附近时，见上一面。铁镜公主知道夫婿是杨家将，既惊讶又骄傲。只要夫婿发誓不会一去不回，愿冒险帮夫婿偷令牌，以圆夫婿再见母亲的心愿。后来，杨四郎如愿见到母亲、手足还有原配。一边是情深义重，一边是骨肉亲情，是走？是留？父亲每每看到这里，便会泪流满面。

当时，正文还在上中学，正值青春叛逆期，常笑父亲对那个只生活过十二年的故乡念念不忘，根本就是没有“活在当下”。她甚至在文章中批判父亲跟他的朋友们，活脱脱就像白先勇笔下那群沉湎在过去的“台北人”。她的作文被老师当成范文，拿了全校第一。但父亲看了，只是沉默不语。

20 世纪 90 年代初，正文第一次随父亲返乡探望爷爷。从台湾出发、香港转机飞南京之后，搭火车前往徐州。到了徐州，得再搭好几个小时的车才能到沛县。爷爷住在沛县的乡下，舟车劳顿，又是几个小时的颠簸。那时，她想不通，不就是一望无际的小麦田吗？不就是一个又穷又破的小村庄吗？要山没山，要水没水，怎会让父亲魂牵梦萦一辈子？

那一次，刚走到村头，父亲的腿就软了，踉踉跄跄，几乎是爬着进了老宅。年近八旬的爷爷，端坐在厅堂里，面沉似水，一言不发。当父亲跪倒在爷爷面前时，爷爷老泪纵横，拿起拐杖，狠狠抽打着跪在地上的父亲，痛斥他不孝，离家五十载，音讯全无。随后，一家人围坐桌前，涕泪交零地吃了第一顿团圆饭。

此情此景，隐隐约约，让她想起《四郎探母》中佘太君见到杨延辉的唱段：“一见娇儿泪满腮，点点珠泪洒下来。沙滩会一场败，只杀得杨家好不悲哀。儿大哥长枪来刺坏，你二哥短剑下他就命赴阴台，儿三哥马踏如泥块，我的儿你失落番邦一十五载未曾回来，唯有儿五弟把性情改，削发为僧出家在五台，儿六弟镇守三关为元帅，最可叹你七弟他被潘洪就绑在芭蕉树上乱箭穿身无有葬埋。娘只说我的儿啊今何在，延辉我的儿啊，哪阵风把儿你吹回来？”

此次回沛县老家，正文发现，全村几百口人，百分之八十以上都姓韩，或远或近，全都沾亲带故。祖先从陕西辗转河南，最后落脚沛县。从来没遇过这么多姓韩的，她也不知道自己竟然会有这么多亲戚，一时之间竟然慌了手脚。

看到父亲恭敬地喊着只长他一岁的一位亲戚“姑奶奶”，她简直不可置信。晚辈中两位小女孩儿，明明只差三两岁，一个叫她姐，另一个喊她姑。为了避免失礼，每见一位亲戚，她总是先偷偷确认对方的名字。“大”字辈的一律得称老爷爷、“有”字辈的要喊爷爷。“方”字辈比父亲大的得喊大爷，比父亲小的得喊叔叔。“正”字辈的就论年纪，以兄弟姊妹相称。而当她这个小“正文”第一次返乡时，正字辈的老大已经当爷爷了，可他还是一脸严肃地喊她“妹妹”呢。遇到“兆”字辈的，她就神气了，每个都得乖乖地喊她姑，有几个年纪与她差不了几岁。面对“谊”字辈的孩子，她可以毫不含糊地当“姑奶奶”。

家族名字为什么要按辈分排？古人讲“长幼有序”，除了年龄的差距，辈分的高低才是重点。在中国传统文化中，个人的存在依附于绵密的家族网络，就如同刘邦排行老三故又名刘老三。脱离了家族网络，个人是没有太多意义的。家族网络就像拼图般复杂有趣，每个人就像一块小小的局部，虽然渺小但又一个都不能少。每一块都放对了位置，拼图才能完整。因为跟着父亲返乡，她才真切地感受到自己名字承载着家族血脉的传承。

自从第一次随父亲返乡后，正文年年陪父亲去看爷爷。爷爷讲的是沛县方言，她几乎听不懂。爷爷在家族辈分高，村里的晚辈都怕他。但爷爷见到孙女，总是笑。爷爷骑着板车在村子里转悠，逢人便指着旁边的她，得意地说："这是俺孙女！"爷爷年纪大，身体不好，耍脾气，不肯吃药。叔婶们总要她拿药给爷爷吃。只要她出面，爷爷就乖乖地把药吞下。

那年，爷爷身体状况已经不好。但探亲的时间一拖再拖，终于到了极限。相逢短暂，终须一别。离开村子的那个早上，父亲无语。车子来了，等在院子外面。但是，父亲不走，硬要孙女给爷爷磕头跪别。她跪在爷爷面前磕了三个头，爷爷含笑点头，挥手告别。之后，父亲再回沛县，就是奔丧了。

"沙滩赴会十五年，雁过衡阳各一天。高堂老母难得见，怎不教人泪涟涟""我好比笼中鸟有翅难展，我好比虎离山受了孤单，我好比南来雁失群飞散，我好比浅水龙困在沙滩"。直到此时，她似乎才懂了《四郎探母》中杨延辉的心情，理解了父亲一辈子无法填补的孤单与遗憾。

据说，《四郎探母》曾是最受台湾老兵追捧的剧目，每次演出，一片哭声，台上台下同落泪。"曾记得沙滩会一场血战，只杀得血成河尸骨堆山，只杀得杨家将东逃西散，只杀得众儿郎滚下马鞍……思老母不由儿肝肠痛断，想老娘不由人珠泪不干……"一出《四郎探母》，让每一个台湾老兵泪流满面。由于害怕动摇军心，蒋介石曾下令禁演此剧，多年之后才解禁。

又过了几年，父亲缠绵病榻。有一回，她头枕在父亲的病榻旁，跟父亲聊天。父亲抚着她的头说，这辈子有四个女儿，心满意足了。父亲在临终前执着她的手，特别交代："一定不能跟沛县老家断了联系。"她红着眼眶跟父亲承诺，一定做到。但这个承诺，却随着异国求学与忙碌的工作，始终未能兑现，变成她心中挥之不去的愧疚。

斗转星移，物是人非，她几乎和老家的亲人断了音讯。后来，在深深的自责下，她四处打听可能联络到的人，终于辗转问到父亲小学同学王伯伯的电话。于是，在父亲离世后近十年，她第一次独自踏上返乡之途。

老家的人接到她的电话，既意外，又高兴。她到达的那天，天色已晚，但堂嫂已在门口守候多时。一下车，人还没站定，嫂嫂就红了眼眶。分散在各地的侄辈们，也分别从上海、南京赶回来要见姑姑。在家族亲人的陪同下，她这个异乡人在爷爷奶奶的坟前，上了香，磕了头，在老家度过了几天亲友环绕话家常的美好时光。

分别之前，免不了又是一阵泪眼婆娑。婶婶怕她在路上饿肚子，起了个大早，烙了她爱吃的饼，还准备了一袋水煮蛋。一阵推托之后，她红着眼眶，在车上频频回头跟亲人们挥手道别，直到他们消失在地平线的尽头。

其实，沛县并不是一个山明水秀、物产丰饶的地方。一代枭雄刘邦，在乡亲父老面前，在《大风歌》的舞乐声中，终究还是一个有血有肉的思乡游子。

父亲刚走的头两年，正文因为害怕跟父亲断了连接，发了疯似地寻找跟父亲有关的一切。想起父亲说，逃难时曾路过杭州的灵隐寺，喜欢念灵隐寺殿前柱上的对联。于是，她去了杭州，到了灵隐寺。站在灵隐寺每一座殿前，她都会默默地念柱子上的对联。每念一句对联，就红一次眼眶。想着五十多年前父亲也曾站在这些柱子前，读着同样的对联，不禁潸然泪下。那些对联写着什么，并不重要。重要的是，这灵隐寺的大佛曾经见过当年的父亲，而今也低眉垂眼注视着他的女儿，这就是一种精神连接。

戊戌年春节，她跟姐姐约好，清明一起回沛县扫墓。清明未到，田间隆起的土堆旁，已经能见到祭拜过的痕迹。家族亲戚在农忙之余，边帮他们折纸莲花，边跟他们聊着家族的历史与往事。去祭拜爷爷奶奶的那天早上，八十多岁的婶婶来得比平常晚。她从外头急忙走进来，手里拿着两枝如小指般粗细、手臂般长的树枝。婶婶用浓重的乡音解释：“这是榆树枝，俺特别去找的，等会儿俺绑七朵纸莲花在上面。正文啊，你要把它插在爷爷奶奶的坟头上。”她好奇地问为什么，婶婶说：“这是亲的啊，代表有直接血缘的亲人来看了啊！你是爷爷奶奶的孙，你爸爸给你取了正文这个名，即便是个女娃，也要插上的。要让人看到，要让人家知道的啊！”听到这儿，她强忍住即将掉下的眼泪。儿时跟父亲胡闹，要求父亲帮她改回女孩儿名的一幕幕，霎时全涌上心头。她多么感谢父亲没有理会她的胡闹，原来还有这样一层含义。

在婶婶的陪同下，他们走在田间小路，穿过一片又一片的田，到了爷爷奶奶的坟前。拔掉坟上的野草，堂兄弟们填上新的黄土后，她和姐姐跪在爷爷奶奶的坟前磕头。她在心中一直跟爷爷奶奶道歉，隔这么久才来看他们。她不断地跟爷爷奶奶说：台湾的家人，一切安好。烧了给爷爷奶奶的纸莲花后，她恭敬地把婶婶刚刚用榆树枝绑上纸莲花做的幡，插在爷爷奶奶合葬的坟头上。心中长期累积的不安，就随着这榆树枝做成的幡，定在祖先的土地上。

沛县老家的族人，除了极少数，基本上没读过太多的书。他们世代居住在这片土地上，辛勤劳作，乐天知命，繁衍后代。他们不懂繁文缛节，更没见过啥世面，但他们却在父亲离家后，理所当然地代替父亲奉养着他们口中的三爷爷，也就是她的爷爷。他们书读得不多，但会在日常生活中跟子孙们讲述祖辈们的事迹以及做人的道理。他们会指着田间隆起的土堆，跟手上抱着的儿孙说，哪堆是爷爷，哪堆又是老爷爷，哪堆又是大家的老爷爷。他们安稳地守着历代祖先的土地，一代传着一代。

在爷爷奶奶坟前磕头的当下，她不再只是族人口中第一个喝过洋墨水的人，而是三爷爷的孙女，是父亲期许最深的女儿，是沛县“昼锦堂”韩家的子孙。这片迷路已久的小拼图，终于摆对位置，回到家族网络的大拼图里。爷爷奶奶的坟头上，在父亲走后的第十四年，再度插上代表直系血亲祭拜的、绑着七彩纸莲花的幡。阳光下，那莲花迎风摇曳，自在安详！

在台湾，类似的故事比比皆是。几乎每个故事都同样催人泪下，令人唏嘘。

新中国成立前，有一个厦门的小伙子出门帮母亲抓药，结果被国民党军队抓了壮丁。到台湾后，他被分配到金门岛，而且是离厦门最近的小金门。闲来无事，他就在哨所里用望远镜望对岸。天气好的时候，连厦大学生打球都看得清清楚楚。有一天，他忽然又想起了母亲，也许母亲还在对岸等他抓药回家呢！于是，他终于忍受不住了。天黑之后，他跳进大海，奋力向对岸游去。天亮了，筋疲力尽，终于爬到了岸上。一睁眼，看到的竟然是国民党军队。原来，他游错了方向，又回到了金门。最后，他被枪毙了。

这样的悲剧，何其多也！当然，有的故事虽然充满悲情，但终究还是一个大团圆的结局。

2018 年 6 月，八十六岁的陈光楼经由台北飞抵西安咸阳国际机场，与他失散多年的姐姐第一次见面。姐姐不顾亲人劝阻，和孩子们一起，从位于秦岭山下的周至县翠峰乡乘车，奔波近百公里来到机场接他。

“你走的那天，连饭都没顾上吃。”这是失散六十九年终于相见时，姐姐对他说的第一句话。姐姐对他的牵挂，和他对姐姐的思念一样，情真意切，尤其是在人生暮年，愈发浓烈。

姐姐说的“那天”，发生在 1949 年。那年的插秧季节，在国军 96 军服役的他，匆匆赶回南京的家里，告诉母亲和姐姐，部队要开始撤退了。姐姐要给他做饭，他说来不及了，转身就离开。那时，他不知道要撤往哪里，更不知道何时再能回家。

那年，他只有十六岁，刚刚当兵一年多。所谓的撤退，其实就像乱如覆巢的蜜蜂，各自逃命。他和一群惊慌失措的散兵，从南京步行到了福州。出发时，稻田里正在插秧，而到了福州，田地里的稻子已经开镰。在中秋节的前一天，他们从厦门太古码头乘船前往台湾高雄。那时，中华人民共和国已经宣告成立。

在前往台湾的轮船上，他不停看到有病死的士兵，被扔进海里。那是

1949 年的中秋节，从海上可以看到硕大的明月，而他们，却在为活命而逃亡。偌大的陈氏家族成员，从那年开始，天各一方，命运迥异。

1987 年底，台湾允许返乡探亲，他们留在台湾的三兄弟终于可以回家了。次年，回到家乡的大哥，终于见到了在大陆的妻子和孩子。1949 年，他仓皇离开南京时，大嫂和孩子们所在的北平，已经被和平解放。他们这一别，已近四十年。

陈光楼因为是军官，直到 1990 年才被批准返乡。父母早已去世，坟墓不知所在，他在荒野里长跪不起。

陈光楼的父亲和母亲，分别于 1958 年、1959 年相继离世。这对置办了陈家大业的夫妻，没能躲过时代的劫难。

留在大陆的亲人，给他送了一份珍贵的礼物，那是一张有些模糊的黑白照片，一位时值妙龄的女人，身穿一袭绣着花边的棉布旗袍，淡定绝美。那是娘。这个生育了十四个孩子的母亲，在临终时，却没有孩子陪在身边。他们或早早夭折，或散落天涯。

1949 年，姐姐跟随姐夫来到四川农村。因为姐姐文化程度较高，被安排到生产队担任记工员。1958 年，大炼钢铁开始，姐夫在挑煤时，煤堆起火，因其国民党旧军官的身份，被扣上“破坏生产”的罪名，送往劳改农场。

一年后的冬天，姐姐被允许前往劳改农场探望丈夫，她带着孩子，在劳改农场的一条河边，看到了河对岸的丈夫正在地里干活。丈夫也看到了他们，双方远远地相互望着，没敢说一句话。这是他们最后一次见面。不久后，姐姐接到消息，丈夫病故。

也是在那一两年，姐姐陆续接到娘家的消息，父母先后离世。父母不在，这个四分五裂的家，从此消散，再也凝聚不起来了。而有家的人，在受伤时，整个家族如同血小板一样，迅速聚集，凝血疗伤。

姐姐的日子过得越来越艰难。1962 年，一位熟识的人说，陕西有一个地方叫周至县，粮食较多，可以吃饱饭。为了活下来，姐姐卖血换了路费，来到陕西周至县，嫁给翠峰乡陈家村一个农民。位于秦岭北麓的周至县，是全国的商品粮种植基地。生活的落魄和时代的碾压，加上父母已经离世，姐姐在这次迁徙之后，与整个家族断绝了联系。

但是，苦难并没有终结。1976 年，姐姐的第二任丈夫因病去世。当时，他们最小的孩子，仅有七岁。一天夜里，生产队的几名妇女找到姐姐说：“总不能让娃娃饿死，我们一起去乞讨吧。”有着五个孩子的姐姐没有拒绝，为了孩子们能活下来，这个出身大户人家的小姐，放下了所有的尊严。

幸运的是，她乞讨的第一户人家，非常善良。她至今记得，那是县里一名三十多岁的干部，正在院子里擦拭着当时很少见的自行车，他看到打扮还算讲究却满脸泪水的姐姐，招呼说：“讨饭不丢人。”得知她的生活现状，这位干部就让妻子做饭，给了姐姐一捧麦面、一个馒头和几包苞谷粒。

慢慢地，孩子们长大了，加上改革开放政策，姐姐一家的生活有了翻天覆地的变化。只是到了晚年，她常常告诉孩子们，想念她的兄弟姐妹，尤其是弟弟陈光楼，“他走的那一天，连饭都没顾上吃，还是个十六岁的孩子，兵荒马乱的，还活着吗？”

历尽曲折，在得知姐姐的消息后，陈光楼立即办理手续，在儿孙的陪同下，从台北飞抵西安。散落于天南海北的陈家后人，再一次集结。那弯残月，终见圆满。

原本定好在家里等弟弟，但在前一天晚上，姐姐临时改变主意，要和孩子们一起到机场。为此，她专门穿上一件红色上衣，胸前绣着一朵绽放的白牡丹。

在航班到达出口，隔着玻璃门，陈光楼远远地看到一个白发老人正在向里面张望，那一定是姐姐。离开那年，她只有二十岁。在之后的六十九年时间里，他们都是保持着这样眺望的姿势，隔着海峡，却不能相见。今天，他们终于可以紧紧相拥了。

姐姐一口浓重的陕西方言，让他一时听起来有些吃力，而姐姐听力衰减，根本听不到他在说什么。姐弟两个，就这样你一言我一语，各说各话。幸亏姐姐认识字，孩子们把他说的话写在纸上让她看，她再接话。其实，除了思念，还能说什么呢？

1949 年的插秧季节，他永远无法忘记。他告诉姐姐，那天告别时，他还专门抱了抱她的孩子，他的小外甥。突然，姐姐的神情有些落寞。这时，他才知道，那个孩子在不久后就夭折了。如果不是战争，家境富裕且接受过良好教育的姐姐，人生怎能是这样的景象呢？

在周至县翠峰乡的家里，姐姐为他备好了满桌的饭菜。她一边拿着各种吃的，一边重复着那句话：“你走的那天，连饭都没顾上吃。”他带给姐姐的礼物，是一张有些模糊的黑白照片，一位时值妙龄的女人，身穿一袭绣着花边的棉布旗袍，淡定绝美。姐姐把照片捧在手里，异常平静地说了一句：“那是娘。”

南怀瑾先生有一首歌词：“桌面团团，人也团圆，也无聚散也无常。若心常相印，何处不周旋。但愿此情长久，哪里分地北天南。”合久必分，分久必合，此乃大自然之循环法则。

1992 年 10 月，以汪道涵为会长的海峡两岸关系协会与以辜振甫为董事长的海峡两岸基金会，在香港举行了成功会谈，双方达成“两岸均坚持一个中国的原则，各自以口头声明方式表述”的共识，这就是著名的“九二共识”。这个共识至今仍是两岸对话与谈判的基础。1993 年 4 月 27 日，“汪辜会谈”在新加坡举行，双方共同签署了四项协议。虽然协议只局限于民间性、经济性、事务性、功能性的范围，但它毕竟具有特殊的象征意义，标志着两岸关系迈出历史性的重要一步。

2001 年 1 月，金门、马祖与福建沿海地区的海上客、货运航线首次开通。2005 年 4 月 29 日，国共两党领导人举行了时隔六十年后的首次会谈。2008 年 12 月 15 日，两岸海运直航、空运直航、直接通邮正式启动。2018 年 8 月 5 日，福建向金门供水工程正式通水。共饮一江水，两岸一家亲。

元代画家黄公望有一幅著名的《富春山居图》，于七十九岁完成。几百年来，这幅画颠沛流离，命运多舛。如今，一半留在大陆，一半留在台湾。据说，清初时收藏此画的吴问卿在弥留之际，欲将其火殉，其侄子吴子文眼疾手快，以另一卷画易之，将《富春山居图》从火中抢出，才使其免遭火殉。但画的前段已烧去寸许，从此分为长短两段。此后，烧毁处较完整的一段单独装裱，人称《剩山图》，现为浙江省博物馆所收藏。另外一大段则一直深藏于清宫中，后被运往台湾。多年来，两岸有识之士多方努力，希望有朝一日重新拼合此画。

于右任先生曾写诗云："葬我于高山之上兮，望我大陆。大陆不可见兮，只有痛哭。葬我于高山之上兮，望我故乡。故乡不可见兮，永不能忘。山苍苍，野茫茫。山之上，国有殇。"月有阴晴圆缺，人有悲欢离合。海峡两岸，何时才能团圆？

# 宁死不做异乡鬼

地名，是人类生活的“活化石”。

作家冯骥才在《地名的意义》中写道：“一个地方自有地名才算是真正的诞生。此前只是人的一种自然和原始的聚落。地名是城市生命的起点。此后，这些城市发生了一切一切，包括它的成败荣辱和曲折坎坷，全都无形地积淀在这看似只有几个字的地名里。这一切一切，还渐渐地在这地名里形成它独具的历史文化。只要走出这地名一步，就不再属于这独特的历史文化了。如果说地名是一个城市的文化代号，那么这城市的生命密码就在其中。”

一个地方，有了名字，也就有了生命。只要说起一个地名，人们马上会想起它的民俗、景观、美食。说起一条街道，自然会想起孩提时一起玩过的游戏、共同熟悉的人物。如果把地名、街名都改了，这些回忆将何处安放？

地名就是历史，改地名就是改历史。自 20 世纪 50 年代以来，我国曾有过多次改地名运动。最早是为了体现各民族平等，也为了显示睦邻友好，更为了清理旧时代的痕迹，地名中凡有“绥”“化”“平”“镇”“宣威”之类的字词，统统都被换掉。广西的镇南关就被改为睦南关，再往后又改为友谊关，主要是为了中越关系。其实，不管你叫什么关，历史就是历史，现实还是现实，而且现实也在不断变化，反倒不如尊重历史为好。1966 年，北京改名运动达到了极致，因为过去的地名都难免有“封资修”之嫌。例如，张自忠路被改成“工农兵东大街”，赵登禹路改成“中华路”，佟麟阁路改成“四新

路”，杨威路改为“反修路”，东交民巷也改叫“反帝路”。当然，最后的结果是，时代变了，这些地名又因不合时宜而被改回来。

为了一个地方的归属，几代人牵肠挂肚，以命相争，甚至死不瞑目。这样的故事，大约只会发生在中国。

婺源自古属安徽管辖，如今行政上隶属江西。说起婺源，人们印象最深的是漫山遍野的油菜花。其实，很少人知道，婺源，对于安徽人来说意味着什么。

婺源的历史有1200多年，属于徽州的一部分。唐开元二十八年，唐玄宗决定，于正月初八设置婺源县，隶属歙州。宋宣和三年，歙州改称徽州，以后历经宋元明清各代。历史上的徽州一府（歙州）六县（歙县、休宁、婺源、祁门、黟县、绩溪），就是这样形成的。

在中国行政区划史上，“安徽”一词的出现，大概始于十七世纪中叶的清康熙年间。当时是取境内最重要的两个府之首字合作省名。其中，安庆府为安徽省的政治中心，而徽州府则以商业和文化闻名于世。

历史上，因为婺源划归江西，曾遭到全省反对，一度爆发了为时一年的“婺源回皖运动”，胡适先生甚至亲自站台。如今，婺源是江西省上饶属下的一个县。

翻开清代地图，徽州府位于安徽省南部，该府的西南一角突出，深深地插入江西省。徽州府所辖的六县中，歙县是首县，为徽州府治所在，而婺源县则恰恰处于整个徽州府的西南一角。

婺源的经济作物以茶叶为主，绿茶闻名遐迩，旧有“祁红婺绿”之称。祁红，是指安徽祁门的红茶，婺绿则是婺源的绿茶。婺源产砚台，名曰龙尾砚。我国四大名砚之一歙砚，其原料就产在婺源的龙尾山，和婺源的龙尾砚同出一辙。婺源的风俗习惯、房屋建筑、饮食居住和徽州其他各县大体相同。至今，婺源仍然保留着较为完整的徽派建筑。婺源在文化上和徽州其他各县一样，属徽文化的组成部分。婺源，就是徽州人心头的“耶路撒冷”。

婺源，是朱熹的故乡。虽然他出生在福建，他的学说也被称为“闽学”。但他仍然诚惶诚恐、毕恭毕敬地自称“新安朱熹”。宋朝的皇帝，还曾经赐予婺源“文公阙里”的名号。婺源之于徽州，正如曲阜之于齐鲁。明清以来，长江中下游一带素有“无徽不成镇”的说法，可见徽州商业发达，旅外同乡很多，各地都有徽州会馆，会馆都崇奉朱熹。

婺源第一次划归江西省，发生在 1934 年。蒋介石为了方便对中央苏区红军的围剿，将婺源划属江西，隶属于江西省第五行政区，理由是旨在消灭红军。1934 年 6 月，蒋介石为了推行“剿共”战略方针，以“婺源僻处山陬，层峦叠嶂，匪薮难除，为便清剿起见，议将婺源划归赣辖”为案，提交行政院通过，并行文饬皖赣两省。1934 年 8 月，蒋介石在南昌行营署名行文，令婺源县政府“无条件执行”。9 月 4 日，婺源正式由江西省政府接收，脱皖归赣。在浙岭以北的婺休分界地——分水村口，立下了一块“皖赣分界”碑。这座碑像是一根刺，插入了安徽人的心，也插入了婺源人的心。

1946 年，婺源县参议会上下串联，发起“回皖运动”，通过胡适（徽州绩溪人）转交请愿书给蒋介石，促使国民政府内政部派员来婺源勘察。对此，《胡适口述自传》说：“婺源与安徽的徽州有长久的历史渊源，居民引以为荣，不愿脱离母省，所以群起反对，并发起了一个（婺源返皖）运动。”

当时，某学校大门口有一副对联：“男要回皖，女要回皖，男男女女都要回皖；生不隶赣，死不隶赣，生生死死决不隶赣。”甚至有人喊出这样的口号：“头可断，血可流，不回安徽誓不休”“宁做安徽鬼，不做江西人”。

当时，胡适闲居在家，但对婺源划归安徽一事甚为关注，也曾为此出谋献策，奔走四方，但无奈“总裁”决意“孤行”，他一介“书生”，终难成大事。1946 年 10 月，婺源推选县教育界老前辈江植棠到京游说，他也就此拜访了胡适。在江植棠京城游说之时，婺源县举行了游行活动。数千人扛着

“婺源回皖运动大游行”的旗帜，呼喊着“我们要回安徽去”“到安徽去，快到安徽去”等口号，先到县政府要求县长将下情上达，然后穿街过巷振臂高呼。

在国民大会召开前的一天，国民大会安徽籍代表六十一人在胡适公寓内聚会，大家对婺源回皖一事均表支持。江植裳将由他亲撰的请愿书交给大家修改，最后胡适带头署名，其他国民大会安徽籍代表也签上了名字。

还有一个重要人物是冯玉祥。当他得知回皖一事有消息后，特致函给内政部派往婺源视察的杨秀岩，电文摘录如下：“内政部杨视察秀岩勋鉴：婺源划为皖治，民意所趋，敬祈俯顺民意，转陈中枢，赐早实现，无任盼祷。安徽旅吴同乡会理事长冯玉祥率全体同乡同叩。”

在杨秀岩一行的必经之路上，婺源安排了一队队扛着旗子的队伍，准备了鞭炮。在途中的村子里，男女老少等杨秀岩一到，便全部跪下，诉划赣之苦，陈回皖之情。卖肉店铺门上挂着“放下屠刀，立回安徽”的青布，学校门外墙上贴着“放下书本，争取划回安徽”的标语。各家各户的门前，都摆设香案，点燃大红蜡烛，鞭炮之声不绝于耳。婺源的大街小巷还悬挂对联：“忍痛难言历十四年隶赣，同声相应合念万人回皖”“婺水入口，誓不逆流会章赣；人心思皖，真同大旱望云霓”。

鉴于婺源人民回皖的合理要求，国民党政府于1947年将婺源重新划回安徽，恢复徽州一府六县的政区。8月，婺源奉令划回安徽。两省正式办理交接手续。婺源历史上的这场“回皖运动”落下帷幕。

1949年5月，解放军二野挺进婺源，过境时主持军管，而以屯溪为中心的徽州为三野部队军管。婺源县就是在两支部队军管会分割的体制下，再次脱离徽州政区。尽管婺源人再次表达他们回归徽州的愿望，但终究没有实现。

更遗憾的是，徽州的地名最后也消失了。1979年，邓小平徒步攀登黄山，留下了著名的“黄山谈话”。1987 年，国家撤销徽州地区、屯溪市和县级黄山市，设立省辖地级黄山市，俗称“大黄山市”，屯溪市和县级黄山市则分别改为屯溪区和黄山区。

徽州改名黄山，使徽州文化的地名载体消失，历史中断，徽州文化也随之消亡，“皮之不存，毛将焉附”？对此，有识之士痛心疾首。

近年来，因“恢复徽州”的呼声日渐强烈，民政部答复：“需要进行科学的研究和论证，广泛征询民意，待时机成熟时，由安徽省、江西省人民政府按程序上报审批。”尽管很多人呼吁恢复“徽州”名称，结果都是不了了之。

作家李辉在《可惜从此无徽州》一书序言中写道：“尊重地名，珍爱文化，不只是为了历史，更是为了现实，为了未来。没有历史文化做背景，失却历史文化的丰富内涵，地名毫无节制地改来改去，文化自信又在何处体现呢？”其实，徽州不是一个单纯的地理概念，而是世人瞩目的文化经典。徽派建筑、徽商文化、徽班进京、徽墨、宣纸，都是徽州文化的一部分。名不正则言不顺。既然荆沙可以回归荆州，襄樊可以回归襄阳，那么，黄山为何不能回归徽州？

每一个地名，或雅或俗，都自有它的意义。当人们世世代代念着这个名字时，也许它已成为一个幸运的符号。一个古地名的消失，就是一场文化的劫难。恢复传统文化，当从恢复古地名开始。地名恰如树根，只要根不死，哪怕枝叶已然枯萎，树终究还是不会亡的。

地名之所以重要，不在于怀旧，而在于它牵涉整个中华文化的绝续存亡。古城也好，地名也罢，蕴含着绵绵不绝的民间生命力。这样的生命力，首先源于人与自然的联系，其次源于人与人之间紧密而丰富的关系。

中国一向藏元气于民间。民间，就是接得了地气的地方。接地气，一方面接的是自然之气，另一方面接的是一种质朴而充沛的元气。接得了地气，才能够生生不息。自古以来，中国文明的根柢，一直深藏在风日洒然、人世深稳的古城古镇。留得住这样的古老地名，就等于留得住历史气脉，也等于留得住真正的中华文化。

# 回归文化的故乡

从春秋到秦汉，是百家争鸣的时代。诸子百家，影响最大的是儒、墨、道、法。最有名的代表人物是孔子、墨子、老子、孟子、庄子、荀子、韩非子。汉武帝时代，董仲舒提出“罢黜百家，独尊儒术”，儒家文化占据统治地位。唐代以后，形成儒释道“三教合流”的局面。自此，儒释道成为中华文化的三大源流。

中国读书人受儒家影响最深。虽说儒家很重要，可一旦变成一枝独秀，就很难造就一个大气的时代了。东汉儒学的极度兴盛以及太学生人数的登峰造极，是好是坏，都很难说。正因为极度兴盛，直接导致了东汉后期严重的“党锢之祸”。当士人与太学生一个个自认为是“清流”，将实际参与政治的人都鄙夷为“浊流”之时，这种“清议”的姿态越高，士人与政府潜藏的对抗能量越大，到最后，“党锢之祸”就在所难免。事实上，只要是儒家过度兴盛的时代，读书人炽烈的使命感加上自视甚高，就会竞相标榜为“清流”，然后再把身处的世界说得一文不值，进而激烈批评，不知不觉中，再转为攻讦。当“讦以为直”越来越普遍的时候，世局的对抗与混乱就必然愈演愈烈了。

读书人把自己拉到这么高，说得好听，是充满了理想，可实际上，他们一方面对君主不满，另一方面对百姓有种不屑，满口高大上的他们，怎么跟百姓对得上话呢？结果自明代以后，中国读书人慢慢出现一个困境，上不着天，下不着地，悬在半空，变成一个非常怪异的族群。

其实，读书人原来不是这个样子的。你看张良，作为一个王者师，刘邦那么尊敬他，他从头到尾并没有逾越为臣的本分，也从未以老师的高姿态来指导刘邦，他自己的定位很清楚，所以才能和刘邦保持那么稳定的关系。诸葛亮也是一样。刘备对诸葛亮如此信任，可诸葛亮从头到尾谨守本分，鞠躬尽瘁、死而后已，这样的君臣关系才可能长久。一个人立身行事，能时时知道自己的分寸，就有一种气象在。一个人有气象，才能感觉到别人的状态。如果老是放大自己，目中无人，那只是个猖狂之徒，毫无气象可言。这种人心量之小，与平日滔滔不绝的口气之大，恰恰形成最强烈的对比。心量小，就容不下人；心量小，就自以为是。

不少读书人都有一个毛病，老觉得儒家是最正宗、最核心的中国文化，因此对于别家，常常有种不屑。其实，中国文化最核心的东西，可能是道家的黄老文化。因为历朝历代统治者，都是“外用儒家，内用黄老”。说黄老文化是中华文化的核心，还有另外一个论据。任何一种文化最根柢的核心，其实就是异文化最学不来的。只要异文化学得来，就意味着不是最特质的。而黄老之道，正是即使最善于学习的日本人都学不来的。

有人说，日本人所有的好东西，都是从中国学过去的。事实绝非如此。日本与中国固然有相似之处，可真论根本，却是太不一样了。他们确实学了中国的东西，但肯定会进行转化，转化之后，又是日本特色了。只要是深具日本文化特质的东西，中国人都很难掌握。同样的道理，中国文化最核心的黄老，日本也学不来。

日本从魏晋南北朝一直学中国，其中，唐代是个高峰，后来南宋又是一个高峰。在这近一千年里，日本人巴不得把中国能搬的全都搬过去。直至如今，日本人谈论中国的东西，喜欢谈儒家、谈佛教。可儒释道三家之中，他们却几乎不谈道家的黄老。因为，学不来。日本那种认真到执着、执着到产生了美感的民族性格，只要看日本的产品可以做得那么细心、那么美、那么没有半点粗枝大叶，就可清楚感受得到，这是他们的好处。可是，他们的坏处就是执着太过，太计较细节，最后把自己给困住了。

正因为这种执着，所以日本人学不来黄老那种虚虚实实、不黏不滞、似随便不随便、似认真却又不费劲的生命状态，尤其是必要时可以一切抛开、像刘邦那样光溜溜的豁达，日本人是怎么样都够不着的。

日本人的个性，是看到一个好的东西，就想尽办法保存下来。所以，唐代的建筑至今都还在那儿，保存得好好的。日本人的好处，是能把事物保存得非常完好。但坏处，恰恰也是保存得太过完好。换句话说，日本人的保存之心太强。譬如，他们的礼。中国人头一次去日本，尤其到京都，看到他们的应对进退，常常会觉得：咱们是不是变成了蛮夷之邦？跟日本人相比，简直粗俗无礼得很。可是，如果再仔细观察，就会发现，日本人的礼虽好，但对礼确实有种过度的执念。单单就为了礼，常常会搞得非常纠结。譬如，写信该用什么抬头、该用什么敬语，不同等级的人见面该送什么礼物……最后把自己搞得异常别扭。有礼，当然好；可在意过度，搞到纠结别扭，那就不是啥好事了。日本人的繁文缛节，中国人多少会觉得太过了。日本人对于美、对于礼，都有一种强大的执念。总之，日本人对于好的东西善于保存，却缺乏一种“破”的气魄。对中国人而言，破就破了，后面还有一个立。像刘邦那样一个大老粗，建了新朝，担心繁文缛节种种的麻烦与折腾，于是把秦代的朝仪都给废了。可后来在朝堂上，功臣喝了酒，胡闹撒野，连个起码的样儿也没有。这下子刘邦看了不对劲，叔孙通乘机建立了一套朝仪。这套朝仪，肯定不会复制周代的繁文缛节，也不会等同于秦制。可叔孙通这么一建立，立刻又让大汉朝廷威仪整齐、庄严具备。这说明了一件事，破与立，其实也就是一线之间。

中国民间的根柢是黄老文化，很多人都有那种随随便便的劲儿，对很多

老树印信

东西满不在乎、不当回事。黄老的好处就是可以啥都不在乎，可在关键时候，却能抓住最核心的东西。平常越是柔弱无骨、吊儿郎当的人，真正要使劲的时候，力气却常常比谁都大，太极拳不是同样的道理吗？这就是整个中国文明的特色。儒家一定有道家相互调和，一阴一阳，才能形成动态平衡。

中华文化的源头是儒释道以及诸子百家。任何一家，都是中华文化不可分割的一部分。如果只尊崇一家，就是“只见树木，不见森林”。南怀瑾先生曾说：“儒家像粮食店，绝不能打。否则，打倒了儒家，我们就没有饭吃——没有精神食粮；佛家是百货店，像大都市的百货公司，各式各样的日用品俱备，随时可以去逛逛，有钱就选购一些回来，没有钱则观光一番，无人阻拦，但里面所有，都是人生必需的东西，也是不可缺少的；道家则是药店，如果不生病，一生也可以不必去理会它，要是一生病，就非自动找上门去不可。”

长期以来，中国人一直在向西方看，不断否定自我，最终失去了文化自信。所谓文化自信，当然是建立在自知之明的基础上。知道自己的长处，也知道自己的短处，不自以为是，也不自以为非，才叫自信。如果连“我是谁”都不知道，必然走向极端，要么自卑，要么自大。“不忘本来，吸收外来，面向未来”，才是对待文化的应有态度。

有人说，今天的中国应该像唐朝一样，兼容并蓄，让一切文化都进来。事实上，唐朝人吸收外来文化是有底气的，当日本、高丽都那么热切地“唐化”时，唐朝人不管怎么“胡化”都游刃有余。自近代以来，中国人不断地自我否定，又胡乱地从西方移植。面对外来文化，唐朝是平视，今天则是仰视。只要是平视，心态就健康；只要是仰视，就不叫虚心，而叫卑屈。今天，我们最重要的是先学会平视，平视的基础是先明白自己。如果连自己的文化都搞不清楚，还奢谈什么兼容并蓄？说白了，这就是不知本来。

中国文化是人间性的，好处是不离人间，坏处是缺乏终极关怀。中国人在终极关怀上的追求更多表现为一种历史感，通过历史的兴衰起落，了悟生命如何安顿。历史的连接一旦不在，中国文化很可能就剩下现实性。人作为一个物种，当然有共通性，但随意把一个概念冠以“普世性”，是很危险的。我们活在这片土地上，活在这片文化氛围里，这土地和文化都是历史的产物，只有接续历史，才能改变历史，而不是依据一个“普世性”的原理，就随意否定历史。五四以来，中国人大体上是在用西方理论来反思自己、改造自己，以为西方文化是可以嫁接和移植的。事实上，如果不尊重本土文化，不遵循自己的历史轨迹，中国人就无法行稳致远。

文化是一条河流，必然会随着地貌、气候、植被等因素而不断变化。但是，河流之下，有着千万年沉淀而成的河床，这才是河流的本质。中华文化的深厚河床，就是中国人精神家园的根基。

自古以来，中国人不太有国家观念。春秋时期，当人们纷纷质疑管仲的政治品行时，孔子却赞扬管仲：“如其仁！如其仁！”其实，孔子最在意的是管仲把北边的游牧民族入侵挡住了，化干戈为玉帛，使礼乐文明延续下来。这就是中国文化的特色：文化高于民族，文明重于国家。正因如此，管仲即使没有为主子守节，却因为守护了整个中国文化，而大受孔子赞誉。

在中国人的心里，只要文化在，一切都好办。至于其他的，没那么紧要。文化的力量，可以跨越国家、跨越种族、跨越朝代。当初孔子最在意的，就是这件事。当一个文化可以跨越种族、跨越宗教时，人世间大部分的激烈冲突就可以化掉。当多数严重问题都能在一种文化下化掉时，这种文化就可以“王天下”。王者不管自觉或不自觉，凭借的就是文化的力量。历史上，中国虽然经历了无数次改朝换代，但只要中华文化不灭，就没有太大问题。朝代更替，国家更名，不过是换个王者而已。

从古至今，中华文明历经五千年不曾中断，没有断层和空白，也没有陨落和衰亡。秘密究竟在哪里？有位哈佛大学教授曾问南怀瑾先生：“全世界的国家亡了就亡了，永远站不起来，唯有中国经过好几次大亡国，但永远打不垮，永远站得起来，理由在什么地方？”南先生答复：“关键在文化的统一。”

没错，这确实是一件奇怪的事。夏商周，明明是三个不同部族主导的时代，却居然都叫中国；元明清，明明是三个不同民族建立的政权，也居然都叫中国。中华民族屡经混血而文明如一，谁都可以说自己是中国，但谁都不能说唯独自己代表中国。所谓中国，就是天下的中心，或者说是当时先进文化的中心。从夏商周到元明清，中国的社会制度和文化制度是基本不变的，中华民族的历史表现出惊人的延续性和连贯性。中国，不是一个地理概念，而是超越种族、超越政治的文化概念。只有延续华夏文明或中华文化的政权，才有资格自称中国。“受天命而居中国，居中国者治天下”。如果外族入主中原，必须学习中华文化，否则是没人认账的。让中华民族不亡的，不是武力霸权，而是绵延不绝的文化。

文化是凌驾于国家之上的。国家或许会消亡，但文化不会消亡。国家，不过是一个可以轮换家长的大家庭罢了。世界上多数国家的兴亡更替，不但是王朝，更是整个文明。而中国则不同，从夏商周开始，朝代不断更迭、民族不断融合，中华文化却始终未断。人们记得住李白、杜甫、白居易，却记不住几个皇帝的名字。政治人物可以权倾一时，但能够成为民族记忆的，从来不是皇帝，而是文化。一个国家亡了不怕，是可以复国的。最怕自己民族的文化亡掉，那就翻不了身了。文化是民族的灵魂，一个国家切不可自毁灵魂、但取躯壳地糟蹋文明，更不可自毁千秋的文化大业。

时至今日，中国迎来百年未有之大变局，其核心是东方文明的崛起。近三千年来，东西方文明此起彼落，各领风骚。第一次是东西平衡。中国的先秦时期，西方的古希腊古罗马时期，东西方文明交相辉映，大体平衡。中国有孔子、墨子、老子、孟子、庄子等思想家，西方有毕达哥拉斯、苏格拉底、柏拉图、亚里士多德等哲学家。第二次是东升西降。中国进入唐朝，无论经济还是文化，均达到历史新高度。而西方则进入了漫长而黑暗的中世纪，文明急剧衰退。第三次是西升东降。中国进入明朝后，闭关锁国，气象委顿。而西方则开启了工业革命时代，经济社会空前繁荣。第四次是东升西降。今天，中国成为世界第二大经济体，国力强盛，文化复兴。而西方则老气横秋，暮气沉沉。当代全球出现的诸多问题，几乎都源于西方文化二元对立的思维。如果从这个角度来看，中国文明的重点就不该是如何“适应”现代社会，而是怎么“修正”现代社会。

第四章

CHAPTER FOUR

# 家　庭

# 婚姻是一场修行

孔子曰："饮食男女，人之大欲存焉。"孔子明明知道人生大道，却避而不谈，偏偏谈最起码的、最平实的两件事。这是何故？

告子说："食色，性也。"婴儿生下来就要吃奶，人活下来就要吃饭，长大了就需要两性关系。人伦是由男女相爱而成为夫妇开始的，人类文化也是从这里出发的。

宗教认为性是罪恶。而孔子却把"关关雎鸠"放在《诗经》开篇，先讲男女之爱，这也有"性非罪"的意思。性本身不是罪恶，性冲动是天然的。但是，如果对于性行为不理智，就会构成罪恶。所以，孔子讲"乐而不淫"。淫者，过也，就是过度、过分。如雨下得太多了，就是"淫雨"。中国人素来对于性、情、爱有一个基本原则，就是"发乎情，止乎礼"。有性冲动很正常，但要在行为上有约束。只要"止乎礼"，就不会成为罪恶。哪怕"求之不得，辗转反侧"，也是哀而不伤。仅仅是哀怨而已，并不悲伤过度，这才合乎中庸之道。

中国的家庭成于井田制。周礼王制的基本单位是家庭，八家为井，百亩之田，男耕女织，是一个完全独立的生活单位。《易经》言："男女成室，人伦之始。"男性属阳，具有发动性；女性属阴，具有从属性。成家之后，男女的进退起坐就有了讲究。有了家，开始有宾主之礼、五伦之常。

《礼记》云："昏礼者，将合二姓之好，上以事宗庙，而下以继后世也，故君子重之。”婚礼，男婚女嫁，既是种族生存、生命绵续的要求，也是社会的礼俗。结婚不但是人世间的事，也通天地神祇，所以古人称之为“拜天地”；结婚不仅是个人的事，也是社会的事，所以要贺婚拜亲；结婚不仅是现世的事，也关系到过去和未来，所以要拜祖宗，承接继往开来的使命。

民国时期，一位文化名人曾这样描述旧时的婚礼：

办喜事前二三日，新郎家已把亲戚接来，家族里的人都来帮忙，司账司厨，烧饭送茶，照应客人。长辈们都颜色和悦，子弟们都齐心齐意，姊妹们都随叫随应。虽然尚未发花轿，亦已热闹堂堂，俨然是喜事人家了。此时，做公婆的不单是一家之主，且更是人世一桩大事的主人。虽然为儿子娶新妇，筹办费用或几经艰难，亦觉人世的苦劳都还给了人世，自己像有得道者的悟悦，像是法喜。

办喜酒凡三天。头一天是正日子，宴众宾，翌日谢媒酒，新娘谒宗祠，三朝办房头酒，新娘入厨做羹汤，家祭。热闹收场，随即家里一切又如常，只是多了一个人了，也见她炊茶煮饭，也见她洗衣汲水，但仍觉她是新人，恰如三春花事过后，随来的四月五月天气，仍是新竹新荷，只觉人世水远山长。

这婚礼，中国民间几千年来都这样行，却人人都觉是专为他一生中的好日子而设的，不可以摹仿或第二次。

费孝通说，在旧时代，乡村夫妇之间感情看似很淡漠，却生活得很如实，没有客套，没有虚情。乡下夫妇大多是用不着多说话的，早起各人忙着各人的事，没有工夫说闲话。出了门，各做各的。妇人家如果不下田，留在家里带孩子。工做完了，男子们也不常留在家里，男子汉如果守着老婆，没出息。有事在外，没事也在外。茶馆、烟铺甚至街头巷口，是男子们的消遣社交场所。在那些地方，有说有笑，热热闹闹。回到家，夫妇间合作顺利，各做各的事情。做得好，没事，也没话；合作得不对劲，闹一场，动手动脚，说不上亲热。中国人在感情上，尤其是在两性间的矜持和保留，不像西方人一般在表面上流露，这是中国人特有的含蓄性格造成的。

可也奇怪，旧时夫妻间的感情历久弥深，越老越亲，婚姻更加稳定，持续更加绵长。对于中国人而言，人生是活出来的，不是思考出来的。中国人不像西方人那样，每天都追问对方“你爱我吗”，或者每天都表白“我爱你”。凡是爱，中国人都不说出口，因为是真的，都融入了生活的点点滴滴。爱，就是不嫌弃。彼此不嫌弃，方能天长地久。

传统婚姻起点低，一开始容易把对方当成草；现代婚姻起点高，一开始就把对方看作宝。时间一长，一个是从草到宝的过程，另一个是从宝到草的过程，结果完全不一样。中国人从恋爱起，就想着结婚。结婚是恋爱的结果，像桃花结了桃子，在枝头上成熟，摘了供在堂前桌上，亦有初夏的阳光。中国人的恋爱是平实的，婚姻也是平实的。由于有了这样的传统，夫妇间相敬如宾，虽然日日柴米油盐，却也情意绵绵，相看两不厌。而西方人的恋爱即是一切，但恋爱是不结果的，故结婚是恋爱的坟墓。

当今时代，男女之间强调激情，夸大浪漫。在街头，常常有人挖空心思，为了求婚，竞相以轰动方式、劲爆手法，刻意制造强烈的戏剧效果，好让女友一时怔住，感动莫名，于是点头允婚。如此喜剧效果，真待婚后三年五载，他们之间，又将如何？激情总难长久，花招又岂能无尽？当求新求变有时而穷之后，他们又将何以为继？

现代人结婚，流行拍婚纱照。即使花费不菲，也必求个浪漫唯美。然而，这童话般浪漫唯美的照片，不仅无益于婚姻之坚实，更无助于夫妻之相知与相惜。事实上，当浪漫婚纱蔚然成风之际，也正是离婚比例年年攀高之时。换言之，愈是刻意追求浪漫，男女之间反而落得日益不亲。原因何在？盖这浪漫本身，原是刻意造作，本非平常。尚且，后头还有个商业机制在。如此一来，层层叠叠，尽是虚情与假意。这般虚相，与真实的自己，本来就早有一隔。于己，既然有隔；于人，自然会更加疏隔。如此浪漫，虽可一时心荡神驰，但终究说来，却只能让人愈隔愈远。

中国文明之亲，首先就是无隔。人之相与，贵在无隔。世人常叹："交游满天下，知己无一人。"所谓知己，无非就是那无隔之人。与人无隔，本来不易；男女之间，尤其困难。时下的男男女女，受西方影响，偏又过度聚焦于刹那间的相互吸引。因此，真正长久之相处，遂日显艰难；真正绵密之相知，也日渐缺如。正因如此，男女真想无隔，便迢迢其遥。于是，男男女女，才刚相吸，随即相斥；狂喜不久，转眼倦怠；激情之后，才过一晌，便又心生嫌恶。如此男女，遂成了庄子所说的"方生方死，方死方生"，生死流转，终归无常。

正因执念于浪漫情欲，才有了《泰坦尼克号》的座无虚席，久演不衰。好莱坞以其强大的电影技术，挟其排山倒海的营销力量，总能让无数人爱之恋之、痴之迷之。电影中那生死一线的爱欲之情，让无数人怦然心动，久久不能自已。至于男女主角迎风相拥的浪漫画面，更不知使多少人心生向往，为之无限憧憬。

然而，不管是憧憬无限，抑或是不能自已，毕竟都是层层叠叠的虚相，毕竟都是一种痴迷。男女之间，但凡以痴迷而始，就难免以不堪而终。如此流转于痴迷与不堪，从根柢上说，不正因为少了个"亲"字吗？"大学之道，在明明德，在亲民"。人与人有亲情，才能保证男女和合。而现代社会的男女是互相占有，找对象就像为自己量身定制衣服，穿着穿着，就不合适了。

旧时男女，称婚姻为"成亲"。这词儿极好！一对男女，因为姻缘，从此成为至"亲"。亲是相知，亲是寻常，亲是细水长流。时下男女，过度眩惑于西洋式的激情浪漫，总缺少亲人该有的平常之心。禅宗有言："平常心是道。"所谓道，无非是让人身心安顿、与人无隔的生命途径。事实上，男女之间，即便只是散步谈心，或只闲坐喝茶，这一时，这半晌，比起那游轮上的迎风相拥，更有着至亲的寻常风光。同样地，家常夫妻，在生活中患难与共、疾病相扶持，也比刻意夸大的生死爱欲，更能涓涓潺潺地沁入心脾。男女之亲，本是平平常常，正如家常菜色，毫不起眼，却最养人。

现代人多半不快乐，心中空虚，无端烦闷。虽东寻西觅，却总不踏实。结婚之后，尤其如此。个中原因，当然甚多。但关键之一，是忽视了人生有桩要紧的事儿，名曰“修行”。

中国古代的礼乐，是万民修行的法门。不论贵贱，不论上智下愚，只要实心实意，依礼循乐，即使不知其理、不明其意，但凡时日一久，人生依然会有其风景。然而，现今的学校教育，因过度西化，更因日益物化，故而离“礼乐”“修行”“功德”这些词儿都非常遥远。倒是民间老人，更懂得对人世礼敬、对神明礼拜、对祖先虔诚。这些礼乐，是他们的修行。他们比多数读书人更明白，为人一生，自当修行一世。而最重要的修行道场，是在家庭。

现代社会的崩坏，缘于家庭之瓦解；而家庭之瓦解，又缘于修行观念之不再。换言之，受物欲社会之侵逼，又因个人主义之扩张，家庭遂腹背受敌。一方面，遭社会逐年吞噬，犹如空壳；另一方面，又遭污名丑化，俨然成了牵绊个人的桎梏之地。于是，大家都已然遗忘：原来，家庭才是文明的真正基地，才是修行的根本道场。

西方的婚礼是社会关系的契约手续，男女讲权利义务。但自然界的秩序并不因于什么权利义务，中国文明的人世亦然，婚礼是人世之礼。西方个人主义盛行，认为结婚是二人的私事，不要他人参与，连神都不要来管。但事实上，城市公寓里小家庭过得最无趣，说聚就聚，说散就散。

人之修行，始于家庭。一个人的性情涵养，相当程度，都映现了家庭的修行成果。现代教育，助长了家庭的架空与萎死，这当然是颠倒错乱。事实上，若无法恢复家庭的价值与地位，再宏伟的教育改革、再深刻的教育理论，都无异于痴人说梦，治丝益棼。

家庭源于夫妻，始于婚姻。中国人的婚礼，之所以先拜天地、再拜高堂，接着夫妻对拜，正因从今往后，夫妻二人，既面对自然天地，又承继历史传统，堂堂正正，立于天地。有此修行，当然庄严。《中庸》说："君子之道，造端乎夫妇。"在中国文明里，婚姻就是修行的开始。

所谓修行，无非是学会先将自己的习气与执着一一放下，然后，如实地、无隔地感知对方。正因修行可以修到彼此无隔，于是，有人有我，人我皆好。中国人说，姻缘乃百世才能修得，不仅前世修，今生成了亲，更要继续修。于是，一个施恩，一个报恩；一个敬，一个爱。所以，中国人说，夫妻恩爱。

受西方影响，现代人喜欢渲染爱情，更极度吹嘘情欲。男欢女爱，本天经地义，堂堂正正，但这般夸大，总之不对。于是，不论男女，想方设法，都要让自己更性感、更具吸引力。结果，情欲亢奋期一过，男女关系便急转直下，变得索然无味，遂开始嫌恶对方，开始觉得"爱情已然远去"，才会有"七年之痒"云云。正因如此，人一旦衰老，也意味着性吸引力不再，现代人普遍怕老，尤其某些"时尚"人士，避老畏老，唯恐不及。这些人时髦光鲜，但怕老怕得有些歇斯底里。这样的男女关系，除了情欲结合，好像别无余事。较诸动物，也似乎差别无多。

近百年来，既有高喊"平等"的女权主义者，也有大男子主义者。他们谈男女，都夹杂太多的权利关系。男女之间，过于紧张，都像敌人似的。他们在权利中拉扯，彼此争斗，互相角力。男女关系，正如所有的人际关系，一旦落于权利义务之纠葛，就很难健康，更难清爽。两者最大的共通点，是对异性少了如实的体会，更缺乏根柢之爱悦。有的女权主义者，悉心照料猫狗，看着看着，深情惓惓。但一提起丈夫，却始终没几句好话。那看丈夫的眼神，远不及看宠物猫狗更温柔。每次骂完孩子，就懊悔自己不够温柔；每次骂完丈夫，就懊悔自己没骂到位。至于那些大男子主义者，满口天下国家，满嘴人民百姓，心中似乎充满大爱，但才一回家，见了自己的妻子，常连正眼也不瞧，不由自主，心生厌恶。只恨自己当年眼拙，娶了一个黄脸婆回家。

如此男女关系，又怎么可能健康呢？但麻烦的是，他们个个肩负使命，宛如要伸张无上正义，像复仇似的。西方人讲人权，中国人讲位序。人权是句难听的话，好比说物权。那样的人与物，皆是霸占与被霸占的关系。西方人恋爱时，男的如猎人，女的如猎物；结婚后，彼此仍是两个对立体，界限分明。中国没有男权女权的观念。男人待女人，女人待男人，皆是情意有余。男女相爱有一种清和，结婚之后才可以相安持久。

中国人总说夫妻恩爱，因有恩而有爱，因有恩而有情。这份感情，历久弥新，越来越厚。西方人喜欢男女激情，如电如火。这份激情，因荷尔蒙而生，因荷尔蒙而灭，当荷尔蒙分泌完了，爱情也就远去了。所以，西方哲学家把婚姻视为“人类最愚蠢的发明”。中国夫妻强调一个“亲”字，西方夫妻强调一个“爱”。亲，包含了爱，也超越了爱。有爱就有恨，爱恨交加，纠缠不清。唯有亲，才可天长地久。

# 返观自照即菩提

儒家说修身，佛家说修行。这两个词儿虽说有别，但自佛教中国化以来，后世多已混用。

修身，乃文明之本。自古以来，透过礼乐的修养，中国人的一生，向来都是时时在修行。因有此修行的自觉，才有所谓的中华文明；也因有此修行的自觉，中华文明才能历千劫、经百难，却始终不衰，保持着光明喜气。近百年来，中华传统文化之所以日渐衰微，也是因为人们忘了修身为本。这个光明喜气的民族，遂出现了人人浮躁、个个抑郁的难堪景象。

闻听有夫妻自结缡以来，自始至终，琴瑟和鸣，从无争吵，相看不倦。这当然令人羡慕，但如此天时地利人和，一切具足且福慧兼得者，毕竟只是极少之特例。正因特殊，故不妨搁置不论。若真一般夫妻，恐怕没有不发生冲突的。先是观点的摩擦，渐渐转成激烈的口角，最后变成冷战甚至血拼。四目相对，眼角眉梢都似恨，此恨绵绵无绝期。

眼下的许多“成功”人士，在外头畅然快意，圆熟练达。逢人遇事，也总游刃有余。社交场合，更是满脸笑容，口角春风。但是，才一转身，回到家庭，面对最寻常的夫妻相处，却是踉跄不堪。反差如此之大，正映现了夫妻相处的真实情境：看似平常，实则最难。正因最难，修行的迫切性也最高。

在中国人的眼里，男女即阴阳。男为阳刚，女为阴柔，一阳生长为二阴，二阴生长为三阳，亦即阳生阴、阴生阳。因此，阳中有阴，阴中有阳。

佛像流入中国之后，文殊菩萨美如少女，观音菩萨有若童子。古代相书有言："北人南相，南人北相，男人女相，女人男相，乃大贵之相。"男儿如女，女儿似男，这便是如来的"如"。《易经》用刚柔二字解说人类一切德性与万物生存方式，因为宇宙万事万物皆由阴阳之刚柔生长而成。夫妻之间，也要懂得阴阳相生之天理。男属阳，要有一点阴；女属阴，要有一点阳。阴阳调和，刚柔相济，自然就和谐了。

夫妻相处，向来艰难。盖男女之异，原本就天差地别。彼此的家庭背景与生活习惯，也必然大相径庭。双方的种种偏执，谁也没比谁少。再加上晚婚晚育，生命柔软度已多退化，偏偏又赶上男女关系不甚健康、个人主义无限张扬的时代。于是，在彼此毫不掩饰、也无可掩饰之下，所有的缺陷、所有的矛盾，彻底暴露于前。既然如此暴露，且又朝夕相处，整天盯着，整天看着，焉能不碍眼？岂能不憎怨？于是，夫妻扞格，几成必然。新婚伊始，便关系紧绷，陷入僵局，最后甚至以离异收场，何奇之有？

佛家言，烦恼即菩提。社会学家说，危机便是转机。不过，真能有此一转，却不容易。转得了，从此渐入佳境；转不了，于是每况愈下。所谓修行，就是照见自己。换言之，能否返观自照、看见自己，便决定了这关键之一转。若能返观自照，在看似困蹇无路的山重水复中，才可能一转转出又一村的柳暗花明。所谓返观自照，其实不过是回过头来，心平气和地看到了自己。看到自己原来有诸多习气，有种种偏执，有隐微之浮夸，有难言之虚矫，还有许许多多不愿承认之局限。修行，就是承认自己的局限，从而体谅对方之不足。

老子说："自知者明，知人者智。"所有的不祥，追根究底，总因暗于自知。《史记》中的韩信就是一个典型。韩信征战沙场，一向以智取胜，也一直目光如炬。可叹的是，这么绝顶聪明之人，眼力所及，四面八方，独独对于自己，却怎么也看不清。一旦回到自身，总被自己傲岸的姿态阻挡得只剩一片阴影。这，才是人生最大的悲剧。

很多夫妻一有冲突，嗔恨之念便起。刹那间，嗔恨化身千万，布满四方，放眼望去，尽是对方的不是。怎么看，怎么不顺眼；愈不顺眼，便愈强化自己嗔恨的正当性。于是，愈看愈嗔，愈想愈恨，念念相续，死生流转。其实，这就是个无间地狱。

这地狱，当然是自造的。佛家说，修行是离苦得乐。说白了，就是别再自造地狱，别再跟自己过意不去。有了烦恼，才可自照；有了冲突，才可更清晰地看到自己的贪嗔痴。依此自照，看久了，也看仔细了，只觉得自己其实很好笑。

一位朋友打出租车回家，上车后与司机聊天。司机是一个典型的中年油腻男，直率地说自己最近很不顺。问他为什么，他说正闹离婚。然后，絮絮叨叨地说，妻子对他多不好，小舅子对他多不好，老丈人对他多不好……朋友问："他们对你好过吗？"他说："也好过。"但接下来闭口不谈妻子的好，还是说妻子多么不好，似乎有无尽的恨。无意中，他说自己是二婚了，朋友马上问他："前次离婚后悔了吗？"他说："没有，那个女人也不是东西。哎，只是伤了我儿子。"朋友问："二婚有孩子吗？"他说："有个女儿。"朋友怒了："你才不是个东西！明知前次离婚伤了儿子，这次又闹离婚伤女儿，你够狠的，够自私的，害了一个孩子，还要害第二个！"空气瞬间凝固，二人一路无语。到下车时，司机突然说："我想把车费退给你。"朋友惊讶地问："为什么？"他说："我不离婚啦，我想谢谢你。"朋友淡淡地说："算了，回去好好过日子吧！"

男女结婚，那是累世修来的缘分。看不上对方，本质上是配不上对方。嫌弃对方，其实就是嫌弃自己，因为夫妻本来就有一样的习气。两个人越像，吵得就越凶。所以，当双方发生冲突时，先要放下自己，说一句："这辈子遇见你，我认了。"然后，再跟对方说一句："你也认了吧。"

老樹印信
草色入簾青

人的一生，总有一个又一个“坎”，亲人相处“坎”更多。认了，就有可能绝处逢生，甚至起死回生。这种心态，貌似消极，实则积极。一个人，千万别把自己太当回事，只有知道自己是哪根葱，才能真心“认了”。在家里，每个人总是希望对方先软了、先转了，这本身就是奢望。你不转，对方就难转；你先转了，对方才有可能跟着转。

有人在朋友圈里写道：“所谓婚姻，就是你有时候很爱他，有时候又想一枪崩了他。大多时候是在买枪的路上遇到了他爱吃的菜，买了菜却忘记了买枪的事。回家过几天，想想还得买枪。”

有一位朋友深谙夫妻相处之道，无论吵得多凶，总能逢凶化吉。每次跟妻子吵完架，他便愤然出门。开车转上几圈，气就消了。然后，走进商店，买一大堆妻子最爱吃的东西回家“谢罪”。结果，这一招成了“杀手锏”。夫妻很快重归于好，恩爱如初。

当年，孔子问颜回、子路的志向时，颜回说：“愿无伐善，无施劳。”意思是，希望不再夸耀自己的善意，也不再表白自己的劳苦。颜回去世，孔子恸哭。许久之后，仍不时怅然。人前人后，四处颂扬颜回，唯恐大家把他忘了似的。有一次，鲁哀公问：“弟子孰为好学？”孔子回答，现今的学生，没人称得上好学，只有那已然去世的颜回，是真的好学，因为只有颜回做得到“不迁怒，不贰过”。

颜回厉害，就在于此。无伐善，无施劳；不迁怒，不贰过。再伟大的事儿，再了不起的功绩，做了也就做了，过了也就过了。好花自开，好花自谢。风一吹，云便散。如若不然，好事会变成坏事，善人也会变成恶人。因为，他被“好”所拘，他为“善”所执。善不可执，那么，恶还执它作甚？偏偏，一般人不仅会执，还与生俱执。那顽强的执念，常常是至死不悛。凡事那么较真，最后可能就把自己逼死了。

所谓伐善，就是当你做了好事，如果没人感激、没人赞美，你心里会不爽。对于自己所存的善念、所安的好意，不仅放在心头，而且久久不能忘怀。所谓施劳，就是当你很努力地付出后，觉得即使没有功劳也有苦劳，可一旦这功劳与苦劳统统被忽视，甚至被一笔抹杀，心里会有委屈、有抱怨，心有不甘。这些善啊、劳啊，本来都是好事，可一旦太在意、太当回事，就会在心里不断翻搅，澎湃汹涌，平白增添许多纠结，于是就产生这样的念头：我何必对人这么好？凭什么我要做得这么辛苦？

所谓无伐善，就是你把对别人种种的好、种种的善意，都能像浮云一般，完全不挂在心上。譬如说，倘使你为对方做了些什么事，或者付出了些什么辛劳，对方却丝毫不领情。这时，你不仅心里不是滋味，可能还会心生不平，甚至多有恼怒。而从根本说来，早先如果心里没有存这个善，也不可能有后来的怒。恰恰因为有了这个善，又很在意，才会把好事变成了坏事。当你的生命还不够通透之时，常常会让一件件好事“莫名其妙”地变成一件件坏事，于是把自己弄得很难受、很沮丧。这个“莫名其妙”的关键，正在于你把对人的“好意”不知不觉变成了一种执念，自己很在意曾经做了什么、付出什么。颜回最大的心愿，无非是把生命的应然与实然结合起来。当应然与实然完全统一，就是一个真实的人、不撕裂的人。一个人能真实而不撕裂，才能身心安顿。

善本来是好事，但很容易成为执念。恶不容易执，善最容易执。善一旦成为执念，就像一把刀，既伤别人，也伤自己。你心中认为的好，未必是真的好。善良，本来无须标榜。过分强调那个善，就会被善所绑架。

西方人的思维方式是二元对立，非善即恶。要么是天使，要么是魔鬼。而中国人的思维是阴阳相生，善中有恶，恶中有善。任何一个人，善恶只在一瞬间。善人也有一瞬间的恶念，恶人也有一瞬间的善念。心中全是恶的人活不下来，心中全是善的人也活不出来。一个真实的世界是善恶交错，就像一张太极图。

所谓不迁怒，就是不被怒气所束缚。怒气也好，过错也罢，过了就是过了，时时皆可归零。常人都有怒气，且还会迁怒，成日被那怒气拖着跑，从早到晚，没完没了，拖泥带水，被惯性所牵累。同时，犯了错误，总也收刹不住，错了后悔，悔了又错，被那惯性折腾得憔悴不堪，终究难改。

人之所以为善所伐、为怒所迁，根源在于生命海拔高度不够。当你站在海拔八百米观望大海，波涛汹涌，狂风巨浪；当你站在海拔八千米俯瞰大海，风平浪静，一片祥和。站得高了，视野宽了，看待人世间的纷纷扰扰，自然就能气定神闲，宠辱不惊。

孔子夸颜回“好学”，就是说他能看到别人的好。当你越来越多地看到别人的好，冲突就会越来越少。若总是嫌弃对方，本质上是你没有能力看出对方有多好。有缺陷，是生命的本质。不停追求完美，只会让自己更累。因为，人不能一直绷着。自己越放松，就越能看到别人的好。夫妻之间，你越嫌弃对方，对方便越对抗，问题就会越多，那就更加坐实了你的嫌弃是“对的”，似乎对方真有问题才对得起你。其实，只有你能越来越多看到对方的好，对方才会越变越好。你看对方顺眼了，对方看你也顺眼了。

佛家称人间是“娑婆世界”，意为难忍堪忍。虽说难忍，毕竟还是能够忍受的，不算最坏。在中国人的眼里，娑婆世界就是最好的世界。最好与最坏，菩提与烦恼，不过是一体两面。天地并不完美，有很多缺憾和漏洞。但是，唯有人能够弥补天地的缺憾和漏洞。人之所以伟大，是因为能够参赞天地之化育，创造一个更圆满的世界。唯有看清了世界的不美好，才能活得更美好。人世间的是非对错，本质上是一回事。很多事情，压根就说不清。看待是非，应有高于是非本身的视角。如果能突破自我，便能“超越”。许多事情，不是你努力就能解决的。生活中有许多“坎”，能够过得去，并不是真正“解决”了问题，而是“超越”了问题，乃至它不再是一个问题。

昔日子路问“君子”，孔子答曰：“修己以敬。”子路追问：“如斯而已乎？”孔子又答：“修己以安人。”子路续问：“如斯而已乎？”孔子最后回答：“修己以安百姓。修己以安百姓，尧舜其犹病诸？”

是的，三次回答，三次“修己”。这“修己”，修己之身，才是一切之起点。要忧国忧民之前，都该先“忧己”，忧自己是否已然一身清爽而又一身明白？但是，近代知识分子不仅忘了要“修己”，甚至还找来一套说辞，撇清了个人修身之必要。知识理论之误人，也莫此为甚！于是，他们不断援引“新”理论，不断论述“新”学说，整天痛骂，成日愤戾。如此这般，终至一己憔悴干枯，国政也日益败坏。

儒家的学问，向来是“修己安人”四个字。“修己安人”的真正内涵是，心存“安人”之念时，得先问问：自己安了没有？不要一心一意想着“安人”，却忘了“安人”的前提是“修己”。事实上，“修己”可以是为了“安人”，也可以毫无目的。换句话说，“修己”本身，就是一个圆满。当你成为一个自在安然的人，其实就是对这个时代最大的贡献了。即使你不去刻意想着“安人”，但仅仅是一己的自在安然，就可以很自然地辐射出安人的能量。整天想着去安别人，却不问问自己安得如何，这就是本末倒置。

# 和而不同是大和

俗话说，家和万事兴。和是什么？有人说，是和和气气、和和美美。其实，这是表面的小和，表面的和是不长久的。“喜怒哀乐之未发谓之中，发而皆中节谓之和”。真正的和，不是忍着不发，而是在恰当的时机发；不是没有冲突，而是让冲突有个限度、有个边界，把冲突控制在合理的范围内。冲突的本质不是“三观”不同，而是找不到真正的同在何处。和的前提不是同，而是承认不同。所谓和，不是不争执、不冲突，而是追求最根本的大和，追求和而不同。正因为有不同，才会时时冲突；正因为时时冲突，才需要相互尊重。

《中庸》道：“致中和，天地位焉，万物育焉。”人总会有喜怒哀乐，除非是植物人。但是，发怒要精准，该收则收，该放则放，收放自如，这就是“和”。夫妻之间，没有冲突未必是好事，有冲突也并非坏事。冲突可以产生能量，失去冲突也就失去生机。没有冲突是小和谐，有冲突才有大和谐。当有了大和谐时，所有的冲突都可以化解，所有的事儿都不算事儿。

子曰：“君子和而不同，小人同而不和。”所谓“和而不同”，强调的是那个“和”字。“和”了之后，再有不同。孔子为什么不讲“和而同，同而和”？既然是“和”，为什么还要强调一个“不同”？如果用西方文化来作比较的话，西方的“同”跟“不同”，其实是两个极端。强调统一，就是标准化、格式化。可是，这个强大的“同”，会造成很多人的反叛、反弹。所以，西方又特别强调标新立异、追求个性。

中国人历来讲“阴阳”。“阴”是一种“和”的力量，“阳”是一种变异的、不同的力量。先有“阴”这个“和”，然后再有“阳”这个“不同”。阴阳相生，万物生长。中国文化强调包容度。在“和”的基础上，彼此可以很自然地去发展一些独特的东西。你独特，我也独特。中国的独特，其实彼此可以兼容，这叫“和而不同”。

人与人之间，本来就是“和而不同”。彼此一样或是不一样，根本不重要。两个人相处，合不合得来的关键，并不在于彼此的相似度有多高，而在于彼此的相容度有多大。假使两个人很相像，整天在一起，依然有可能会翻脸。人与人相处，未必要有多大的交集与重叠，而要有足够的包容度。有时，彼此不一样，那才更好呢。

人一旦缺乏包容度，就容易斤斤计较那些表面的“同”。你跟人家不一样，你就紧张；人家跟你不一样，你就不高兴。本质上是因为你的格局“小”，所以才会“不和”。就像当父母、当老师的人，面对各式各样的孩子，你当然知道每个孩子都不同。但是，每个孩子的不同，并不会妨碍你看到他生命的亮点，因为你有包容度。譬如说，对孔子而言，他知道颜回、子路、子贡三个人都不一样，而且是非常不一样，虽然在孔子的心里，颜回是最好的，可是这并不妨碍他疼子路，也不妨碍他喜欢子贡。这里面的“不同”，绝不是一个“是与非”问题。这些“不同”能够被孔子统一起来，是因为他的内心有一股“和”的力量。

中国人“和而不同”的性格，在一定程度上决定了中国文明的高度。几千年来，中华文明成为全世界极少数不断扩展的文明，然后愈来愈强大，所有异质性的东西都汇聚于此。“入中国，则中国之”。任何东西来到中国，都会被“中国化”，其实就是那股“和”的力量把它消融掉了。

中国社会向来讲求关系，即使经过几代人的“改造”，中国社会依然是一个人情社会。只要“有关系”，凡事“没关系”。往好的地方讲，这意味着中国人的生命联系力很强。中国人不容易出现西方式的疏离与孤绝感，尤其是当人老了之后，东西方的差异就更加明显。当大家都如此在意人际关系时，如果特别强调个体差异，把自己弄得特立独行，就会有麻烦。毕竟，良好的人际关系，先得建立在合群上。你可以选择和别人一样，也可以选择和别人不一样，但真要与别人合群，就不适合过度标榜“独特”与“自我”。所以，儒家强调“和而不同”与“群而不党”。凡事不求相同，却在意彼此能否包容。

在中国传统文化里，其实没有所谓的集体主义，也没有所谓的个人主义，这些都是西方的概念。中国人重视人与人之间的关系，却绝对不是所谓的集体主义。中国人的群己关系，不是集体主义与个人主义那样二元对立的关系，而是像太极里头的一阴一阳，彼此互补，浑然一体。中国人的“自己”，恰恰多半是在人群中完成的。中国传统文化强调人与人之间的关系，可是古人却又那么个性鲜明，恰好印证了此道理。《史记》里面人物的色色分明、鲜亮无比，真是令人叹为观止。反倒是今人特别强调独特个性，结果却变成了千人一面。

人与人相处，遇到分歧和矛盾，先看“和”的一面，再看“不同”的一面。在“和”的大前提下，兼容并蓄，尽量照顾彼此的“不同”，这就是“求同存异”。如果满口都是“同”，看似都一样，心里却“不和”，那就是“小人”了。

# 将心比心为恕道

子贡问曰："有一言而可以终身行之者乎？"子曰："其恕乎！己所不欲，勿施于人。"

其实，"恕"的含义不只是"己所不欲，勿施于人"，只不过，孔子针对子贡的情况，强调了这一点。在我们的生命里，"恕"这个字能派上用场的地方太多了。

恕，如心也，将心比心。对于每个人的处境，我们都应该尽可能地增加一点体会。事实上，也只能是一点。毕竟，很难完全、彻底、如实地体会。可是，当我们多体会那么一点时，就会知道，很多事情的确是无法苛责的。在家庭里，如果你突然觉得不满乃至愤怒，往往都是因为没"得其情"，没有真正搞清楚对方的状况。如实地搞清楚对方的状况，就是"恕"道。这样的"恕"道，可以应用在大大小小、里里外外的所有事情。所以，孔子才跟子贡讲，"恕"这个字，可以让你终身奉行，一辈子受用。

把"恕"字再延伸一下，就是《易经》里的"感而遂通"，再继续延伸，就是《大学》里的"格物"。以感为主，以感为出发点，格得了物之后，才会有第二层"致知"的问题。文字的好处，是可以理论化，可以"致知"。一旦能理论化，就可以把直觉的东西说出个所以然来。虽说如此，"致知"却有个根本的缺点，一不小心就陷入理论之中难以自拔，最后忘掉当初的根本是直觉，当初的原点是"感"。换句话说，"致知"久了，常会把"格物"

给忘了。正因这个陷阱，喜欢讲理论的人常会异化。他们平日议论不休、滔滔不绝，可面对现实世界，却往往最麻木无感。

正因如此，某些特别喜欢讲学问、整天“国家天下”的人，对于“暮春三月，风乎舞雩”，常常是不在意的。“风乎舞雩”为什么重要？因为那是“感”，那是文明的最根本。后来儒者花了太多心思于“国家天下”这些伟大的事儿，对于眼前的暮春三月种种风光，多半是淡然无感；他们又用了太多道德标准去评断孰是孰非，对人却也少了一分体谅。那种体谅，就是能觉察到对方状态的“感”。当我们少了“感”而直接用抽象的理论、道德去评价人时，这些似乎都对、也好像讲得通的种种说法，就会把我们搞得越来越没人味。没人味，就是“感”被抽掉了。

所谓“恕”道，就是从恢复该有的“感”开始，进而“感而遂通”。所谓修行，无非就是要一步步修到“感而遂通”。倘使能比较准确、如实地去感觉别人的好与坏、限制与不足，以及诸多的不得不然，这时，“恕”道就会自然而然地升起。有此“恕”道，你就会明白，每个人生命里都有动人之处，也多少都有些难堪之处。当你看到对方生命里的某些难堪，心中明白自己也无法全免时，就不忍心过度苛责了。骂人时，也会有所保留，甚至骂不下去了。

真正的“恕”道，还是要回到近前之事，回到生活周遭，回到身旁最亲近的人。譬如，家里的另一半，很可能就是你修行的最重要对象。不少人都会在对方身上感受到很多的不适应、不舒服，这本质上是源于彼此的感通出了问题；而更本质上，则是源于你对对方的感通出了问题。只不过，你通常会倒果为因，不愿意承认自己的感通有问题，只会自艾自怜，觉得“我们在一起这么久了，你却还是这么不了解我”。说得满腔哀怨，一脸委屈。

可说到底，问题其实还是在自己。正因如此，跟“恕”道相配套的，就必然是孔子不断强调的“反求诸己”。“不患人之不己知，患不知人也”。只有“反求诸己”，才可能“恕”得起来。平日看别人不顺眼时，还是不妨照照镜子，回过头，也看看自己。修行是什么？不过就是如实地看到自己罢了。之所以无法如实地看到自己，是因为你会把自己美化、合理化，甚至是悲情化。修行的第一件事情，无非是先接受自己的种种限制与不足，有时还不妨涮涮自己，调侃一番。总之，重点是“不躲不闪”。只有“愿意”看到自己，才能真正看到自己。这是起点，没有这一点，入不了真正的修行之门。

整个中国的学问与修行，“反求诸己”是基本功，也是究竟法。只不过，真正的“反求诸己”必须是不落爱憎，别变成过度责备自己。倘使过度自责，就好比当年蒋介石每天在日记里痛批自己一样，这当然是误入歧途。事实上，偶尔有点责备，当然可以，但别太多。一旦责备太深之后，又会陷入另外一个魔道。这一陷，恐怕还更难以自拔。

“反求诸己”，就是如实地“看到”自己的局限与不足。“看到”了，然后就暂时别管它。别管它，不是真的完全不管，而是不落于后悔、懊恼，也无须过多自责。这样如实“看到”，看似无用，可当你一次、两次、三次、数次，都心平气和地看到它时，慢慢地，它会被你身上的某种能量转化，甚至就不见了。事实上，当你看着毛病在那儿却不带情绪也没啥自责时，如此清宁的状态，就有中医所说的扶正的能量。扶正，自然能祛邪。不必每天盯着那邪，盯多了、盯紧了，反而会产生很多副作用。

孔子曰："成事不说，遂事不谏，既往不咎。”在家里，夫妻之间的旧账是永远清算不完的。如果翻旧账，就是互相毁灭。有的夫妻该记的记不住，该忘的忘不掉。一旦吵架，把过去的陈芝麻烂谷子统统翻出来，对方一身罪孽，自己罪孽一身。结果，问题还是问题，永远无解。其实，一个人的好脾气，大多不是天生的，而是被折磨出来的。很多事情不必争辩，心里知道就好了。有的事情要“似是而非”，有的事情则要“似非而是”。总之，你懂的，我也懂的，就没事了。

夫妻相处，少沟通，多聊天。一杯清茶，几句闲话，彼此心领神会。哪怕默默无语，胜过千言万语。沟通有目的，聊天无目的。受西方观念影响，很多人高估了沟通的力量、理性的力量。其实，沟通是有期待的，往往“图穷匕首见”，最后变成剑拔弩张，不欢而散。聊天则是没有期待的，所以不容易落空。在西方的几何学里，两点之间，直线最短；而在中国的人情社会里，两点之间，曲线最短。沟通是直线，聊天是曲线。人与人相处，越沟通越紧张，越聊天越亲密。

# 各正其位才和谐

中国文明一向重视阴阳调和，最具体的阴阳就是男女关系。

几千年来，中国人不讲男女平等，而讲男女有别。男人是天，女人是地。天是自强不息，地是厚德载物。一个平衡的家庭是阴阳调和，男人扮演男人的角色，女人扮演女人的角色。男是乾，女是坤。乾是发动的力量，坤是承载的力量。

中国传统文化讲究男尊女卑，但这尊卑正如天地尊卑，其实就是个顺序，有先有后罢了。若受西方荼毒，老要把这尊卑往权利的方向去想，那就是现代人的浅薄了。中国礼乐文明在推崇男尊女卑的同时，彼此更互有揖让。因此，男女之间，便多能维持动态平衡。于是，无论穆桂英的飒爽英姿，或是贾母的德高望重，乃至《大宅门》里白二奶奶的决断果敢，中国人一向不觉有异，而这与男尊女卑是丝毫无有冲突的。

在中国传统家庭里，父亲通常是一个虚的角色，其形象接近于神主牌，精神象征意义更大。看起来高大上，却没有太多实际功能。母亲吃得了苦，耐得了烦，绵绵密密，实实在在。在一虚一实、一阳一阴的状态下，中国社会从来就不是什么“父权社会”，而是“父系母权”社会。父亲是血统的、名义的、精神的，母亲才是最有实质影响力的角色，家里的事务都是由母亲操办。看看《红楼梦》，一个大家庭中最有分量的那个人，不就是贾母吗？

中国人总说“孝顺父母”，这词其实不太准确，实际应该是孝顺“母父”。

主要是孝顺母亲，为了给父亲一点面子，顺便也孝顺一下父亲。戏曲里常说“上有高堂老母”，啥时讲“高堂老父”了？京剧有《四郎探母》《李逵探母》，都在探母，哪个探父？这个传统思维一直延续至今。只要看看母亲节的盛况与父亲节的窘况就知道了，两者反差之大，让天下父亲情何以堪！

这样的家庭秩序，其实是合理的。父系社会之下，一个女人从娘家嫁到夫家，肯定是有牺牲的。嫁到夫家之后，担负那么多责任，委屈自然也多，将来小孩向着她、孝顺她，都是合乎情理的。有的父亲经常会问小孩：“你更爱爸爸还是更爱妈妈？”这就是不识大体、搞不清楚自己的位序。小孩的心本来就应该向着妈妈，这样的家庭才会平衡。

讲“位”，就是讲规矩。男人如天，女人如地。妻子在家里，就要把丈夫供起来。有时甚至假装仰慕地望着他，望久了，弄假也会成真。有天，有地，家就平衡了，问题也就解决一大半了。当“位”厘清之后，家里就有了源头活水。虽然“家家有本难念的经”，可如果把“位”这个任督二脉打通了，就会少了许多麻烦。

旧社会的家庭，女人所受的折磨比男人多。但是，从苦中挺过来的老太太，大多活得气定神闲。他们之所以能够成为家庭的核心，靠的就是一个“德”。媳妇一旦熬成婆，便走上了顺境，安详通透，厚德载物。因为孩子从小由她带大，一粥一饭，一丝一缕，皆亲力亲为，孩子自然和她最有感情，从心里护着她、黏着她，和她最亲近。她对孩子付出多少，孩子将来就会还给她多少。于是，母亲的地位就越来越高。据《史记》记载，有一次汉文帝坚持要御驾亲征、讨伐匈奴，不论文武百官怎样劝，文帝都不为所动。可后来他妈妈薄太后表了态，反对他去，结果汉文帝只好不去了。皇帝再大，也大不过妈，这就是中国式家庭的特色。婆婆辈人，基本不介入具体的事情，原则上装聋作哑、不闻不问，这是她的身份地位该守的“本分”。就像贾母每天只负责和那群儿孙嘻嘻哈哈，可到关键时刻，她的表态却最有分量。人

生本来就是这样，先苦后甜，总比先甜后苦好。上半场威风，下半场吃瘪；上半场吃苦，下半场风光。

中国人讲规矩，西方人讲自由。其实，中国人并非不讲自由，只不过，中国的自由和西方的自由不是一回事。西方的自由是不要被束缚、不要被干扰。可是，这种自由很脆弱。因为，今天没有人束缚你，明天仍然会有人束缚你；今天没有人干扰你，明天仍然会有人干扰你。这个世界本来就是纷纷扰扰，是是非非，不可能永远迁就你，也不可能让你永远称心如意、无拘无束。

那么，中国人所说的自由是什么？不管外部环境如何，你该怎么着，就怎么着。最彻底的自由叫“宠辱不惊”，叫“举世誉之而不加劝，举世非之而不加沮”。全世界的人都在称赞你，你也不因此而得意；全世界的人都在骂你，你也不因此而沮丧。这才是中国人追求的最高自由境界。这种自由，庄子称为“逍遥游”。今天，中国人都去追求西方式自由，结果越追求越不自由。毕竟，这世界不可能让你永远无拘无束，毫无牵绊。当你越想要逃避束缚时，就越没有能力面对乃至于超越束缚。

所谓中国式自由，就是孔子所说的“从心所欲，不逾矩”。在中国传统教育里，家长从小就给孩子定个规矩，这规矩只要不太过分，小孩将来反而会比较自由。如今，小孩叛逆期的年龄直线下降，从十四五岁降到十二三岁，甚至八九岁。其实，这不是因为小孩的叛逆期提早了，更不是小孩越来越早熟或者聪明了，而是因为家庭关系错位了。随着西方民主观念与个人主义盛行，“爱”“尊重”等字眼影响了一大群年轻父母，结果导致家庭的错位越来越严重，这和小孩叛逆期提早有很大关系。事实上，当家庭关系错位时，小孩是不快乐的。小孩的内心深处，很希望有一个很清晰的位序。如果没有清晰的位序，他就会感到手足无措，觉得很烦或者不对劲，于是才有了所谓的叛逆。

作为父母，有的事情问问孩子，无伤大雅。可是，如果连每顿饭吃什么，是红萝卜还是白萝卜，都要先问问孩子的意见。显然，这就是被民主的概念框死了。那些奉西方民主为圭臬的专家说，只有尊重孩子，孩子长大后才懂得尊重别人。事实上，这样的尊重，常常只会造成孩子位序错乱、价值混淆，更大的副作用就是孩子以自我为中心，反而更不容易尊重别人。

佛家讲："无明善念造恶业。"现在的孩子普遍以自我为中心，这正是"爱"与"尊重"泛滥的结果。一个人只要以自我为中心，就很难快乐起来。习惯以自我为中心的孩子，老觉得别人都跟他抵触，老觉得别人对不起他。如今，社会上有一群特别不快乐的人叫"愤青"。"愤青"的人格特质，正是特别自以为是、以自我为中心，老觉得事事不顺心，老觉得别人存心跟他过不去。如果孩子从小什么事都作"主"，长大之后就容易变成这个样子。

在《论语》里，齐景公问政于孔子。孔子对曰："君君，臣臣，父父，子子。"

自五四运动以来，"君君，臣臣，父父，子子"一直被批评得很厉害。这八个字让人反感，不是没有道理的。自宋明以来，君臣的关系就不算健康，一直有种内在的紧张。尤其是五四运动高举"德先生""赛先生"的大旗，"君"更变成一个负面字眼。很多人一碰到这八个字，就本能地反感，连听都不想听。

但是，这八个字是整个儒家乃至整个中国文化的核心。如果把这八个字拿掉，中国文化可能就谈不下去了。老实说，孔子这八个字很平常，也很简单。例如，如果你在一个单位当领导，你就是"君"。你尽到领导该尽的责任，展现一个领导该有的能力、胆识和气度，把"君"位坐好了，你的手下才有可能尽到部属的责任，把"臣"位坐好。如果领导的能力、胆识、气度统统不行，"君"位自然会逐渐空洞化，只剩下个形式。如果一天到晚再摆个架子，虚张声势，以势压人，部下当然不服。这就是"君不君，臣不臣”。

其实，君臣关系就是这么一回事。小到家庭，大到国家，虽然复杂程度有别，可从根本来说，道理是一致的。所谓“君君，臣臣”，就是作为一个君，要有君的样子，“君德”必须配得上“君位”，德能配位，臣才会有臣的样子。如果君德与君位不匹配，臣自然就不臣了。

“父父，子子”，也是同样道理。现在很多家庭都觉得孩子难教，这没错。可孩子之所以难教，到底是孩子问题多一些，还是家长问题多一些？孩子当然有孩子的问题，但问题的核心，常常是因为父亲不太像父亲，母亲也不太像母亲。当父母已经德不配位，失去该有的风范和分寸，甚至压根就没有“位”的自觉，放弃了该有的示范角色时，孩子自然就难教，问题自然层出不穷。既然父不父，当然子不子。假使父母德能配位，即使小孩未必全好，至少也不至难教。

“君君，臣臣，父父，子子”，就是各正其位、各司其职。作为君和父，该有的威严要有，该有的气度更要有。当臣不臣、子不子时，通常是因为君不君、父不父。整个中国文明，上至国家，下至家庭，原理都是一致的。每个人各正其位，清楚自己的位置，做该做的，守该守的，摆在哪个位置，就有哪个位置该有的样子。

今天，很多人不喜欢谈“君臣”，根本原因在于被西方的民主观念洗了脑。事实上，如果在家庭里实行民主制，一切以民主为原则，通常制造的问题会比解决的问题更多。如果想让一个家庭纷争不断，事情没完没了，最好的方法就是采用西方的民主制。

现代人喜欢谈民主。可是，如果家里一人一票，只会永远吵个没完。谈民主，自然就要伸张权利。谈男权女权，从此家里便烽火连天。如果有一天，不仅讲权利，还上纲到法律，那就彻底完蛋了。法只能在社会上用，不能在家庭里用。对小孩处罚的家法，其实是家规。家，客观上讲“位”，主观上讲“情”。家里连理都别说太多，少说道理为妙。男人都有个毛病，就是爱讲道理。夫妻一吵架，男人的口头禅就是“你到底讲不讲理”？这是男人的迷思。亲人之间，道理少说。不是完全不说，而是说道理得建立在“先通情、后达理”的基础上。如果不通情，却严肃地讨论道理，那就是一厢情愿。

现代社会离婚率高，根源就在于“位”的错乱。中国传统家庭之所以稳固，最核心的一个字是“位”。什么是“位”？就是五四以来一直被诟病的“父父，子子”。这句话，确实是中国文化的核心。为父者应尽父之本分，为子者应尽子之本分。父母有父母的样子，小孩才会有小孩的样子。那不是权利和义务，而是名分和位序。

孟子说：“民为贵，社稷次之，君为轻。”中国人原来不讲民主，而是讲民本。民本，就是以民为本，时时刻刻替别人着想。在一个家庭里，父母随时都会关心小孩，考虑事情都以小孩的长远发展为起点；在一个国家，为政者时刻把百姓的事情放在心上，以百姓的长远利益为本。以民为“本”，不等于以民为“主”。比如，孩子偏食，父母当然不能完全顺着他。所谓“民主”，就是他爱吃啥吃啥，一切由他决定；所谓“民本”，则是为了他的健康，规定他饮食有度、不可偏废。如果完全由孩子自由选择食物，有多少孩子会选择吃炸鸡、薯条、可乐这些垃圾食品呢？食物不能由孩子来“民主”，其他事情更是如此。如果每天的时间安排由孩子来“民主”决定，他很可能整天沉溺于打游戏。

西方的民主制是什么？由“民”作“主”，由人民来做决定，其主要形式就是票决制。如果一人一票的海选，当真可以选出理想的领导者，为什么没有一家企业会这么选总经理？理由很简单，没有一家公司会拿自己的前途来开玩笑。事实上，一人一票选出来的总经理，应该属于人缘比较好的，或者长得比较帅的。可通常来说，人缘那么好，长得那么帅，性格就难有决断力。如果有决断力，就会得罪人，就不会有那么好的人缘。最后，能获得多数选民认可的，通常就是可以当下给选民好处的那些人。所以，台湾每次大选，竞选者总在大开支票、拼命撒钱，因为这样最有效果。不管财政多么困难，撒钱的事却从来没有停过。毕竟，为了获得长久利益，就得牺牲眼前利益。选民在意的，无非就是眼前的得失。至于政府的财政困难，离一般人太遥远了。全世界所有民主国家的严重财政透支，都不是偶然的。一般老百姓，很难把一件事情看得足够清楚，也很难把一件事情看得足够长远。要不就是人云亦云，要不就是被煽动、被操纵，要不就是被政客的表演所打动，哪能了解竞选者的真实品行呢？所谓“选民的眼睛是雪亮的”，若非政客的迎合之语，就是学者的愚痴之言。

# 孝敬父母是报恩

圣诞节前夕，住在城里的儿子去乡下看望年迈的父亲。相聚数日，儿子要走了。那天，父亲送儿子到机场后，伸出手来，紧紧相握，很感激地说："谢谢你回来看我！"

在西方电影里，这样的镜头随处可见，没有人觉得有什么不对劲。但是，对中国人而言，子女探望父母，乃天经地义之事。正因天经地义，父母不可能与子女握手，更不可能感激言谢。假如你过年回家，父母突然伸手致谢，你将作何反应？当然会诚惶诚恐，急急摇头，手足无措。

在中国人的文化基因里，凡事讲究含蓄委婉，最典型的就是戏曲。在越剧《梁祝十八相送》里，祝英台不好意思直接说自己是女生，就一路打比方，连一般观众都看出了这连环暗示，就梁山伯傻傻呆呆的。但是，这戏一经流传下来，老百姓还是看得不亦乐乎。中国人表达情感，习惯于含蓄委婉。越亲近的人，情感表达越弯弯绕绕，有时甚至无声胜有声，讲究心领神会。有一年，台湾一所学校为了让孩子孝顺父母，要求在母亲节那天跟妈妈说"我爱你"。母亲节过后，老师到每个班级进行调查。结果，果真对妈妈说"我爱你"的，每个班级仅有三到五人。这说明，中国人的文化基因强大到了怎么都撼动不了的地步。

有一位海归女博士研究西方心理学，得心应手，经常为人指点迷津。一次，她因一点小事和妈妈发生口角，自己越想越难受，怎么也过不去。于是，她决定运用西方心理学原理，让自己释放一下。她说：“妈妈，您刚才说的话，让我受伤了，现在我心里很难受，我必须说出来。”结果，妈妈惊讶地看着她说：“我就说了这么几句话，你就受伤了，以后你还让我活不活啊！”从此，母女之间谁也不理谁，僵持了一周后，在父亲的调解下，才恢复常态。

从西方心理学的角度看，心中郁闷，无法排解，就该大胆地说出来，这样才能释然，不吐不快。但是，按照中国人的思维方式，父母数落甚至骂孩子，天经地义，孩子听着就行，不应该生气，否则就是不孝顺。解决中国家庭的矛盾，西方心理学显然“水土不服”，还是老祖宗的“土方子”更接地气。

中国人讲孝敬父母，西方人讲尊敬父母。看起来相似，实则是两码事。中国人孝敬父母，有报恩的观念；西方人尊敬父母，没有报恩的观念。西方人认为，上帝造万物，父母扮演着托管的角色，一个孩子成人之后就成为独立的个体了，你是你，我是我。但是，中国人对父母的孝敬，是藏在基因里的。当中国人把孝上升为“孝道”时，那就意味着，孝这件事跟“道”有关。我们之所以要孝敬父母，主要是因为父母对我们有恩。生前要尽孝，死后要祭祀，这是表达心意的一种方式。祭天地、祭祖宗、祭父母，皆是报恩。父母把我们生下来养活大，这便是最大的恩情了。比起自己能活下来，其他创伤都算不了什么。今天我们孝敬父母，就是为了将来不后悔。

孝道，就是对父母之恩的感激与回报。中国文化标举孝道，是因为我们受父母之恩最大，也最深。儒家的孝道，道家的复本，佛家的报恩，皆依于大自然的循环往复之理。譬如一株树，树根供给营养于树叶，树叶便吸收阳光而起了化学作用，把它又输送给树枝，是为根本。因有此报本，树根与树干乃更长大，更可供营养于树叶，而树叶又继续循环报本。这就是孝道，大孝是民族的报本。中华民族这株树，五千年开花，五千年结果，五千年成熟，即是一代一代循环报本得来的。

南怀瑾先生说，西方文化是“丁字架文化”，中国文化才是地地道道的“十字架文化”。什么道理呢？西方文化偏重父母爱子女，而忽略了子女长大后对父母的孝养，只要儿女结婚成家，只管自己和孩子，父母都不太管，缺了“十”字上面那个部分，成了“丁”字。而我们中国人，上自父母、祖父母，一直通到久远老祖宗；下则传至儿子、孙子、曾孙、玄孙，千代万代，生生不息，延续下去；横向到兄弟姐妹亲戚朋友。这就形成一个完整的宗族社会，纵横交错，恰似一个“十字架”。但是，现在的中国社会，也差不多被削成了“丁字架”。大部分上了年纪的人，七老八十，地位钱财不缺，儿女也都受了高等教育，却一个个飞到国外，再也不回来了，独留老两口躺在医院不能动，你看看我，我看看你，彼此抱怨一阵，流泪眼观流泪眼，断肠人对断肠人。

子曰：“父母之年，不可不知也。一则以喜，一则以惧。”父母的年纪，做子女的不能不记得。一方面，为他们得享高寿而欢喜；另一方面，为他们日渐衰老而忧虑。喜与惧同时出现，正是人类情感的特点。孔子三岁丧父，十七岁丧母，却能说出如此体贴的话，可见其感通能力之强。

在《论语》中，宰我和孔子探讨孝的问题。宰我说：“服丧三年，时间太长了。君子三年不讲究礼仪，礼仪必然败坏；三年不演奏音乐，音乐就会荒废。旧谷吃完，新谷登场，钻燧取火的木头轮过了一遍，有一年的时间就可以了。”孔子说：“才一年的时间，你就吃开了大米饭，穿起了锦缎衣，你心安吗？”宰我说：“我心安。”孔子说：“你心安，你就那样去做吧！君子守丧，吃美味不觉得香甜，听音乐不觉得快乐，住在家里不觉得舒服，所以不那样做。如今你既觉得心安，你就那样去做吧！”宰我出去后，孔子说：“宰予真是不仁啊！小孩生下来，到三岁时才能离开父母的怀抱。服丧三年，这是天下通行的丧礼。难道宰予对他的父母没有三年的爱吗？”

三年，不过是一个时间节点而已。当人幼小之时，父母背着抱着至少三年，故有父母去世后守丧三年的说法。在这三年里，时时想起父母的辛苦，心中自然涌起报恩之意。

孔子曰："三年无改于父之道，可谓孝矣。"在社会变迁极慢的环境中，父亲死后三年再改变他的做法，不会引起人事的冲突。这并不是说，永远不违背父亲的意志。而是说，父亲去世后，先按他生前说的办。过了一段时间，再考虑改变他过去的做法。这本是合情合理的，只不过后来被宋儒越讲越迂，有点不近人情了。至于《二十四孝》中的"卧冰求鲤""为母埋儿"等故事，就更过分了。那不是孝，而是迂，甚至是残忍。

《孔子家语》记载，曾参是著名的大孝子。有一回，他在瓜田，不慎斩断苗根，父亲曾皙大怒，当下便执粗棍，将他一棒打昏，曾参"仆地而不知人，久之"。尽管被父亲打得昏迷在地，不省人事。但是，待他醒来，欣然而起，先去问候父亲，有无因打他而疼痛？再退回房间，"援琴而歌，欲令曾皙而闻之，知其体康也"。他故意声音很大地弹琴唱歌，用这样的方式告诉父亲，身体没有大碍，请父亲放心。

这样的曾参，真是无比贴心，孝顺非常。然而，早在当年，对于曾参这孝行，孔子"闻之而怒"；对于曾参这孝子，孔子严词呵斥。当别人传为美谈时，孔子就差说一句："你以后别来上课了，我没这么傻的学生！"其实，孔子的主张是"小杖受，大杖走"。父亲用小棍子打你，你就受；用大棍子打你，你就跑。因为父亲也有喜怒哀乐，一时怒火中烧，难免失去理智。你看见父亲挥舞大棒，马上开溜，而且跑得越快越好。千万不能傻等着挨打，这是愚孝。假如父亲越打越气，把你打坏打伤了，他也会追悔莫及。你若不跑，不是陷父亲于不义之地吗？

有一位朋友的孩子和妈妈拌嘴，妈妈一气之下，扇了他一个耳光。孩子摔倒在地，脸上青紫。次日，奶奶看到孩子脸上青了，问他是怎么回事。孩子说，是他自己不小心摔的。他说了谎，因为怕奶奶担心自己。这孩子与曾参之孝有异曲同工之妙，但比曾参更有智慧。

在《论语》中，子曰："事父母几谏，见志不从，又敬不违，劳而不怨。"服侍父母时，发现父母有什么过错，选择适当的时机劝说。看到自己的意见没有被接受，仍然要恭敬地对待他们，不要抱怨。所谓"几谏"，就是见机行事，选择好关键时间点，抓住合适的时机来劝谏。老人越老，越需要哄。这就是"孝"的弹性。

一位朋友的父亲突然中风，落下后遗症。这位朋友打听到一位好中医，每月带他去看一次。说实话，舟车劳顿，既费力，又费钱。但是，每次看病，老人都要数落一顿儿子，叨念半天，有时说话还挺难听。为此，儿子觉得很委屈。然而，儿子体谅父亲有病，知道他情绪不稳定，所以每次都忍着。在这个过程中，母亲任劳任怨，无微不至，几乎是用哄小孩的口气哄父亲。几个月后，母亲已经习惯了那种哄孩子的口吻，结果，父亲却很不耐烦，经常责骂母亲。有一次，儿子跟父亲提了一句："妈妈照顾您很辛苦，您也不能老骂她呀！"父亲沉默不语。再一次，有客人到家里看望父亲，说："您身体好点没有？"儿子一看机会来了，马上"几谏"："他进步很大了。刚中风时，我妈问话，他连说都不会说，现在不仅会说话，还会骂人呢！"结果，父亲很不好意思，从此便不再骂人了。

两代人之间，难免有观念上的冲突。要想说服对方，不能疾风暴雨，而要春风化雨。有一对年轻夫妻，自从学佛之后，每逢见面，就劝父母吃素，由浅入深，锲而不舍，不断地阐述"吃肉对身体不好""吃肉就是杀生"，甚至连"吃肉要堕地狱"都说出来了。他们的据理力争、雄辩滔滔，终于让父亲哑口无言，而父亲从此看他们的眼神，有了几许畏怯。而母亲却固执地说："那就让我们堕地狱吧！"结果，两代人关系降至"冰点"。

每天跟父母较劲的，又岂止这一对夫妻。多少被父母竭尽所能培养"成才"的读书人，不都是这样吗？他们自以为比父母多读了几本书，多见了几

老树印信

许世面，自以为比父母“正确”，就开始不断地要在家中争夺“话语权”。他们自以为“择善固执”，孜孜不倦地对父母穷追猛打，试图要改造他们的世界观，拯救他们的灵魂。可是，他们哪里知道，这样的自矜自大，这样的“我执”，才是最大的恶魔。他们学了太多的理论，自以为是，却忘记了最基本的伦常，忘记了父母才是家里的那个“天”。谁把“天”捅破了，谁终归还得补上。因为，“天”塌了，家就毁了。

古代有个叫韩伯愈的人，每次犯错，他母亲总是很严厉地教训他，甚至打他。当他长大成人后，每次犯错，母亲还是会一样中气十足地教训他。有一次，母亲教训他时，他突然放声大哭。母亲很惊讶，几十年来打他从未哭过，为什么要哭？韩伯愈说：“从小到大，母亲打我，我都觉得很痛，但是今天母亲打我，我感觉不到痛了，我想是母亲的身体越来越虚弱，我能陪伴母亲的时间越来越短了。”是啊，当大多数人明白这个道理时，父母已经老了，甚至不在人世，成为一个记忆中的名词。

在《论语》中，孔子多次回答关于“孝”的问题，每次都说得不太一样。

子游问孝。子曰：“今之孝者，是谓能养。至于犬马，皆能有养。不敬，何以别乎？”孔子说，现在所谓的孝，是指能够养活父母，养狗养马也是一样。如果少了尊敬，这两者怎么区分呢？让父母吃饱喝足之余，心里还尊敬父母，这才是人与动物的区别。

有位朋友祖籍山东，父亲是全村出了名的孝子。从他记事起，奶奶就过世了，家中只剩下年过六旬的爷爷。尽管缺粮少菜，但全家喝粥吃地瓜，也要给爷爷单做豆面掺玉米面软饼子，那是他童年记忆中最好的饭了。夏天，天气炎热，父亲坐在爷爷炕边，一下一下地摇扇子，直到爷爷睡着。冬天，父亲晚上回家，进屋先去摸摸爷爷的炕是否热着，凉了马上添柴烧炕。早晨鸡叫头遍，父亲又爬起来，再给爷爷炕里点把火，让被窝始终是暖的。

孟懿子问孝，子曰：“无违。”樊迟御，子告之曰：“孟孙问孝于我，我对曰：‘无违。’”樊迟曰：“何谓也？”子曰：“生，事之以礼；死，葬之以礼，祭之以礼。”孟懿子是鲁国大夫，当时势力很大，经常违礼僭礼，孔子因势利导，说孝顺就是不要违背礼制。樊迟为孔子驾车时，孔子对他说了这件事。樊迟不解什么意思，孔子说：“父母活着的时候，依礼的规定来侍奉他们；父母过世后，依礼的规定来安葬他们、祭祀他们。”这说明，孝顺除了心意之外，还包括规范在内。一般人谈孝顺只说要有心意，但是心意的表现还要合乎礼制。

子夏问孝。子曰：“色难。有事，弟子服其劳，有酒食，先生馔，曾是以为孝乎？”孔子说，子女保持和悦的脸色是最难的。父母有事要办时，儿女代劳；有酒菜美食时，让年长的人吃喝，这样算是孝顺吗？孝顺出于子女爱父母之心，自然表现为和颜悦色。俗话说，久病床前无孝子。如果父母生病日久，子女的脸色很难看，这是很普遍也很无奈的事情。所以，没有和悦的脸色就不是真正的孝，这脸色不是装出来的，而是从内心流露出来的。

子曰：“父母在，不远游，游必有方。”孔子说，父母在世时，子女不出远门。如果出远门，就必须告知自己所去的地方。古代交通不便，“游必有方”就是不要“玩消失”，要告诉父母去哪里了，别让父母挂念和担心。

当然，孝道也很容易变成说教。儒家的东西，终究还是要多做少说。说得太多，就容易标榜。一旦标榜，就容易出现礼教杀人的情况，也容易出现一堆虚伪之人。中国人为什么讲究含蓄？因为不说，最真切；说多了，容易假，容易虚伪。所以，中国人连“爱”字都不轻易出口。很多人说一套做一套，标榜自己的孝，反而离孝道越来越远。

现代年轻人，对于孝是多少有点不屑的。这主要是因为宋儒理学太僵硬刻板，把“孝”搞成了“愚孝”，让人心生反感。加之在西式教育中，父母和孩子是平等关系，是朋友关系。这与中国的孝是矛盾的。后来，五四运动打倒“孔家店”，“孝”字也在其列。凡是过度的事情，总是令人反感，这本来符合常理。但是，如果从一个极端走到另一个极端，将孝道统统抛开，视为封建社会的糟粕，又岂不令人痛心？

一位上海老人临终前，在医院里立下一份遗嘱："我的遗产留给女儿一元，其余财产包括房产一套、存款八十万元，全部留给陈女士。"这位陈女士，就是三个月前女儿请来照顾他的保姆。

女儿出生那一天，父亲欣喜若狂，一个人跑到医院的广场上，对着天空拜了又拜，感谢上苍的赐予。他抽完最后一根烟，便把烟给戒了，这一戒就是一辈子。后来遭遇婚姻危机，他放弃所有财产，只提了一个条件："女儿跟我。"女儿半夜发高烧，他抱着女儿去医院途中，心疼得流下泪来。

然而，女儿慢慢长大了，距离他却越来越远。直到有一天，一个陌生人把女儿带走了，然后结婚生子，然后渐渐不见。从一周一个电话，到一个月一个电话，到三个月一个电话；从半个月来看一次，到一个月来一次，到三个月来一次，后来半年也未必能再见一次了。尽管他们相隔只有一个小时的车程，却仿佛隔着千山万水。他慢慢老去，女儿问候的声音越来越冷。终于，他病了，孤独地躺在医院里。他天天盼着女儿出现，望穿秋水，三个月里，女儿只来了两次，然后便匆匆离去。他没有等来女儿的陪伴和照顾，等来的只是一个陌生的保姆。终于，他的生命走到尽头，油尽灯枯，心如死灰。临终之际，感叹五十年不如三个月，感谢女儿帮自己找了一个好保姆。于是，他立下遗嘱："上海房租太贵，爸爸决定把房子留给她，爸爸存款也不多了，你结婚生子耗尽爸爸所有的积蓄，只剩下八十多万养老钱，现在也用不上了，也留给阿姨吧。"

可怜这位父亲，最后都没能看到女儿的背影。父母的家，永远是孩子的家；子女的家，却不是父母的家。孩子是父母的一切，父母却只是孩子的余光一瞥。

马尔克斯在《百年孤独》里写道："父母是隔在我们和死亡之间的帘子。

你和死亡好像隔着什么，没有什么感受，你的父母挡在你们中间，等到你的父母过世了，你才会直面这些东西，不然你看到的死亡是很抽象的，你不知道。亲戚、朋友、邻居、隔代，他们去世对你的压力不是那么直接，父母是隔在你和死亡之间的一道帘子，把你挡了一下，你最亲密的人会影响你的生死观。”

父母在，人生尚有来路；父母去，人生只剩归途。终有一天，一抔黄土将你和父母分隔，你在这头，父母在那头。一个人，无论有多少光环，最重要的身份就是——父母的孩子，这是永远不变的血缘关系。

人人都有父母，人人也终将为人父母。你希望子女如何对待你，你就如何对待父母。孝顺，就是摸熟了父母的性格，然后去承欢；孝顺，就是让父母心安，也让自己心安。

# 活得通透乃长者

老者和长者，是有差别的。在西方，公交车上没有给老人让座的习惯。如果你看到一位白发苍苍的老者，起身让座，对方不仅不会领情，可能还会很不舒服。说白了，就是不愿意承认自己垂垂老矣。

当“老”已成为某些人避之唯恐不及的字眼时，这就意味着，我们身处在一个价值错乱的时代。当大家不以“长者”为尊贵时，这就是一个薄情的时代。

佛经云：“无寿者相。”借此来说“不知老之将至”，或许合适。有种人，很难说得准他究竟多大年纪。外表看来，他白发苍苍，分明早已耆耋。但仔细一看，却又不然。他双眼所及，这个世界好新鲜，处处兴味盎然。他的眼神，清朗明净，又宛如赤子。而其行事，更是神采奕奕，鲜亮照人，那种精神抖擞，可真是有朝气。

但若说他年轻，偏又不像。年轻人难免浮动，容易轻佻，他可是完全没有，也嗅不出半点躁气。他沉稳安然，像高僧入定。风涛迎面时，他只不动如山。这不动，分明是岁月磨砺出来的。而境界现前，他又眼神静定。这静定，更是因为风霜饱历，见得到他年轮满布，像棵苍老寒木。

这种似老非老、非老实老之人，勉强言之“无寿者相”，仿佛是没年纪的。一个人仿佛没有年纪，既年长，又年轻，没有老或不老的问题，甚至没有死或不死的问题。就生理的实然，他当然有老亦有死。但在精神的实然上，他的确可以无老亦无死。《心经》言："无老死，亦无老死尽。"这可比今人读《论语》之鲜活依旧，明明两千多年前的孔子，怎么还宛如今人呢？

西风东渐，现代人怕老，也讳言"老"。怕老，固因物化社会，老人鲜受影响，普遍俭省，消费不多，故而资本主义将之边缘化。怕老，也因这物化世界，既标准又规格，单调无趣到令人窒息，商人藉由不断"推陈出新"，刺激仅有的一点生气。"老"遂一变，变成了陈旧，没有购买力，动辄要被"推陈"掉的。于是，"老"成了负面词，人人避"老"，唯恐不及。

如此畏老，如此竞言年轻，还更因远离了修行。人无修行，老了，也就老了，与草木同朽。人若无修行，老了不会更圆熟丰润，老了不会更笃定安然。于是，逐日衰老，便只能逐日惶恐；而越惶恐，反又更为衰老。这样恶性循环，当然不堪。如此不堪，又焉能不惧？

这时代更多的人，只有老化，无有成熟，年轻一代尤甚。许多年少者，初初才十来岁，精神上却骎骎然迈入衰年。成天被喂食以电子游戏、西方音乐、好莱坞电影，炫目震耳，五色令人目盲，五音令人耳聋，他们都还没发育完全，却早已对这个世界意态阑珊，毫无感兴。他们易倦怠，且百无聊赖，啥都提不起劲。才刚刚十几岁，却早已暮气沉沉，眼前年月，却仍迢迢漫漫，这真让人无话可说！

今人越老越怕、越怕越老，实在窘困；而年轻人未老先衰，更是可哀。但人之将老，本不必如此不堪，反而应该更具风华才是。看看孔子当年吧！那人早已耆耋，却仍意兴扬扬，"发愤忘食，乐以忘忧，不知老之将至"。要老，也该老得这么漂亮！

当年，刘邦年近半百，出差咸阳，适逢秦始皇出巡，他道旁观看，看着看着，不禁喟然叹息，曰："嗟乎！大丈夫当如此也。"数载之后，果然，刘邦打下了汉朝四百年亮煌煌的江山。个中原因，当然很多，但其中有个关键，他是个"长者"。

老树印信

刘邦的“长者”之风，由来甚早。当初他还是个亭长时，一回玩闹，误伤了哥儿们夏侯婴。依当时律法规定，亭长伤人，其罪甚重。因此，夏侯婴为了保护刘邦，宁可作伪证，宁可因翻案复审而坐牢一年有余，又宁可遭鞭笞数百下，都完全在所不惜。从这点看来，刘邦除了是个“无赖”之外，可还是个让兄弟不惜牺牲都要挺身相护的“长者”呢！

到了秦末，天下大乱，沛县老少纷纷揭竿而起。他们杀县令，开城门，迎接刘邦，“欲以为沛令”。拥刘邦为令，一方面因刘邦已然亡命在外，率众百余，算得上略有实力；另一方面，也因多数文吏担心来日事败，秦诛杀其家族，不愿出头，于是一致推让给刘邦。除了这两点外，更紧要的原因，恐怕还是如同东阳少年群推陈婴为长的理由：他是个“长者”。

刘邦起兵之后，加入了项梁阵营，项梁随即又拥戴楚怀王为诸侯军的共主。不久，项梁败死，楚怀王开始调兵遣将，派人向西略地，准备进入关中，一举破秦。谁都知道，挥师关中，乃天下第一等大事。而且，楚怀王还公开约定：“先入定关中者王之。”换句话说，谁先平定了关中，谁就成为京畿所在的秦地之王。因此，雄心盖世的项羽，一方面想拔得头筹，一方面也想报叔父项梁为秦所杀之仇，于是便主动请缨。然而，怀王回绝了项羽，在诸多将领中，却独独挑选了刘邦。那时，楚怀王的理由是：“独沛公素宽大长者，可遣。”

因为是个“长者”，故刘邦受推为沛公。后来，又因为是个“长者”，刘邦才入得了关中，成就日后的汉王。待成为汉王后，又有王陵之母，宁可自刎，也不受项羽要挟。自刎之前，遗言要王陵“谨事汉王”，理由是：“汉王长者也。”

刘邦是“以德服人”的典型。那么，什么是“德”？所谓“道德”，在天为道，在人为德，顺乎天道的，就是有德之人。孔子曰：“天何言哉？”一个人能自自然然，如上天那样大化无形，就是个有德之人。“以德服人”

是不藉由力，也不藉着言语论辩，单单凭着人格特质，让人心悦诚服。最高的一种德，是没有所谓伦理道德的形象，大家却很自然地服他，愿意跟他亲近，愿意为他所用。这种人可能外表粗鲁无礼，看似一堆毛病，可是大家就是服他，就是甘心听他差遣。刘邦就是这样“以德服人”的长者。

在中国，年纪一大，似乎就是个优势。长者，当然是年纪大，但是，又不尽然。中国人看戏看压轴，好戏在后头。人的一生，只要下足功夫，沉得住气，常常越是晚年，就越有光彩。

年纪一大，人的生命慢慢就淬炼出特殊的质地，有点像石墨变成了钻石。在《史记》里，你看那几位老先生，个个气象非凡。譬如姜太公，垂垂老矣，却先辅文王，后佐武王，开启了周朝八百年国运。又如范增，“年七十，素居家，好奇计”，都这把年纪了，他才投靠项氏，成了项羽日后独一无二的大谋臣。若非后来被陈平离间，一直待在项羽底下，那么，刘邦真要扳倒项羽，恐怕还不容易呢。此外，秦末还有个郦食其，在陈留县高阳那个小地方，穿着一袭儒服，想拜谒沛公，闻听沛公不见儒生，这六十多岁的老头，两眼怒瞪，按着剑，对使者厉声呵斥：“走！复入言沛公：吾高阳酒徒也，非儒人也！”

好一个郦老头！当初，他在高阳当里监门吏，职位卑微。可全县上下，却从没人敢使唤他。迨天下兵起，途经高阳的各路英雄，来来往往，络绎不绝。郦老头一个个打量，又一个个摇头。独独沛公，郦食其一眼看出，此人尽管轻慢，可心量气度，却大非寻常。若套句郦老头的话说：“沛公慢而易人，多大略，此真吾所愿从游。”

既要从游，就得求见。结果，郦老头厉声一喝，果然如愿见了沛公。可才入谒，却只看到刘邦踞坐床上，满脸吊儿郎当，正让两名女子洗脚呢！郦老头一看，“长揖不拜”。接着，又正色言道：足下若想成就大事，“诛无道秦”，那么，就“不宜踞见长者”！

你瞧，在怀王口里“宽大长者”的沛公面前，这回，郦老头也自居“长者”呢！当然，郦老头比刘邦大十来岁，但是，这绝非重点。真正的重点，应在于他对刘邦所说的，“吾度足下之智不如吾，勇又不如吾”。这好像是说，比起刘邦，郦老头自认为“智勇双全”。而这，才是他自居“长者”的根本理由。

因此，所谓长者，从来就不只是年纪大，更在于他们身上有年长之人该有的“美德”。这种“美德”，或者如姜太公的高瞻远瞩，或者如范增的深谋远虑，或者如郦食其的智勇双全，或者如刘邦的宽大豁达。

《史记》载，刘邦晚年，一直看惠帝不顺眼。惠帝仁弱，跟刘邦的性格反差太大。一则是刘邦不喜，二则也忧虑将来会挑不起重任。同时，刘邦又宠爱戚夫人，觉得她所生的赵王如意更像自己一些。因此，一直有更换太子的念头。这不仅事关惠帝，还牵涉吕后。毕竟，一旦惠帝被废，将来母子二人恐怕连性命都难保。精明干练如吕后，当然不可能坐以待毙，于是就叫她的兄弟吕泽劫持张良，逼其出计。但张良一听，摇摇头。可是，吕泽逼他非出个点子不可。无奈之下，张良才说：“上有不能致者，天下有四人。”当今天下，有四个皇上搞不定的人，即商山四皓。那四个七八十岁的长者，德高望重，皇上曾想征召他们，却遭到拒绝。因为长者看不惯皇上，“皆以为上慢侮人，故逃匿山中，义不为汉臣”。这事皇上蛮在意的。如果你们“无爱金玉璧帛，令太子为书，卑辞安车”，把商山四皓请来，那就可能有所帮助。后来，吕泽果真请来了商山四皓。

不久，在一次宴会上，刘邦看见太子身旁站着四位长者，须眉皓白，衣冠甚伟，个个相貌非凡。刘邦看了诧异，问四人是谁。听说是商山四皓，刘邦吓了一大跳。这才发现，原来太子羽翼已丰，名望高到连他搞不定的商山四皓都愿意侍立一旁。商山四皓还明白言道：“陛下轻士善骂，臣等义不受辱，故恐而亡匿”。然而，“闻太子为人，仁孝恭敬爱士，天下莫不延颈欲为太子死者”。太子既然羽翼丰满，刘邦这时再行更换，岂不动摇国本、拿大汉江山开玩笑吗？高祖这才发现，大势去矣。所以，指着商山四皓离去的背影，对戚夫人说：“我欲易之，彼四人辅之，羽翼已成，难动矣！”如此看来，吕后就是你的主人，这无法逆转了。喧嚣多时的废立太子，到此，尘埃落定。

所谓长者，其实是一个生命圆熟之后，凭其丰富的阅历，借其深远的智慧，于是淬炼出一种特殊的人格质地。这样的质地，有种特殊的分量，有种慑服的力道，可让人由衷地敬佩，也使人魂魄为之震动。有了这种质地，长者因此有种尊贵，可以服人，可以养人，可以与世人相知相悦。也正因如此，长者可以为长，可以为王，可以齐家治国。

古时，村民之间若有矛盾的话，通常都由宗祠长老出面解决，宗祠长老处理不了，就由当地有名望的长者来处理，再不行，才到官府。所以，古代当官是很清闲的，不会有太多事情处理。因为有一半以上的事情，都在民间解决了，不需要惊动官府，官员常常有时间出游、写诗、访民情，故而造就了白居易、苏轼、欧阳修这样的洒脱文人。

中国人讲究大器晚成，这是有道理的。看看那些春风得意的“神童”，哪个不是少年光芒万丈、中年庸庸碌碌、老年一败涂地？在中国的传统里，少年得志是一件“不祥”之事，因为他沉不住气。一个才子的最大挑战是：如何避免二十岁时是个才子，到了六十岁时依然只是个才子？一个人能否成为长者，远比是不是个才子更重要。一个有心之人，经过岁月的淬炼，透过修行，生命产生某种质变，到了某个年纪之后，生命状态会通透、会浑厚，会让人尊重和佩服。这样的修行，其实远比才情重要。才情仰赖天分，仰赖爆发力；修行重在发心，重在随时领会、随时转化。强调天分与爆发力，更接近于西方精神；至于如何在生命中随时领会、随时转化，最终有所收获，则是中国智慧。

通透的人生，大多是磨出来的。当然，有人像璞玉，越磨越光亮；有人像玻璃，越磨越受伤。长者的一生，是开了好花，又结了好果。他们在年长之后，生命逐渐积淀，于是有种丰厚；他们在年长之后，生命逐渐通透，于是更有种明亮。他们越是年老，就越见风华。正因如此，中国一向是个长寿的民族，中国人也特别懂得敬重长者。

# 功遂身退是智者

人生起起落落，落落起起，难免有落魄不堪之时。事业失败，官场失意，不要紧，至少还有最后一个归宿——回家。

东晋陶渊明最末一次出仕为彭泽县令，八十多天后作《归去来兮辞》，解印辞官，正式开始了归隐生活，直至生命结束。“归去来兮，田园将芜胡不归？既自以心为形役，奚惆怅而独悲？悟已往之不谏，知来者之可追。实迷途其未远，觉今是而昨非。舟遥遥以轻飏，风飘飘而吹衣。”自此，他过着“采菊东篱下，悠然见南山”的田园生活，日日是好日，令多少人羡慕不已。

然而，屈原就没有那么洒脱了。他官场失意之后，并没有解甲归田，而是走上了自绝之路，成为千古绝唱。司马迁在《史记》中写到：“屈原至于江滨，被发行吟泽畔，颜色憔悴，形容枯槁。”这悲怆的离去背影，令人泫然欲泣。

那时，因楚怀王与顷襄王相继听了谗言，屈原忠而被谤、信而见疑，在受疏被迁之后，不论如何心系楚王，又不论多么眷顾楚国，终究，仍得千般苦痛、万般悲凉地离开郢都。于是，在远行的路上，屈原中心摇摇，行迈迟迟。在迢遥的途中，屈原边走边凄怆着：“举世皆浊而我独清，众人皆醉而我独醒。”他越思越想，心中岂止悲痛？因此，他的步伐，渐渐蹒跚；他的身影，更加仓皇。最终，当步伐沉重到再也走不下去之时，屈原“于是怀石，遂自投汨罗以死”。

古往今来，多少人看到屈原那缠绵难解的离去身影，有的惋惜，有的嗟叹，有的伤痛。迫使屈原离开郢都的，当然是那昏君与佞臣。可让他离去之身影如此凄惶的，却只能是他自己。人生的际遇，没人说得准，可一旦离去时，不管怎么样的身影，多多少少，仍可由自己决定。

若论离去的背影，最无挂碍的还是范蠡。功成不居高位，悄然携着美女西施，泛舟江湖，回家过日子去了。

外表看来，范蠡是功遂身退，主动求去，完全不该和屈原相提并论的。然而，范蠡虽貌似主动，实也迫于形势。说白了，他只不过见机于先，化被动为主动，先将勾践一军罢了！正因如此，他才让原是不得不然的离去，反变成最动人的身影。

其实，真要说功成身退，似乎人人皆懂，也人人会说，可实际操作时，却有着千差万别。譬如张良，若论智慧，若论世情的穿透力，又岂在范蠡之下？可他尽管谦让，尽管辞退了三万户的封赏，却依然是个“留侯”。他虽称病少出，可关键时刻，仍依然会帮刘邦一把。淡泊如张良，之所以似退还留，之所以没彻底离去，当然不因为贪功，也非眷恋权位，更不是不了解“功成身退”的道理。若真要说，其实只因他比任何人都还真切地了解刘邦。从另个角度说，也因他没有范蠡那样的不得不然。张良清楚，他若即若离地留着，对刘邦会有帮助，对汉家天下也是件好事。再说，他不担心“狡兔死，走狗烹”，因为刘邦固然会猜忌，可绝不猜忌那完全不该猜忌之人。张良明白，他君臣二人，究竟是怎样的关系。张良也清楚，刘邦这人，不同于勾践。

最了解勾践的，是范蠡。范蠡与勾践深谋二十余年，人生有几个二十余年？透彻如范蠡，焉能不清楚，勾践为人，可与同患，难与处安。君臣一场，该帮的，他已尽力：可帮完后，也该走了。眼看着勾践大事已成，范蠡知道，这君臣之缘，是得结束了。勾践功成日，本他离去时。他并非全无不舍，亦非全然无情，只是形势已容不得他再作多情。这时，若不能斩断多余的情绪，恐怕，他就走不了了。

老实说，范蠡是深知个中凶险，才会走得如此决绝。换言之，他的主动求去，在骨子里，本是不得已的呀！然而，正因深知凶险，也明白形势之不得不然，不自欺，不自瞒，不自我开脱，不给自己借口，更不让自己纠结在自伤自怜那无谓的情绪中。于是，范蠡见机于先，化被动为主动，才使那离去的身影如此天清地阔。

那离去之身影，人人不同，可究竟是天清地阔，抑或是跼天蹐地。个中关键，正在于能否见机于先。说得更简单些，其实也不过是不自欺与不自怜罢了！

司马迁写范蠡，先写他辅佐勾践，计谋全局。等二十余年后，勾践不仅复国，且在徐州大会诸侯，完成霸业，范蠡遂功成身退，从此飘然远扬。这样地幡然转身，古往今来，一直是最动人的身影。迨乘舟浮海之后，范蠡又修书给他的老朋友越大夫文种，起始十二字，“蜚鸟尽，良弓藏；狡兔死，走狗烹”，最是千古名句，也不知让多少后人沉吟再三。接着，信中又对大夫文种明白指出：“越王为人长颈鸟喙，可与共患难，不可与共乐。子何不去？”

见书后，文种“称病不朝”，并没有毅然而去。换言之，他听了范蠡的话，心有所动，却没采纳建议。或许，还在犹豫吧！但并没多久，勾践赐剑，于是文种自杀。

范蠡的厉害，在于其人如天，凡事可不黏不滞，可全无世俗人情的纠缠不清。因不纠缠，故范蠡善于回身转圜，最有能耐在关键时刻啥也不犹豫地抽身而出，那干净利落，简直像什么事也没发生过！当范蠡为“上将军”，勾践也霸业已成，理当享荣华、受富贵之际，他既不志得，也不意满，更不贪不恋，只是心里清清楚楚明明白白，“百花丛中过，片叶不沾身”，他像个无事之人，只自知“大名之下，难以久居”。因此，二话不说，头也不回地，立马走人。

这一走，渡海赴齐，从此，改姓换名，“耕于海畔，苦身戮力”。不多久，非但营生致富，且更贤名远播。齐人闻之，欲聘为相。范蠡只喟然叹道：“居家则致千金，居官则至卿相，此布衣之极也。久受尊名，不祥。”于是，归还相印，尽散其财，再次隐去。

“久受尊名，不祥”，这六个字，最是了得。一方面，这是过来人说过来话。范蠡比谁都清楚，富贵荣华，到底是咋回事。可另一方面，这又是他一向的生命高度。他向来站在天的角度看人观世，于是，所有的成败得失，他都有种异于常人甚至令人凛然的透彻与了然。

现代人讲孔子时，总是强调他的积极入世。事实上，孔子更接近整个中国文化的原形。所谓原形，是指还没有出现诸子百家之前，中国文明还在一个比较完整、比较浑然的状态。孔子是比较接近这种状态的。换言之，我们固然可以在他身上看到很多后来儒家的特质，但也可以在《论语》里面读到很多跟道家相通的地方。对他而言，入世当然重要，但也并非那么地“积极”，那么地“非如此不可”。许多时候，他其实是在两可之间。若用他的话说，就是“无可无不可”。因为“无可无不可”，所以凡事看得开，不容易僵固呆滞；因为“无可无不可”，所以即使遭遇百千劫难，也能度灾解厄，活得安然。

人到了一定的年龄，可怕的不是太傻，而是太聪明。太聪明的人，前半场风光，后半场凄惨。西方人的重心在前半场，而中国人的重心则在后半场，称之曰，“慢慢来”，或者叫“等着瞧”。

第五章

CHAPTER FIVE

# 家 风

# 家风无痕如春风

春风吹过，万物生长。其实，春风并没有做什么，但万物自然就长出来了。

家风就像春风，看似无踪无迹，却又无处不在。一个家庭的历史太短，也许还形不成风。但是，如果把时间拉长，就会形成一股风。家风，也称门风，就是一个家庭长期形成的传统。在家庭里，父母怎么做，孩子看在眼里，自然就跟着怎么做，这是一种潜移默化的影响。任何教育都无法与家庭教育相提并论。家风所及，孩子未必能懂，但年深日久，那股“风”在心中酝酿发酵，等因缘一到，自然会产生能量。

家风，素来是累积之事。打从襁褓起，婴孩就在大人怀里，静听家常，最有人世之安稳。然后，再由大人相继接手，轮流抱着，那人情之温厚、风日之娴静，自然会沁入婴孩的心魂深处。这股风，更真实，也更深切。年龄越大，经历越多，越会发现：说得清楚的东西，其实对你影响都不大；对你影响大的东西，大都说不太清楚。家风，便是如此。

家风是一种熏陶，有时是言教，更多则是无言之教。生命之事，常常是无声胜有声。无言之教，牵涉最本质、最根柢的生命感，这是父母责无旁贷的工作，也是家庭教育无可取代的重点。

中国最好的东西，都是介于有与无、对与错、善与恶、有教与无教之间。在传统家庭里，父亲高高在上，说的话虽少，但对孩子影响很大。父亲教孩子，是处于教与无教之间。父亲如何待人接物，孩子都看在眼里，此乃无言之教。

一位朋友回忆，小时候，父亲写了一张红纸——“天地君亲师”，贴在堂屋上。每天清早起来，父亲点上香，就对着这张条幅拜一拜。父亲这么做，未必有什么直接的教育目的，但如此一来，形成一种潜在的能量，影响了孩子的一生。一颗种子，就这样埋进孩子的心底。

两千多年来，儒家理想中的“齐家”景象，大多在朴实无华的农村家庭里，“满眼儿孙满檐日，饭香时节午鸡啼”。很多一辈子没上过学的父母，生命状态很好，反而熏陶出了很有出息的孩子。

任何一个家庭，核心人物是母亲。母亲是家风的基石，母教对孩子影响最大。与父亲相比，母亲与孩子的联系更具体、更绵密，更像家里的“定海神针”。在中国传统家庭中，母亲是当之无愧的主人，负责柴米油盐、吃喝拉撒，维持家族的人伦之道，因而对后代影响最大。一个家庭兴旺与否，母亲起着决定性作用。母亲含辛茹苦，操持家务，相夫教子，牺牲自我，成就了母德的伟大。天底下最伟大的教师，非母亲莫属。

当下，人人都在讲中国的教育问题有多严重，力主进行各式各样的教育改革。其实，所有的教育改革都是无关痛痒的，因为碰不到要害处。中国教育最重要的事情，不是把北大、清华变成世界一流大学，也不是兴办民间书院、重修国学讲堂，而是恢复母教，让每个母亲扮演教育的主角。中国文明重建的基础，是要有一个个好妻子、好母亲。事实上，中国历史上所有的伟人，绝大多数是妈妈教的。中国最重要的教育场所，从来就不是北大、清华、岳麓书院等，而是千千万万个家庭。中国最有分量的执教者，则是一个个孩子的母亲。有什么样的母亲，就有什么样的孩子。

母教是中国最核心的教育。蒋介石后代的教育问题，也恰恰出在这里。根本说来，宋美龄算是半个美国人，蒋介石那种儒家性格的人遇到这种人，能不能在家庭教育中找到一致的主轴，是个大问题。蒋经国的夫人蒋方良是俄国人，又是异文化，真正要教小孩，肯定有莫名的冲突与矛盾。母教出了问题，导致蒋家第三代统统不成器。正因如此，才促成蒋经国晚年做出关键性的决策：解除党禁、报禁，搞民主化，从而导致台湾今天的困境。这真是一环扣一环。家虽小，影响何其大！

作家莫言曾这样回忆母亲："我最后悔的一件事，就是跟着母亲去卖白菜，有意无意地多算了一位买白菜的老人一毛钱。算完钱我就去了学校。当我放学回家时，看到很少流泪的母亲泪流满面。母亲并没有骂我，只是轻轻地说：'儿子，你让娘丢了脸。'"母亲的眼泪，就是最好的教育。

一位朋友回忆，母亲操劳一辈子，省吃俭用。但是，她对邻里却一向大方，每当青黄不接的时候，她就把自己晾的干菜送给左邻右舍。平日里母亲宁肯自己吃糠咽菜，也要留下一碗地瓜干，以备来家讨饭的人。她经常教育儿女："要可怜穷人，做心眼好的人。"他八岁那年的冬天，在村头碾盘底下玩耍，发现躺着一个要饭的老头儿。于是，他跑回家告诉母亲。母亲立即让他把刚盛好的热粥端给那老头儿，又顺手从锅里拿出两块地瓜嘱咐他一并拿去。母亲的言行，成为他一生的处世坐标。

北宋时期的苏洵、苏轼、苏辙三人，并称"三苏"，皆名列"唐宋八大家"。其中，苏洵是苏轼和苏辙的父亲，苏轼是苏辙的哥哥。一门三父子，都是大文豪。在苏家的家风传承中，苏轼的母亲、苏洵的妻子——程夫人，是一个非常关键的人物。古语道："家有贤妻，如国有良相。"程夫人被称为"苏母"，在历史上与孟母、岳母相并称。古代女子出嫁后常被冠以夫姓，自己的姓氏往往被遗忘。但苏东坡的母亲程夫人却被尊称为"程夫人"，而非"苏夫人"或"苏程氏"。

程家原本是北方大族，因安史之乱而随唐僖宗入蜀，定居眉州青神。程夫人自幼熟读诗书，性情仁慈，知书达理，端庄贤淑。十八岁同苏洵结婚。

老树印信

当时“程氏富而苏氏极贫”，程夫人从巨富之家来到贫寒的苏家，自甘清贫，相夫教子，耕读传家。

在苏轼《记先夫人不残鸟雀》中，记录了程夫人对杀生甚为痛恨，嘱咐家里的小孩、仆人，不能捕捉鸟雀。当时，苏家喂养的一只花猫捕着了一只五彩斑斓的桐花凤，小鸟在猫的利爪下拼命挣扎，发出凄厉的叫声。尽管苏轼兄弟勉力救护，小鸟也未能幸免。当苏轼手捧血淋淋的小鸟不知所措时，伙伴中有人吵着要烤来吃。程夫人见此情景，现场说法：“做人要有仁爱、宽厚的心。”程夫人的话，在苏轼心中烙下深深的印记。

苏家搬进纱縠巷新居不久，便发现前人窖藏的一坛金银。程夫人叫人重新埋好，把土夯得严严实实，并用这件事来教育苏轼说：“君子爱财，取之有道。凡非分之财，一分一文也不能妄取，这是做人的准则。”

对于孩子而言，听大人怎么说，不如看大人怎么做，所谓“目击道存”。看到一个如实的人，比读万卷书更真切，也更有益。旧时很多母亲一辈子没上过学，但其生命状态不见得差，慢慢地熏着熏着，就形成了一股风，且带着一份天然的馨香。

现代人的家庭，父母各忙各的事业，孩子交给了老人或保姆。家不完整了，家风自然也就没有了。有的父母把孩子一股脑推给学校。孩子上哪个学校、遇到哪个老师，对他有没有影响？当然有。但是，如果以一生的长度来看，那些影响都是一时的。学校里学到的知识，很难在他生命里发芽，也很难产生足够影响生命的能量。学到最后，他的人生并不能积蓄什么厚度。实际上，真正影响孩子深远的，是父母的言传身教。教育的本质在家庭，而不在学校。父母别太焦虑孩子上什么样的学校、受什么教育，只要把家里的氛围弄好了，孩子就不会有太大的问题。家里一团和气，比把孩子送到哪里上学更重要。对于人格的养成来讲，学校教育与家庭教育的功能，是无法相提并论的。在所有的教育里面，最重要的是家庭教育。而家庭教育最重要的，就是父母彼此对视的那个眼神。如果父母看对方的眼神是对的，孩子将来就不会有太大问题；如果父母看对方的眼神有问题，再多的教育对孩子都是一种折磨。

一旦家庭教育萎缩，谈教育就必定是缘木求鱼、痴人说梦。当小孩来到学校，已经是“半成品”了。能量再强的老师，也只能在家庭教育的基础上，做些极其有限的增强或修补。有时，学生教得似乎不错，也只不过是沾了家庭教育的光罢了。家庭是主，学校是辅；家长是教育之主力，老师充其量只是个协助者。老师固然不可妄自菲薄，却也不该妄自尊大。如果没有家庭的参与，没有家风的熏陶，孩子在外面所学的一切，最终都是浮光掠影。

家风，是一个家庭兴衰的根本。俗话说：“道德传家，十代以上，耕读传家次之，诗书传家又次之，富贵传家，不过三代。”无论什么时代，父母的言行，影响着整个家庭的风气。上梁不正下梁歪，家风正则人不斜。良好的家风对下一辈有着深远的影响，决定了他们为人处世的态度。孩子出生如白纸，这纸上绘出的所有作品，都出自父母之手。

清代林则徐从为官之日起，就牢记父亲“不妄取一文”的家教，奉行终生。他曾写过一副对联告诫后代：“子孙若如我，留钱做什么？贤而多财，则损其志；子孙不如我，留钱做什么？愚而多财，益增其过。”

林则徐的次子林聪彝，自幼受父亲的教导，饱读诗书，早早便立下经世之志。1839 年，已是秀才的林聪彝因文采出众而备受赞誉。这一年，林则徐被任命为钦差大臣，前往广东查禁鸦片。当消息传回福州时，全城轰动。许多官吏士绅们知道林聪彝是林则徐的二儿子，纷纷上门祝贺，络绎不绝。刚抵达广州的林则徐听闻此事后，生怕聪彝早年得志，恃宠生娇。他立马给夫人郑淑卿写了一封家书，嘱托夫人务必要对儿子严加要求。在信中林则徐说道：“做官不易，做大官更不易。人以吾奉命使粤，方纷纷庆贺。然实则地位益高，生命益危。”林则徐要求夫人：“嘱次儿须千万谨慎，切勿恃有乃父之势，与官府妄相来往，更不可干预地方事务。”林则徐的这封家书一传回家中，林夫人立刻将儿子叫到身边，再三叮嘱。林聪彝深深明白父母的良苦用心，谨遵教诲，刻苦读书。后来，林则徐遣戍新疆，聪彝陪伴在侧，经常与父亲商讨塞上屯田、水利等事。林则徐病逝后，三年服阙期满，林聪彝应召入京，被赐举人，赴浙江为官。他继承父亲遗志，开垦备荒、平反冤案，督修海塘，政绩显著。

曾国藩是晚清名臣，他的家书、家训、家风代代相传，成为后世的范本。他在写给弟弟曾国荃的信中曾说："昔年林文忠公有三个儿子，分家时各人仅得钱六千串。林公身膺督抚要职二十余年，其家底清寒如此，高风劲节，实不可及。吾辈当以为法！"曾国藩将林则徐的清廉家风立为榜样，让兄弟们学习效法。对于不给子孙积存钱财的观点，曾国藩在信中说："盖儿子若贤，则不靠宦囊，亦能自觅衣饭；儿子若不肖，则多积一钱，渠将多造一孽，后来淫佚作恶，必且大玷家声。故立定此志，绝不肯以做官发财，绝不肯留银钱与后人。"他在给弟弟的一封信中说："吾不欲多寄银物至家，总恐老辈失之奢，后辈失之骄。未有钱多而子弟不骄者。吾兄弟欲为先人留遗泽，为后人惜余福，除却勤俭二字，别无做法。"

中国有句古话："富不过三代。"家风不正，祸患不远。贪恋财富，炫耀财富，是家族的慢性毒药。现代社会，父母极尽呵护儿女，动辄言爱，实则只是惯纵宠溺。他们竟言教育，夸口不让孩子输在起跑线上，其实也在荼毒下一代，斫尽灵性与悟性。更可叹者，孩子成长在这物化时代，生活看似丰饶，实则贫瘠。成人世界穷到只剩下钱，生活周遭，日益干枯，日益无趣。更令人汗颜的是，孩子的价值混乱，是非不清，根本不明白"福报终有享尽时"的道理。一个人从小捧着金饭碗长大，每天游手好闲，坐吃山空，人家觊觎你的财富，自己又没本事守得住，一旦福报耗尽，必然倾家荡产，这难道不是家族的最大悲剧？

家风，说一千道一万，核心是积德累善。正家风，才是发家强族之道。

# 家运兴旺贵在仁

在《论语》中，弟子们每回问“仁”，孔子都没有个“标准答案”。他气定神闲，悠悠缓缓，权且一说。然后，让弟子们各自领会。

仁，形象地说，就是果仁的“仁”，意为核心、本质。一个人心中有“仁”，就能对别人、对世界，都有着一份活泼泼的真心好意。有了这活泼泼的真心好意，就能与人相感、与人相通。仁，就是《易经》所说的“感而遂通”。

世人总认为，自己对于他人、对于世界确实是“真心”地抱着“好意”。但是，若认真追究，这“好意”，未必全真；这“真心”，也多有折扣。譬如，虽说你待人热心，但在若有似无间，却多少心存利害得失；你很在意自己有多大的热诚，却不愿意承认自己是否有些盘算与计较。你可能以慈悲自居，也自认为真诚，然而，一旦这慈悲“落空”，没获得“预期”的响应，会不会转慈为嗔、化悲为恨？尽管自认为真诚，但如果未得善果，反倒多有挫折、屡遭横逆，会不会有些抱怨？会不会自觉委屈？

当你与朋友相交、与亲人相处，一旦有了争执，有了冲突，有了不愉快、不舒服，难免会心生怨恨，顿觉委屈，甚至会将自己昔日种种的“好”，譬如好心好意、温言婉语、待他不薄，一幕幕地重映眼帘。同样地，更会将对方当下种种的“恶”，譬如恶言恶语、恶行恶状、忘恩负义，一幕幕地反复回放。这两种画面，交错重叠，不断地在心头翻搅。这两者的反差，更让人心生愤懑，心有未平。

遇挫折、遭横逆，能完全不抱怨者，鲜矣；不觉委屈者，亦鲜矣。因为，你早先的“好意”，隐隐约约，都带着些条件；你的“真心”，也原有着折扣。换言之，所谓对人的“真心的好意”，其实都有点“抽象”，都不太彻底，都是佛所说的“有漏有余”。事实上，人人通常都很在意自己的付出，也很在意自己的辛劳，会被自己的“真心”与“好意”所执。因此，与人有隔，难以相通。这与“感而遂通”的“仁”，都还有些距离。

孔子曾说“回也，其心三月不违仁”，颜回可以做到整整三个月的时间与“仁”零距离。颜回曾说过：“愿无伐善，无施劳。”用这个“愿”字，只因他谦逊。证诸事实，“无伐善，无施劳”，他是做得到的。颜回明白，再真心的善意，过了就过了；再艰苦的劳动，做了就做了。于是，颜回的世界，干干净净，清清爽爽，格外有一份天清地宁。颜回那“真心的好意”，既无漏、亦无余，可谓“仁”矣！

仁，不仅是个人修养的境界，也是家族兴旺的基因。仁，有爱、慈、善等意思，但又不限于此。通常来说，仁就是做人要有好心、对人要有善意，体人所苦，知人所难，推己及人，把人当人。

长篇小说《白鹿原》以陕西关中平原上素有“仁义村”之称的白鹿村为背景，反映了白姓和鹿姓两大家族祖孙三代的恩怨纷争。其实，这也是一个关于家风的故事。白嘉轩是白鹿原最后一位族长，他信奉着白家木匣子里的祖训，不卑不亢，宽厚仁义，一生挺直腰板做人，始终坚守正义，不问世事沉浮。鹿子霖是一个与白家争权夺势一辈子的人，他投机取巧，追名逐利，利欲熏心，甚至在白家困难时落井下石。鹿家辈辈奸猾，白家代代仁厚。鹿子霖本可以避免悲剧，但是他受贪图功利的家风影响，追求权势，行为不端，满心算计，最后凄凉的结局，就是多行不义的必然结果。家风不同，家族的命运也不同。

晋商闻名天下，盖因一个“仁”字。清朝光绪三年，山西遭遇了百年罕见的大旱灾，多地颗粒无收，灾荒持续了三年，饿殍遍地。发生如此严重的灾情，商人自然也不可幸免。在众多的晋商家族中，常氏家族损失尤为惨重。当时，常家的主要生意是茶叶贸易，把茶叶从江南产茶区运往中俄边境。大灾之年粮食绝收，连人都要以树皮、草根果腹，自然也就养不起运输货物的牲畜了。为此，常家省吃俭用，缩减开销。但令人不解的是，常氏家族在这个紧要关头对外宣称，拿出三万两银子在家族祠堂中修建戏台。其实，这不是摆阔气，而是以修戏台为借口，给本村和邻村的乡亲们变相赈灾。也就是说，常氏家族要盖房，要乡亲们帮忙，只要能搬动一块砖头，就给饭吃。赈灾，也不落一个施舍的名。他们把自己的善举，用修造戏台这样的借口掩盖起来。而掩盖乐善好施的目的，是要让那些乡亲们能有自尊地咽下一餐一饭。大灾持续了三年，常家的土木工程也持续了三年。这就是中国人崇尚的“仁”。心存善念，却从不标榜。

仁，不仅可以积德致福，还可以结缘免祸。南宋时期，京城有一家布匹店，主人姓马，家风仁厚，每天不管是赚钱还是亏本，都要拿出一千钱来施舍穷人，称之为“顺钱”，受惠最多的就是当地的丐帮。有一天，京城大火，其他人家都烧得精光，但是马家的布匹绸缎、床榻蚊帐、锅碗瓢盆一样都没受损失，为什么呢？因为大火刚起的时候，丐帮首领一声令下，一百多名乞丐纷纷参加救火，只救马家一家。救了人，救了财，但房子没了。于是，丐帮找木头、运砖瓦，很快就盖好了房子，店铺重新开张。于是，马家将“顺钱”从每天一千钱涨到了每天两千钱。

仁，是一个家族强大的灵魂。北宋名臣范仲淹的家风中有两个字：行善。他曾花费巨资购置良田，但不是用来圈地致富，而是拿佃租接济贫寒不能自立的老百姓。一直到清朝雍正年间，范氏家族的后人还在不断注入资产，形成了一条横跨了数百年的慈善事业。

一次，范仲淹命其次子范纯仁用船往苏州运送五百斛小麦，以周济族人。途经丹阳，范纯仁听到附近的船上传来哭声，便靠船前去探问究竟。原来，这是诗人石曼卿护送亲人灵柩回乡安葬的船只。石曼卿是范仲淹好友，又是著名的清官廉吏，家道贫寒，其船至中途，钱尽粮绝，进退不能，故此伤感。范纯仁对石曼卿十分同情，决定将五百斛小麦连同船只一起送给他，自己徒步返回。到家后，范纯仁将路遇石曼卿之事告诉了父亲。范仲淹马上说："你为什么不把五百斛麦子给他？"范纯仁答道："我已经把麦子送给了他。"范仲淹又说："你应该把船也给他。"范纯仁又答道："我正是把船也给了他，才徒步返回的。"范仲淹大喜："这就对了，不愧是我的儿子！"

南宋时期，兵荒马乱，烽火连天。无数田地、房屋被占用，范氏家族的"义田"所剩无几。但是，范仲淹的五世孙范良器、范之柔兄弟毫不犹豫地将私产全部捐献出来，使"义田"恢复如初。到了明朝，"义田"再次遭到破坏，当时的清官苏州知府钟况得悉后，立即投入人力物力资助，再加上范氏后人的鼎力支持，重新撑起了这项慈善事业。

当年，范仲淹在家族中播下一颗"仁"的种子，子孙后代不断地施肥灌溉，等到种子长成一棵参天大树，就变成了护卫整个家族的"保护伞"。孟子曰："君子之泽，五世而斩。"但是，一个八百年兴盛不衰的范氏家族，却用一个"仁"字打破了这个定律。

# 侠肝义胆走四方

在中国传统文化中，儒家保存在官方，墨家保留在民间。春秋战国之前，天下人“不归杨朱即归墨”。杨朱是利己主义的代表，墨子是利他主义的代表。墨家的核心，就是侠义精神，天下人管天下事，把彼此的差别降到最低。侠客没有私人财产，出门不带钱，称兄道弟走码头，走到哪里，都有朋友，管吃管喝。侠和黑道在本质上很接近，就是不分你我。走得好就是侠道，走不好就是黑道。

儒家讲究亲疏远近，推己及人；墨家讲究不分你我，天下一家。二者相辅相成，构成了中国人的文化基因。如果过度强调亲疏远近，就容易有小家子气；如果过分强调不分彼此，就容易有江湖气。儒墨两家一显一隐，一阴一阳，彼此平衡，不可或缺。

一位朋友到偏远山区做乡村调查，从来没有挨过饿。因为无论走到哪里，只要看见一家农户，推门即入。坐下来，先说讨一碗水喝。主人一定会问：“饿了吗？留下吃饭吧。”这时，客人就随顺地说：“好吧。”

这就是中国几千年的淳朴民风。客人不好意思讨饭，就先讨一碗水。主人立刻就会想到，客人可能饿了，于是再给端一碗饭，而且是家里最好的饭菜，甚至连自己都舍不得吃。民间的侠义精神，由此可见一斑。

中国人在外吃饭，总是抢着买单。这个永不落幕的“老戏码”，就是墨家传统。推来搡去，搡去推来，没抢到付钱的人很难受，总想着回请一次，否则面子挂不住，心里仿佛欠了份人情。等下一次请客，菜品必须加码，比上次更体面。于是，一来一往，没完没了。虽然刚开始还有几分客套和虚情，但慢慢地就弄假成真了。当轮了一圈又一圈之后，彼此都想不起互相请了几回，就算有交情了。再后来，谁请都一样，没人想着回请了，就是彼此把对方当成自己人了。最后，有人开始嫌对方点菜点得不好吃了，就是完全融为一体了。这和西方流行的 AA 制大不相同，西方人界限分明，各吃各的，清清爽爽。但是，吃完就散，互不相欠，反而没有让友情延续下去的动力了。

侠的民间传统有正反两面。若说反面，就变成了所谓的“黑道”。可即便是黑道中人，也要有让人敬佩的人格特质，不然，又怎么能服众？司马迁《史记》里专门有《游侠列传》，记述了汉代著名侠士的义举，肯定了“布衣之侠”“闾巷之侠”，赞扬了他们的高风亮节。“今游侠，其行虽不轨于正义，然其言必信，其行必果，已诺必诚，不爱其躯，赴士之阨困。既已存亡生死矣，而不矜其能，羞伐其德，盖亦有足多者焉。”但是，后代读书人多半不屑这些侠客，可在司马迁眼里，他们的是非善恶固然可以争议，可每个人都有其动人之处与光芒所在。这就是司马迁阅人观世的高度。

侠客朱家是鲁国人，和刘邦身处同一个时代。朱家帮助的豪杰有数百人之多，侠客帮助的普通人更是不计其数，最出名的就是救助了季布。但是，朱家始终不夸耀自己的付出，不自矜对别人的恩惠。相反，朱家最怕的就是碰到自己帮助过的人。朱家首先从最贫困的人开始帮助，自己却过得十分清苦，出入乘坐牛车，吃饭的时候只吃一个菜，穿的衣服破破烂烂，但他帮人不求回报。

另一位侠客郭解经常施恩于人，并不指望他们报答自己。搭救了别人的性命，也不夸赞自己的功劳。有一次，郭解姐姐的儿子和人饮酒发生了冲突，因为强行灌人家酒而被人用刀刺杀。但是，郭解并没有出面替侄子报仇，这让郭解的姐姐十分生气，他把儿子的尸体放在街头，并说要看看郭解怎么办。凶手知道自己躲不了，便主动找到郭解说明情况。郭解说不用害怕，这件事情本身就是侄子没有道理，随后安葬了侄子，并没有对凶手采取任何行动。于是，依附在他身边的能人就越来越多了。郭解给人做什么事，如果能办成，就一定会办成。就算做不成，他也会妥善处理这件事，让各方都满意之后，才去接受别人的宴请。因此，郭解家经常门庭若市，就算是到了晚上，还有很多车等在他家门口。

什么是侠呢？侠者，于无公道处主持公道，在没有希望处扶危济困，在无能为力时挺身而出，在人心不古时秉持信义，在伪善盛行时我行我素。

据史料记载，民国时期流行一句话——“我的朋友胡适之”。因为胡适仗义疏财，颇有侠义之气，被称为“世间真君子”。1919 年，林语堂在美国哈佛大学留学期间，经费用尽，生活断炊，于是求助于北大胡适。“能否由尊兄作保他人借贷 1000 美元，待我学成归国偿还。”不久，林语堂就收到了胡适的汇款。胡适说：“这是工资预支款，君归国后，一定要回北京大学工作。”哈佛毕业后，林语堂又赴莱比锡大学读博士。他电报胡适：“再向学校预支 1000 美元。”后学成回国，林语堂如约到北大任教。他找到校长蒋梦麟，万分感谢。蒋校长感到意外：“哪两千块钱？”林语堂这才知道，学校根本没出过这笔资助，那都是胡适个人的钱。还有一年，学者陈之藩寄支票感谢胡适，因为他留学美国时受过胡适 400 美元的资助。胡适回信说：“我借出的钱，从来不盼望收回，因为我知道我借出的钱总是一本万利，永远有利息在人间。”

民间评价一个人值不值得交往，总是用是否仗义作标准。即便是黑道人物，真上了档次，也讲究个“盗亦有道”。近代上海青帮头目杜月笙自幼失学，但他最爱看的书是《水浒》《三国演义》，从这两部书中获得了人生经验。他懂得，一个郓城小吏宋江，靠的是仗义疏财，才受到众人爱戴，坐上梁山头把交椅。杜月笙一生好客大方，钱来得很多，花得也痛快，左手进，右手出。他常对人说："钱财用得完，交情吃不光，所以别人存钱，我存交情。"

1950年秋，杜月笙准备从香港前往法国定居，正在商量申请护照一事时，追随他多年的名伶孟小冬说："我跟着去，算使唤丫头呢？还是算女朋友呢？"这是一个相当严重的问题。此刻，杜月笙如梦方醒，他随即当众宣布："申请护照的事放一放再说，现在最要紧的是，先尽快和阿冬把婚事办了。"随即，63岁的杜月笙坐在轮椅上，和43岁的新娘孟小冬举行了婚礼。自此，梨园名角孟小冬成为杜月笙的第五房太太。尽管这段婚姻饱受诟病，但杜月笙的侠气，历来为民间所称道。

杜月笙晚年在香港度过。弥留之际，全部遗产只剩下十万美金，他却将别人给他打的巨额借款条，当着大女儿杜美如的面一张张撕掉。杜月笙说："我不想让你们在我走后去打官司，我没有给你们留下什么财产。好在你们都已长大成人，以后要靠你们自己去养活自己。"

2018年10月，一代武侠文学宗师金庸逝世，这一消息令无数人痛彻心扉。在中国人的眼里，他是"侠之大者，为国为民"的代表。他的武侠小说，笑傲江湖，荡气回肠，滋养了几代人，被誉为"成年人的童话"。他的粉丝跨越了年龄和性别的界限，范围之广，无人能比。

为什么中国人那么喜欢武侠？因为义是中国侠士之魂，也是武侠小说之魂。在《飞狐外传》中，赵半山说："咱们学武的，功夫自然有高有下，但只要心地光明磊落，行事无愧于天地，那么功夫高的固然好，武艺低也是一般受人敬重。"侠客所追寻的是内心的终极正义，听命的是内心最本真的良善。真正的大侠，不在于武功高深，而在于舍己为人。

金庸认为，中国人向来喜欢重视义气的人物。在历史上，关羽的品格、才能与诸葛亮相差极远，然而在民间，关羽是到处受人膜拜的"正神""大帝"，诸葛亮不过是个十分聪明的人物而已，因为在《三国演义》中，关羽是义气的象征，而诸葛亮只是智慧的象征。中国人认为，义气比智慧重要得多。

正因为有一股侠气，中国人是最好相处的。中国人生于现实而直通于天，故现实而不执着。不执着，是因为晓得，人事之外尚有天道，所以凡事大大咧咧，马马虎虎。人有九算，天有一除，吃亏就是占便宜。对于物质上的利益，既可以争，也可以不争，不会非要争个你死我活。再好的东西，生不带来，死不带走。谁喜欢谁拿走，得饶人处且饶人。中国人于物看得开，于情也看得开。看物不计得失，看情似真似假。极真的情，却说得亦真亦假。中国人少有感极而泣者，但感情却比西方人更长久。

儒家强调位序，强调分别；墨家讲究兼爱，强调不分。自汉武帝之后，墨家文化就由显学变成了隐学。自此，墨家就隐到了民间。民间继承了墨家的传统，老百姓骨子里面就有了侠义精神。比如，《水浒传》里的梁山好汉，《三国演义》里的桃园三结义，可谓家喻户晓。

儒家和墨家，本质上是互补关系，不是对立关系。无论治家还是治国，该用儒家用儒家，该用墨家用墨家，不可落于一端。如果只用儒家，等级森严，上下尊卑，则毫无生气；如果只用墨家，没上没下，界限不清，则一团混乱。儒家强调各正其位，有分别，讲规矩。墨家强调大公无私，兼济天下，把别人的事当成自己的事。

革命战争时期，中国共产党提出“打土豪，分田地”的口号，这句话与中国人“均贫富”“耕者有其田”的理想是一致的，因此一呼百应，天下归心。马克思提出的共产主义理想，因为契合了中国人骨子里的文化基因，故能在中国这片土地上大获成功。中华民族历来讲求“四海之内皆兄弟也”，主张协和万邦、天下大同，憧憬“大道之行，天下为公”的美好世界。今天，中国共产党提出，世界各国人民应该秉持“天下一家”的理念，张开怀抱，彼此理解，求同存异，共同为构建人类命运共同体而努力。无论是中华民族共同体，还是人类命运共同体，都包含着中国文化的基因。

# 宁去食而不失信

某年，山西省话剧院创作了一部历史话剧《立秋》，进京演出，场场爆满，轰动一时。

民国初年，国运衰微，晋商丰德票号资不抵债，濒临破产。总经理马洪翰面对客户挤兑，一筹莫展。母亲在辞世前对儿子说："咱晋商纤毫必偿，诚信为本，宁可人欠我，不可我欠人，娘把祖宗家底拿出来，帮你渡过难关！"结果，打开金库，里面藏着六十万两黄金，这是马家十三代攒下的家底！母亲说："拉到总号去，折成白银拨给全国各分号钱庄。丰德的声誉保住了……"说完，老太太便坐在椅子上咽气了。

丰德票号总经理马洪翰的原型，是平遥日昇昌票号的老板毛鸿翙。日昇昌是山西第一家票号，成立于清代道光初年。在后来的一百年间，山西票号一直"执中国金融之牛耳"。票号做生意，关键就是一个"信"字，"以义制利"是晋商的基本准则。"仁中取利真君子，义内求财大丈夫"。晋商讲诚信，在当时是很出名的，而且承担的是无限责任。票号对顾客必须做到言而有信，即使损失再大，甚至破产，也在所不惜。"宁叫赔折腰，不让客吃亏"。从日昇昌开始，所有票号都确立了一个原则，只要储户手拿汇票，不管何时何地，都必须无条件兑换。当时，所有票号都供奉关公。在票商心目中，这位"关圣帝君"就是诚信的化身。

光绪年间，日昇昌来了一个衣衫褴褛的老妇人，要求兑现一笔汇款。伙计接过汇票一看，大吃一惊：这是一张填发于同治七年、由张家口分号开出的巨额汇票，汇款数额为一万两千两白银。而这名前来提款的老妇人，是一个在平遥城街边行乞多年的老寡妇。她怎么可能有如此巨额的汇款？而且，这汇票是一张三十年前填发的旧票，真伪难辨。票号不敢怠慢，连忙调出往年账簿，仔细核对，最后确认汇票是真的。原来，老妇人的丈夫以前在张家口做皮货生意，同治七年准备回平遥，便将做生意攒下来的银子通过日昇昌张家口分号汇回老家，不想半途暴病身亡，连遗嘱都未能留下。老妇人一直都不知道丈夫有一笔汇款存于票号，家道从此衰落，最后沦为乞丐。直到她在整理丈夫遗物时，才在一件破棉袄中找到这张三十年前的汇票，便来碰碰运气。票号核实了汇票之后，立即连本带利将银子兑现给老妇人。

晚清庚子事变期间，北京的山西票号遭受乱民洗劫，连账簿都被付之一炬。没有账簿，票号便无法核算存款数目，也难以核对储户资料。但山西票号还是决定：只要储户持存折到票号，便可立即兑现存款，不用核实账目余欠，也不管银两数目多少。为此，山西票号界中流传一个说法："万两银子一句话。"

票号的信誉，是一个家族几代人积累而来的。他们深知，信誉连着财路，信誉没了，财路也就断了。在晋商的经营历史上，有许多孙子替爷爷清账、儿子为父亲还债的故事。有一家山西票号在倒闭之后，依然有几张银票找不到债主。然而，票号的子孙，四处寻找银票的主人，终于在江南某地找到了债主的后代，把本息还清之后，才算了了一桩心事。

陕西省榆林市靖边县王渠则镇王渠则村村民姬春梅，高中毕业后，因家境窘迫，早早嫁人成家。结婚后，丈夫在外面做点小生意，她操持家务。谁承想，婆婆患了重病，卧床长达八年之久。婆婆去世后不久，丈夫又因患胃癌去世，只留下了二十多万元的外债。在那段时间里，要债的人几乎踏破了姬春梅的门坎。她承诺，一定会想办法偿还债务。村里人劝她："你们孤儿寡母以后的日子都不好过，还什么账？”有的人连欠条都没有，光凭嘴上说你丈夫欠下了钱，可信吗？”姬春梅说：“我爱人生前就没骗过人，所以才会有这么多人肯借钱给他，甚至连借条都没写。我不能把他的信誉毁在我手里。”

姬春梅将所有债务罗列在一张单子上，借谁的钱，借了多少，还了多少，还剩多少，清清楚楚。她平日里省吃俭用，只要手头有点钱，就赶紧还债。对于当初没有借条的债主，姬春梅还专门补写了借条，以消除债主们的顾虑。“人家凭良心要钱，我凭良心还钱，有条据的我承担，没有条据的我也承担。农村人借钱欠账全凭口头信义，我不能背信弃义。”姬春梅说。

此后，她一有钱马上会主动联系债主还钱，上门追债的人越来越少了。有些债主碰见姬春梅，还会主动告诉她：“你们孤儿寡母的也挺不容易，我的钱不急用，等你把其他人的钱都还了，有钱再还给我也行。”七年之后，姬春梅终于还清了丈夫欠下的大部分欠款，但是，她却查出肠癌。

那些年，姬春梅对着“账单”，不知翻看了多少回，惆怅了多少回，哭了多少回，硬是咬着牙坚持了下来。“我现在不能劳动了，但我还有儿女。大账还得差不多了，剩下的小账也不能说不还，我还不了，让儿女还。”

哪怕砸锅卖铁、卖房卖地，也不能赖账欠款、失去信誉，这就是中国人最看重的信。

孔子多次讲到“信”。子曰：“人而无信，不知其可也。大车无輗，小车无軏，其何以行之哉？”一个“信”字，奠定了中国家庭的基石。有信则立，无信则衰。

信，一则是诚信，一则是信仰。守信，既要守小信，更要守大信。

在《论语》中，子贡问政。子曰：“足食，足兵，民信之矣。”子贡曰：“必不得已而去，于斯三者何先？”曰：“去兵。”子贡曰：“必不得已而去，于斯二者何先？”曰：“去食。自古皆有死，民无信不立。”孔子认为，必不得已，则可先去兵；若再万万不得已，只能去食；无论如何，民之大信，断不可去。

孔子的意思是，自古以来，人终有一死。假使人活着没有一个“信”字，是立不起来的，活着也是白活。

在中国历史上，眼下这个时代是距离吃不饱状态最遥远的时间段。放眼中国，吃不饱饭的人已经不多了，尤其是这些年扶贫力度如此之大。反过来说，眼下吃得挺饱的人还算蛮多的，而吃太饱的人则是一点都不算少。可恰恰也是这个可以吃得饱甚至吃得太饱的时代，有些人活不下去了。他们衣食无忧，可就是想不开，得了抑郁症。

这些得抑郁症的人，很少有人是吃不饱饭的，他们多半日子还算优裕。可是，心里面就是不踏实，感觉是飘着的。你很少看见一个干苦力、成日为了三餐奔波的人，会得抑郁症。反而常常是某些人明明日子过得还不错、吃得挺饱，生命的能量却逐渐消失，乃至消失到慢慢飘了起来，最后，就活不下去了。除了这种“飘”之外，还有另外一个更常用的字眼，名曰“浮”。这几年，最常见的一个词叫“浮躁”。而“浮”也好，“飘”也罢，总之，是心里不踏实，是心头没有一个东西可以让自己觉得牢靠。

心头没个东西牢靠，说得更白些，就是他们没有所谓的信仰。孔子讲“民无信不立”，强调的便是“信仰”最根本的价值，“自古皆有死，民无信不立”，为政首务，正在于把这个“信”字给立起来。在最极端的时代里，倘使万万不得已，某些人得饿死，也只能如此。可只要那个“信”字立得住，将来，还是能世世代代延续下去的。

没有“信”，即使丰衣足食，即使物质富裕，人难免都会有种说不出的难受；难受到某种程度，甚至会失去生存的勇气。这正是当今世界最大的困境。从这个角度看，孔子所说的“民无信不立”，不仅有其惊人的洞见，更有种跨越时代的穿透力。

全世界所有的文明，必然都要面对这个问题，毕竟，人自从脱离动物状态，成为有灵性的生命之后，就需要信仰的精神支撑。全世界大部分的文明系统，信仰都建立在宗教的基础上。可中国的文化不一样，中国文化的宗教感相对淡薄。不论是西方式的一神信仰，抑或是印度式的六道轮回，在中国人看来，都挺好，某种程度上，也都可以接受。即便不能接受，至少，中国人也不反感。中国人之所以对人类共有的困惑与焦虑如此淡然，是因为有一套思维可以解决这个问题。中国人透过丧礼和祭祀，让在世的人清楚人死之后并不会真正化为乌有，而是可以有着无穷无尽的延续和回荡，借此，平息掉对于死后的焦虑与不安。

自古以来，中国民间就有许多毕生没上过学、没念过书，依然可以踏实过日子的寻常百姓。他们的踏实，正源于中华民族那几千年不坠的大信。有此大信，他们的生命就有现代人难以企及的安宁与强大。换句话说，中华民族几千年屡经战乱，也屡经饥荒，但有此大信，一代代的中国人就能安稳踏实，历劫常新。孔子之所以说得如此严肃，甚至貌似不近人情，正因为这是最关键的大问题。

信，有那么重要吗？坦白地说，孔子这种观点，在两千五百年前，不合时宜；在现代，更不合时宜。现代有哪个政客、哪个学者，会是孔子这种讲法？别说讲，他们是连想都不可能会想。若真听到了孔子这种“论调”，他们要么置若罔闻，要么嗤之以鼻，或者干脆极有风度地说：“哎呀！都什么时代了？”

是啊，都什么时代了？这个时代，或者说近半个多世纪以来，一直是所谓美国文化的时代。海峡两岸多少知识分子，好长一段时间，都向往着太平洋彼岸那富裕强大的国度，引为凡事效法学习之模范。

美国，当然是现今世界第一强国，兵威所至，无人能及。美国兵力之煊赫，非防卫之所需，亦非世界警察之所用，穷兵黩武，只为掠夺财富而已。

史上曾有各种帝国，进行过各样的掠夺。但如美国这般彻底、这样全面的，却是从未曾有。美国早已不是“足兵”，而是“滥兵”；美国也早已不是“足食”，而是“滥食”。这个“滥食”的国度，当然是世界第一富国，其穷奢，其极欲，皆非任何国家可望其项背。美国人的“滥食”，一方面食量极大，另一方面极其粗恶，故造就了史上最肥胖的国度。他们吃食之泛滥，吃食之毫无节制，不仅吃出了数量骇人的肥胖人口，也吃出了第三世界之饿殍，更吃出了全球多物种之灭绝。即使如此，他们还在想办法通过转基因技术提高食物产量。这些研发，美其名曰解决饥饿问题，其实只为强化农牧产品的贸易竞争力，进一步推行他们的经济掠夺，以确保他们可以继续穷奢极欲，可以更无节制地“滥食”下去。于是，地球这边，四处减肥，成日测算卡路里；地球那边，贫困无援，遍地皆有冻死骨。

美国的“滥食”，虽说可恶，但也可怜。众所皆知，一个人像“强迫症”似地吃食，多半是内心极度空虚，有着严重的精神饥渴。同样地，今日美国之“滥食”，也正因为，这国家的灵魂深处，空虚苍白，百无聊赖，确实有着极深的信仰欠缺。他们欠缺什么？说白了，一个字，“信”，那不合时宜的孔子最耿耿于怀的那个“信”字。

美国没有人世的大信。财团与政客紧紧绾合，为了经济利益，可以倾全国之力，无所不用其极，对全球软硬兼施，强夺豪取。美国华尔街汇集全国精英，以营销为名，行诈欺之实，每天尔虞我诈、机关算尽，建立了资本主义的“天堂”。这些游戏金钱的全美精英，营销出华尔街的光芒万丈，也诈欺出金融海啸、贸易摩擦、美国优先、世界警察等全球灾厄。

于是，这个资本主义“天堂”，利之所在，锱铢必较，轻易便把第三世界国家掠夺到国困民穷、饿殍遍野。等到此时，再以国家援助、民间劝募之名，进行各种慈善救济，摇身一变，又成了“人道主义”的圣洁国度。

这般翻手作云、覆手成雨，早已将美国立国的基督教伦理中的人世之信，彻底化为乌有。而这般误尽他人，又岂能独独有益于己？于是，这毫无人世之信的国度，人心之空虚，就绝非“滥食”所能完全填补。因此，美国原本严重的毒品、暴力、色情泛滥之灾，必将恶化，终至溃决。任何的防治，也都只会更加无解。“兵”“食”“信”三者的关联，美国就是最生动的现身说法。

国家要强大，百姓要富庶。固然，强大很重要，富庶也重要。但人生在世，更要有个大信，更要有个尊严，才能活得有滋有味。中国文明历尽劫难而不毁，饱受摧残而不倒，何以然？不就是因为有这个度灾解厄的人世大信吗？

今天，面对美国人的背信弃义、言而无信，中国人还该不该守信？孔子说：“言必信，行必果，硁硁然小人哉！”孔子一方面要立人世之大信，但在某些关键时候，却可以抛开世俗所执念的小信小诺。拿得起放得下，才是真正的大信。大信无信，才可以不被信所束缚。如果说话百分之百都要做到，做事一定求个结果，那不过是顽固如石头般的小人罢了。小人，并非坏人，而是器量小、格局小的人。中国文化就是这么有弹性、不僵化。在关键时刻，不必管小是小非，只要守得住大是大非就好，其他无关紧要。如果一个人过度执着于“信”与“果”，最后就会变成偏执。

何为“信”？既要有原则性，该守的时候守；又要有灵活性，该丢的时候丢。孟子云：“大人者，言不必信，行不必果，惟义所在。”

# 光明喜气是底色

中国人向来活在人世风景里，无论荣华富贵，还是忧患贫苦，都不失一个“乐”字。富，富得有贵气；穷，穷得有志气。

《论语》开篇就是“不亦悦乎”，再来又是“不亦乐乎”。这么既“悦”又“乐”，真是响亮！乍然一听，就令人不禁神往！此二字，确立了华夏民族的光明喜气，也成了中华文明最不共的特色。你想想，世界上有哪个民族的根本典籍，一开头就以“悦”“乐”这样的姿态亮相？单单因这仅有的亮相，就该结结实实喝个满堂彩！

世界上有两个著名的“雾都”，一个是英国伦敦，一个是中国重庆。

伦敦的天气，像孩子的脸，阴晴不定，说变就变。由于伦敦常年阴雨绵绵，伦敦人手里总是拎一把伞，仿佛随时准备遮风挡雨。故此，典型的伦敦人，脸上有一股阴郁之气，与那天气何其相似。重庆的天气，也是如此。古语道：“蜀犬吠日。”蜀地阴天多，偶尔太阳出来，连犬也大惊小怪，狂吠不已。虽说重庆气候与伦敦相似，但重庆人的性格与伦敦人有天壤之别。重庆是火锅之城，人也如浓烈沸腾的火锅，开朗大气，肝胆仗义，走到哪里都是开怀大笑，嗓门极高。尤其是女人，脾气更是火爆，素有“辣妹子”之称。

同样是“雾都”，为何两地人性格迥异？说到底，这与地理环境无关，也与阳光多少无关，而与文化基因有关。中国人讲因缘，因是根本，缘是次要；因是内在，缘是外在。照此解释，文化基因是因，地理环境是缘。不同民族的性格，根本上是由文化基因决定的，而不是地理环境决定的。从本质上说，中华文化的底色是明亮，中华民族的基因是喜悦。

例如，非洲人以慵懒著称，人躺在树下晒太阳，伸手就能够到香蕉，饿了就吃，困了就睡。中国企业到了非洲，聘用当地人干活。结果，工人头天刚一拿到工资，第二天就不上班了，有钱先吃喝玩乐，没钱了才来上班。有人说，这是天气太热的原因。相比之下，广东天气也很热，尤其是夏天，人站在太阳底下能晒出油来。但是，广东人素以勤奋、拼搏著称，做生意不辞劳苦，几分钱的买卖都不放过。白天当老板，晚上睡地板。可见，人的精神状态和地域、气候无关，而与文化基因有关。

魏晋南北朝时期，佛教从印度传到中国。早先的佛像清瘦、忧苦，让人想起菩提树下的那个苦行僧。他的脸上，弥漫着无边无际的深沉，仿佛背负了众生的全部无明与苦难。但是，这苦相，毕竟与中国文明有隔。于是，待佛教与中土文化相融渐深，中国人给佛像做了“整容”，佛陀的脸圆润了，有了双下巴，嘴唇漾起一抹浅浅的微笑，脸上的忧苦随之泯灭，肌肉亦随之放松。自此，佛陀从“客人”变成了“家人”。隋唐以后的佛像，有了更多的祥和与安然，皆大欢喜。及至后代，佛寺的前殿已稳稳坐着弥勒菩萨，大肚能容，笑脸相迎，佛教的中国化已然大功告成。有了这份喜气，佛教与中华文明毫无间隔。

中国人为什么不喜欢佛有苦相？这与文化基因有关。在中国人的眼里，一旦人有苦相，便觉不喜。且不管你是庶民百姓，抑或是圣贤教主；也不管你处江湖之远，还是居庙堂之高。你若是老苦着脸，大家看不习惯。人生再苦，总有不苦；再多忧患，总可豁然。到民间看看，至今多有那种极精神、极健旺之人。他们也不是没有忧苦，生活也不是没有烦恼，但就是看得开，不露苦相。

在《论语》中，曾点言志：“风乎舞雩，咏而归。”那回，孔子与门人闲坐，顺口问了一问各人的志向，子路、冉有都好认真地答以治国之事，而公西华则实诚谦逊，回以有志于礼。唯独这个曾点，老师与同学答问着，他是也听也不听，径自鼓着瑟，真轮到他回话，说得又不甚切题。作为孔门弟子，既无涉家国天下，亦无关礼乐文章。他似乎胸无大志，心之所向，不过就是，捡个眼亮风凉之处，吹吹哨子，呼啸一番，再来便是，吟吟唱唱，回家途中，一路有歌声。

曾点这人散淡，但他的歌声真是清亮。向来，孔子总含笑听着世人说话，听着听着，他是多所称许，亦从不轻许。而这回，一如往常，他笑看门人各抒己怀，亦是有许也有不许，独独听罢曾点所言，感慨既深，喟然叹曰："吾与点也！"

兴许是曾点那清亮的歌声，抑或是风乎舞雩那无限的光景，触动了孔子的心弦。这触动，似乎颇深，故而孔子从心魂幽深之处，缓缓升起了这么一个叹息。

中国最好的事物，必定是"乐"。"乐"，就是没有暮气。既是咏诗，又一路有歌声，当然是"乐"。此外，孔门怡怡熙熙的和穆之气，对应着暮春三月的草长莺飞，对应着万物和畅的欣欣生气，才更是天地之大"乐"。中国诗歌之所以多山水田园，中国文人画之所以山水无尽，其实都着眼于天地之和，更聚焦于天地之大"乐"。

"乐"，乃中国文明之核心。《论语》全书，孔子言必称"礼乐"。"礼乐"分而言之，"礼"是形式，"乐"是性情；"礼"是色，"乐"是空。"乐"，遍照中华文明一切处。"乐"，一是悦乐之情，二是兴发之气。首先，不能有苦相，不能一脸紧绷，是心生悦乐。故此，"乐"者，悦也。其次，不能有纠结，不能满脸浊气，如《乐经》所说的"乐者，天地之和也"，神清气爽，时时归零，仿佛有个天地之始。因此，"乐"者，兴也。兴是什么？就好比你看到天气很好，蓝天白云，忽然心情好起来。不见得想要干什么，也没有

老树印信

太多具体的想法，可是整个人就这么神清气爽，有种飞扬的感觉。

“乐”是自性光明遍照世界，即使忧患困厄，也能万象历然，皆成其好。中国文明之一切形式，皆可有“乐”意。举凡音乐、诗歌、书法、绘画，乃至寻常生活之茶事、花艺，俱现中国文明之真性情。

礼乐，其实是乐先于礼，一如“悦”在“理”之前。世俗称许人，常说“通情达理”。先“通情”，再“达理”，就是“悦”先于“理”。人与人交往，但凡情感一通，开心了，道理就好说。情感如若不通，还硬讲道理，这就是说教，再有道理，也是枉然。

《大学》说“格物致知”。先格物，再致知。今日学院，只有致知，无有格物，所以求得了知识，却于人不亲，反成负担。“先格物，后致知”，看似深奥，实属平常。民间总说“情理法”，情在理先，理前法后。情为事物之本，法乃凡事之末，真不得已，方才用之。法在中国古代是备而不用的，事实上亦很少用。自古所谓法律，不过是刑律。古人贵德而贱刑。强制力在中国，是不被尊重的。民间纠纷，民间自了。或由亲友说合，或当众评理公断，或于茶肆中随时行之，谓之“吃讲茶”。其所评论者，总不外情理二字。情主感通，乃格物之事；至于理法，则多知解，属致知之事。可惜，现在的学者，对此格致之道，早已弃之如敝屣。现代人言必称“法治”，必曰“法理情”。“情理法”这顺序，其实深谙格致之道。民间这说法，与圣人之道，自然相通，彼此便可互为知己。这样的相知相悦，才能让中华文化畅旺千年，绵延至今。

生活，本来是活生生的。有的人却过得剑拔弩张，死气沉沉。佛教说“五浊恶世”，满眼都是“无明”；基督教说“原罪”，举世皆是罪人。但中国人历来都是以现世为好，中国文明永远有无限风景。中国文明是知性的。知性是感情的完全燃烧，只见一片白光，是欢喜的，连眼泪亦有一种喜悦。世界虽乱，心中亦有一个清平世界的秩序。即便遭遇苦难，亦无苦相，反倒能从苦难中识得仁义的况味。苦并非痛苦，而是指苦涩艰辛的事情，恰如好茶都有淡淡的苦味一样。在一杯苦茶中能品出甘甜来，才算大彻大悟。中国人不嫌弃世俗，也不标榜伟大。柴米油盐酱醋茶，琴棋书画诗酒花，本是一回事。在最世俗的世界里，与最亲的人在一起深情地活着，才是最真实的生活状态。

中国人自称“汉人”。因为，汉人生命气象大。《史记》里记载的“汉人”，俱有风光。两千年后，我们与之素面相见，仍可顿觉心旷神怡。明明，这帮人经历了战国末年的兵连祸结、生灵涂炭，随即又遭逢秦代的严刑峻法、残酷暴虐。那苦痛与磨难，相较于近代中国，恐怕有过而无不及。可是，偏偏他们既不愤、又不戾，身上没有半点伤痕，光朗朗，明亮亮，精神奕奕，气象非凡。正因这群人不受时代所束缚，明亮爽快，不见伤痕，也才有日后亮堂堂的四百年汉家岁月。中国古代的朝代，每回因历时过久，及至朝代的末年，总如人有生老病死一般，会变得情意慌慌、暮气沉沉，这时一旦建立起新朝、开创新时代，就能让中国文明再度焕然一新。这恰恰就是一群接地气的英雄豪杰所为。有那么一群接地气的“汉人”，中国文明才能历久弥新、生生不息。

五千年来，中华文明起起落落，本质上是落落起起。全球很多文明衰落就衰落了，唯有中华文明落了还能再起，气息绵长。究其根本，离不开一个“乐”。何谓文明？路上有景致，人家有笑语。

第六章

CHAPTER SIX

# 家 教

# 手机喂大的一代

同学聚会，老友带儿子一道前来。席间，除了用餐，那个中学刚毕业的孩子，没声没响，不插嘴，不议论。唯一可见者，是始终专注地玩手机。

老友感慨，年轻一代就是如此，除了手机、电脑，身旁世界不闻不问，无感无趣。结果，每个孩子几乎长成了同一模样。发型、服装、语言，尤其是神情，都极像。有好几回，他远远望着一群年轻人的身影，都以为儿子置身其中，真要近前一看，方知认错。怎么那么像呢？

有史以来，从没有一个时代的人，像现代人这么爱标榜“个性”“独特”“自我”。但标榜了半天，也从没有一个时代，如现代这般单一，同质而无趣。全世界各大城市，风景样貌，逐年一致；大楼公寓，如出一辙。举世所穿衣物，日益相似。生活习惯，逐渐“美”化，吃麦当劳，喝冰可乐，听摇滚乐，看好莱坞，玩手机。

年轻人最相像，是因为受西方文化影响最深。譬如，为了买“苹果”，可以不惜与父母吵架，因为那是追求“个性”；为了听演唱会，可以整夜不眠去排队，因为那是追寻“自我”。数万人听摇滚乐，集体催眠般地摇头晃脑，整齐划一地挥舞荧光棒，因为摇滚精神就是“反叛”！

匍匐在拜物教下，年轻人被调教得异常驯服。他们似乎很有想法，却极轻易受欺被瞒。他们满嘴“个性”，实则乖顺非常；满口“叛逆”，却毫无反抗能量。他们勇于和父母顶嘴，却怯于对流行质疑。西方文化通过种种传播方式，渗透生活每个角落，再挟其巨大的洗脑能量，将他们驯化成一个个宅男宅女。从此，有手机、有电游、有歌手、有影星，足矣。身旁周遭，不管人情物事，抑或是天光云影，甚至一草一木，他们既无兴味，亦无感觉，看了多半如饱食之后的动物般漠然。这些拜物教的信徒，变成了众口一声、千人一面的“机器人”。于是，不管他们如何表现“自我”，如何标新立异，终至面目模糊，最后则是完全没有自己。

年轻一代失去自己，当然是成年人造就出来的。成人世界编造了一堆美丽说辞，不仅欺瞒了年轻一代，也欺骗了自己。你瞧，除了那些商业文案之外，有一帮知识分子受西方个人主义影响，不也人人竞相标榜“独立思考”吗？但奇怪的是，这些“独立思考”者，“独立”了半天，仔细一看，却好像是同一种“思考”。不仅“思考”雷同，他们竟连神情也极像，多是纠结甚深，多是忧郁难解。哎！怎么都那么像了呢？

乔布斯是数字时代的“神”，却也是让孩子变得生命愈来愈没有气力的“魔”。商业界歌颂他，无可厚非。但是，文化界、教育界也一窝蜂地吹捧他，这种不知本末、尽失分寸，正是孔子当年骂子路的“贼夫人之子”！

如今，几岁大的小孩甚至才几个月大的婴儿，都在玩手机。只要小孩一哭，爸妈就把这种“电子保姆”塞给他。这一塞，马上见效，小孩果然就不哭了。讲句难听的，手机简直比毒品还“灵”。手机这么“灵”，小孩的魂魄整个就被勾过去了。正因魂魄被勾去了，等到有一天大人把这玩意拿掉之后，小孩当然就开始焦躁、生气，甚至歇斯底里。古人所说的中“蛊”，或是台湾民间所说的被邪祟“煞”到，差不多就是这样。可怜那么多的父母，让孩子中了这么深的“蛊”，还把这玩意奉若神明。更何况，中了“蛊”的这些孩子才这么小。他们的将来，到底又该怎么办？小孩若习惯了与手机为伴，将来就会慢慢失去与人相处的能力。制造这些东西的商业逻辑，本来就是以最快的速度来吸引人的注意力，当然会用最大的噱头与最刺激的方式。小孩

老树印信

一旦习惯于此，专注做事的能力就会越来越低。

手机本无生命，是小孩以自己的生命使其滋润，好比蜗牛以自己的黏液游行旱地，终究是要枯竭的。手机里的娱乐产品都是动的，几乎没有静的，所以小孩知动不知静，在精神上成长不起来。

尼尔·波兹曼在《娱乐至死》里写道："一切公众话语日渐以娱乐的方式出现，并成为一种文化精神。我们的政治、宗教、新闻、体育、教育和商业都心甘情愿地成为娱乐的附庸，毫无怨言，甚至无声无息，其结果是我们成了一个娱乐至死的物种。"如今，越来越多的孩子患上了网络依赖症，对各类娱乐新闻产生依赖，人云亦云，附和跟风，沉溺在虚拟的世界中，自己则变成一个透明的躯壳。

快手、抖音等短视频强化了人们对新奇事物的需求度，同时降低对文字的需求度与耐心度。刷屏多了之后，孩子就会形成一种惯性：没有耐心去读一篇长文或者一本书籍，更没有时间去思考，因为总是在期待着下一个引爆眼球的新奇事物，等待着它在视频中直截了当地呈现。当"被喂食"形成习惯之后，孩子就会惰于思考，深度学习的能力被逐渐抹杀。因为缺乏自制力，他们会沉浸其中无法自拔，在价值观形成的黄金时期，被灌输进大量的"洋垃圾"。

当网络游戏成为"吸金神器"时，某网络公司创始人却说自己从来不玩，因为那是个烂游戏。说白了，网络游戏就是创造一个虚拟空间，消磨你的时间。当你傻呵呵地沉浸其中时，经营者却赚得盆满钵满。一旦习惯了这种"唾手可得"的满足感，就不愿再去做那些"高投入"的事情了。在这个被娱乐塞满的世界里，如果没有足够强大的自控力，就会因为沉迷于声色犬马而堕落。刷屏的时候，你也许感觉很开心。可是，刷完之后，却觉得分外空虚，更加沮丧和自卑。乔布斯不允许自己的孩子们用智能手机，这就像毒贩不允许自己的孩子吸毒一样。

中国人说性情，性是天性，情是人事。教育，就是让孩子恢复真性情。《论语》说："学而时习之。"到底是学什么？当然是学习做人做事的道理。《中庸》说："天命谓之性，率性谓之道，修道谓之教。道也者，须臾不能离也，可离非道也。"修道，就是学习做人之道。如今，在网络世界里，铺天盖地的信息，五花八门的学问，几乎淹没了孩子。结果，他们慢慢失去了对天地万物该有的真切感。因不真切，故而漂浮躁郁；因不真切，故而无力挣脱。而只有真切，生命才有风光，也才能够翻转。

事实上，网络愈发达，生命愈单一。因为大家都在同一个海拔高度相互取暖，没有能力去接触不一样的生命形态，特别容易变成"党同伐异"。对于孩子而言，只有多跟异质的东西接触，而且是实际的接触，不是虚拟的接触，才能见多识广。

今天的父母，学了很多西方心理学知识，结果反而不知道怎么教小孩。例如，不少人家长认为，只有不干涉孩子的自由，孩子才能有独立人格。于是，他们经常对孩子说："只要你自由地成长就好。"还有人对孩子说："只要你能每天快乐就好。"不幸的是，大人越是期待孩子快乐，孩子越是快乐不起来。因为你越让他"自由""快乐"，越不给他压力，他就越放纵。孩子那么小，只要你顺着他，他多半就会往低级趣味的方向去发展。例如，孩子们只关心明星八卦新闻，看多了，看久了，生命就会慢慢变得虚无与苍白。一旦变得虚无与苍白，忧郁症就在所难免了。即使成年人，一旦闲下来，不知不觉也会有很多无聊事接踵而至。成年人都那么脆弱，那么容易异化，更别说小孩了。因此，别让小孩有太长时间闲着没事做。只要闲得发慌、闲得过久，他们自然就会胡思乱想，自然就会往人性比较低级的方向堕落。人性本善，这话是不错，但这善是需要被引导、被开发的。一旦年轻人无聊久了、空虚惯了，最后就难免会有毒品与性泛滥的问题。

孩子过度放纵之后，还有一个发展倾向，就是会因为一点芝麻绿豆的事情去钻牛角尖。牛角尖钻得久了，就开始相互倾轧。十来岁的孩子，斗得你死我活。这种倾向，对孩子的杀伤力往往最大。一个初中女生，一旦斗起来，丝毫不比《甄嬛传》里的某个狠角手软。

# 多才多艺却无息

大自然有息，人亦有息。息，就是呼气和吸气之间的那个停顿。中医说，息越长，命越长。息并非断气，而是介于有和无之间，像是乐谱中的休止符。又如围棋中的气眼，有眼才是活棋，没眼就是死棋。如今，孩子们整天泡在各种补习班里，只有喘没有息。没有息，自然就没能量。

有的小孩才六七岁，这也“会”，那也“会”，伶牙俐齿，看似多才多艺，实则是填鸭喂食，塞到完全满了，连喘气都费劲。可惜，那些才艺是硬塞进去的，不是自然“生”出来的，和小孩的生命状态完全不相称。小孩因填塞过度，像是撑得太饱，学习的胃口都坏掉了，以至对啥事都无甚兴趣，更少欢喜。

过去的孩子，生活平淡无奇，却被他们弄得有滋有味。一个虫子，一片叶子，足以玩半天，他们对大自然充满好奇，兴趣盎然，自己能玩出很多“乐子”。而现代的孩子太富足了，也太干枯了。所以，给孩子留一点虚空间，让他们有一点发呆的时间，做一点没用的事情，这是养元气。如果把虚空间都塞满了，也就意味着补充能量的通道被堵塞了。换言之，作为一个小孩，最该有的对事物的兴味，他们已丧失过半。如果那么一点年纪，就失去了兴味，往后的漫漫人生，岂不尽成煎熬？那些焦躁的父母，一心一意不让他们“输在起跑线上”，反而让他们刚站在起跑线上，就赔掉了一生最重要的资产。

小孩子天生对世界有好奇心，只要善于引导，学习本身就不会是一种负担，而是一种乐趣。对于小孩，最该珍惜的是他们生命的混沌。因为混沌，所以有元气；因为混沌，所以对所有未知都充满了兴味。在混沌的状态下学习事物，其实是凭着生命的直觉、凭着一份好意去感知。小孩要先对日月山川、虫蚁草木有好感，对平常生活的周遭有兴趣，再将这份兴味扩而充之，先感后知。这样的学习，才是自然“生”出来的，是有喜悦的，才是孔子所说的“不亦说乎”的那个“悦”字。

每年假期，总有许多孩子去参加各种游学。可结束后，绝大多数人参加了就是参加了，啥东西都留不下。现代社会最大的困境，就是事情开头花样繁多，最后都变成了浮光掠影。而现在孩子最大的悲哀，则是他们东学西学，可学到最后，人生却不能积蓄什么厚度。

古人说：“读万卷书，行万里路。”有的家长为了让孩子长见识，一到假期就带孩子旅行。如果能虚心地看、敞开胸怀看，山河大地，尽是法身，不仅可以增长见闻、开拓视野，更有助于心量的扩充。如此一来，行万里路，自然是气象非凡。然而，如果是消费式观光，吃吃喝喝，逛街购物，最后忙着发朋友圈炫耀，那只能是老子所说的“五色令人目盲，五音令人耳聋，五味令人口爽，驰骋田猎令人心发狂”。旅行得越多，人只会越乏味。古人说的“行”，是行脚，是边思边行，是悟道。那和飞机飞过、汽车开过，完全是两码事。旅行久了，变成旅行癖；消费久了，变成消费癖。只要不旅行，生活就索然无味；只要不消费，心里就奇痒难忍。

现在的孩子，学的东西太多太滥。其实，只要有一两样事情，能由衷地喜欢，能长久地陪伴，也就足够了。很多家长过于强调“多才多艺”，这听上去固然不错，但“多才多艺”的人，活得好的却不算多。通常，东西一多，未必是好事。多，未必是富足，也未必是踏实，而是填充、是塞满。塞了半天，自己却越来越烦。

《大学》曰：“格物致知。”自宋代以来，儒家就在没完没了地争论“格物”。朱熹把格物讲得很玄、很复杂，王阳明把自己都“格”出病了。朱熹最大的问题，就是跳过了“感”，直接谈致知。换句话说，朱熹谈的“格物”，就是致知。他说，大凡世间必有理，任何事物都要格出一个理来。王阳明年轻时相信这个说法，于是傻乎乎地对着竹子“格”了起来，最后当然病倒了。

所谓“格物”，就是与物相感、与物相应，最后与物无隔，感而遂通。这样的“格物”，起先就只是见，不刻意，不较真，不落爱憎，与物素面相见。看了，有了感受，感受既深，感受既准，于是感同身受，遂与物毫无隔阂。格物强调的是感，至于道理不道理，那是感后面的事情。先有感，后有知；先谈感，后讲理。

格物致知，一点都不玄妙、不复杂，可千年来许多儒者却谈得让人晕头转向。或许，这是因为他们的感通能力出了问题。也正因如此，他们老爱说自秦代焚书之后，《乐经》已亡，中国就没有真正的“乐”了。他们活在一个想当然的概念世界，于是对真实世界渐渐荒疏，慢慢对“乐”没了感觉。比如，《红楼梦》里的贾政，连听戏都没兴趣。儒者感通能力的不足，后来愈演愈烈，才导致当代许多知识分子都以为中国音乐没啥好听，一个个奉西方古典音乐为圭臬。格物，就是感通。说白了，不过就是对眼前之人、眼前之事、眼前之景，有一份如实而真切的好感罢了。

中国教育的核心是先格物、后致知，而西方教育的核心是教知识、学知识。在现代教育体系里，老师从来不教小孩好好感受一朵花。从小学开始，就教一朵花有几个花瓣、哪个叫雄蕊、哪个叫雌蕊、怎样传播花粉，这都是大脑思维的知识。可是，中国传统教育不是这样子的。看花先要有感受，然后再写诗。古人单单为了梅花，写了不知多少首诗。咏梅，不是用知识来分析，而是用身心来感受。唐代的科举考试，最重要的叫进士科。进士科考诗、赋，就是考性情、考感受力、考生命状态。现在考“最强大脑”，就是要把每个孩子教成一个小“百度”。可是，即便成了一个“百度”，如果面对生命无感，将来面对生命问题，也还是会一筹莫展，也还是会得抑郁症。

应试教育，问题就出在孩子完全无感上。我们现在的教育，是一种无感的教育。只要以客观理性、逻辑思维为名，就必定要把人的感受抽离开。尤其是大学，整天进行着抽象的客观分析、思辨论证，想方设法把人的情感除掉，成为最彻底的无感教育。现代教育一开始就跳过了“感”，直接在“知”的层次打转。所以，当孩子的知识越多，就越可能变成他生命的障碍与负担。现在孩子所接受的知识量之大，可谓空前。从来没有一个时代的孩子像现在的孩子一样，普遍拥有那么大的知识量。可是，他们偏偏对事物特别无感，这导致了他们生命最根柢的扭曲。中国教育的核心是“感”字。“格物”就是先感，进一步感而遂通，最终达到与物无隔。至于“致知”，则是在感而遂通之后。换言之，所有学问的根本，永远是对人、事、物的真实感受。如今，太多人习惯于丰富自己的大脑，不断用大脑的逻辑思维去分析、去思考。时间久了，便会失去了一种宝贵的能力——感知。

中国人为什么喜欢孙悟空？因为好玩。好玩，是符合中国文化基因的。因为好玩，所以经久不衰。孙悟空的状态，反映了中国人的状态。英国人是创造不出这样活泼好玩的猴子的，因为他们本质上就不好玩。以前的孩子好玩，是因为没有玩具，手边有什么便玩什么，或者自己想办法玩起来，一张白纸、一块石头、一个虫子，都可以玩半天，而且很有趣。现在的孩子，玩具太多了，一个个电动玩具，束缚了孩子的思想，孩子玩不起来，也就少了生机。

《礼记》说：“幼者听而弗问。”听是格物，问是致知。没格物的基础，致知对孩子是有害的。孩子自幼耳听四方，眼观八面，学会察言观色，在人世间到处看、到处感觉，这是他们一生中最重要的格物功课。

格物，就是怀着真心实意，把对方看明白了。孩子要格的第一个对象就是父母，这是最基本的生存能力。如果父母总是对孩子格物，就剥夺了孩子学习格物的机会。现在的许多家庭因为角色错位，不是孩子对大人察言观色，而是大人对孩子察言观色。如此一来，大人就扼杀了孩子最要紧的一桩本领。所以，只有家长的“位”正了，小孩才有格物的空间，也才有能力找到他该有的自由。

“春有百花秋有月，夏有凉风冬有雪”。学习，要始于对“平常”事物的欢喜之心。为人父母者，与其天天埋头送孩子去上补习课，不如让孩子多留意一下身边的风景！

# 无言之教乃大化

旧时代的人，不论男女，亦不论识字不识字，都知道有个天理人情，人世要讲礼义廉耻，他们或从书上读来，或从戏上看来，或从长辈的谈话中听来。所以，男子到了二十，女子到了十五，人生观都已安定。

古人男子二十而冠，女子十五而笄，都举行一种仪式，意即成人了。成人，就是身体上成熟，精神上也懂得做人的道理，而且有能力成家立业。

相比之下，今人实在是退化了。论身体，今之青年较前辈，更像转基因产品，肥大而不结实，男女皆早熟，且呈中性化趋势。广告里，满目皆是不男不女的“娘炮”形象，涂眼影，抹红唇。依进化史来论，中性化是品种退化的征兆，早熟意味着早衰。孔子说“思无邪”，孟子说“志帅气，气帅体”。回望五四时期的青年男女，清扬贵气，活泼干净，个个都有出水新荷的朝气。

旧时代的青年，都有大人的气象。现代青年人则没有，魂魄未全，难以托付。这是教育的问题。中国古代的教育方法是“仁知”二字，仁是感、是格物，知则是致知，故无论学哪一行，皆是老师少教，学生于无教处察言观色，扫地捧茶敬来客，感而知之。所以，二十多岁的青年人，男子便有质朴而深广的人格，女子也有成熟而深稳的风姿。

古代的父母教小孩，头一件事情就是学虚心。一个人先放下自己，才能让外面的世界进入心里。传统教育不鼓励孩子问问题，正是要孩子先学会听别人讲话。真要提问，等年纪稍长、肚子里有了东西，届时再问也不迟。幼小时，以虚心为第一要务。小孩要虚心，以后学东西就快，也不会以自我为中心，不会刚愎自用，更不会看什么都不顺眼。

现在的孩子喜欢发问，看到啥，就问啥，真是有“十万个为什么”。大人也很认真，整天忙着回应孩子信口提出的各种问题。这样有问必答，造成小孩理所当然地认为：“我一问，你就得答，而且要很快地回答。”随意发问的小孩，问题没办法含着、蓄着，就难有持续性、发展性，等这些浅碟子的问题、反射弧式的好奇差不多问完后，他对世界的兴趣就会逐渐下降，到了青春期，了无生气，什么事都觉得无聊。

当然，小孩乱问，有时只是为了黏住大人而已。大人该答才答，不必答时就别答，甚至不要让他轻率地提问。即便好奇的事物，也要学会在心头过一过。小孩愿意听人讲话，比懂得表达更重要。愿意听人讲话，心里才会有别人。如果很会表达，什么都是“我我我”，长大后就会以自我为中心。

大致说来，小孩问“为什么”有两种情况：一是知识性的，带有一点好奇；二是行为性的，带有一定质疑。如果是第二种，父母的答案更简单：“就是我说的，没有为什么。”如果真要说为什么，唯一的答案就是——“因为我是你爸爸”或“因为我是你妈妈”。当今，很多父母受西方文化影响，把孩子定位为自己的朋友。如果父母把孩子当朋友，孩子就少了一个亲爸亲妈，多了一个山寨版的朋友。关系好的时候，和你亲得要死；关系坏的时候，翻脸不认人。因为，朋友之间，本来如此。尤其是当孩子进入青春期后，不想把父母当朋友了，双方就会很难相处。如此后果，皆因父母的“位”没有摆正。如果父母与孩子的角色错位，家里的麻烦事就会没完没了，无穷无尽。相反，如果父母各正其位，家里就会清静太平。

古代家教，迥异于今日。大人说话，小孩岂能插嘴？小孩静静地听人说话，然后才能让天地万物悠悠缓缓地进入心田。日后的他，心量可大，境界乃阔。传统教育之所以不鼓励小孩动辄发问，正是要培其静气、养其虚心。有此虚心，不仅不易自我膨胀，不易刚愎自用，也不易成为孤愤的封闭之人。有此虚心，才能与人相感、与人相通、与人无有隔阂。

现代孩子普遍伶牙俐齿，大多是被鼓励出来的。家长不明就里，以为小孩愈来愈聪明。可是，明明那么“聪明”，长大后却不怎么样，这不是很矛盾吗？可见，过早开发聪明，常会提前停顿。庄子说，七窍开则混沌死。现在小孩之所以不太有童趣，正是因为混沌提早打开了。混沌太早打开，小孩的成长就提早萎死。再者，因含蓄容受的能力不足，稍遇挫折，稍有不如意，就容易闹抑郁。

西方的教育理论，总鼓励经常发问，更鼓励勇于表态。即使是循规蹈矩的乖巧小孩，也经常东问西问，满嘴滔滔，一副伶俐状。他们看啥问啥，想到啥便说啥，时不时就插嘴，动不动就抢话。他们自顾说话，却不愿听人把话说完。因此，小孩总急着问、总忙着说，对于未知之事，没耐性放在心里慢慢反复琢磨。也因此，他们不习惯察言观色，不明白眼观六路耳听八方。他们面对这世界时，因为受宠被溺，故而有种轻佻。他们不晓得，世间有种最重要的德行，名曰“虚心”。人能虚心，这世界才安静得下来。小孩懂得虚心，他们未来的世界，也才可以天清地宁。天清地宁的世界，人方能优游其中，方能彼此感通。长大之后，若再回头，也才能怀念无限。

孔子说：“刚毅木讷，近仁。”木讷之人，既不擅言辞，又不急于表达自己的意见。但是，比起那满嘴滔滔之人，他们虚心，愿意多听，愿意多看。换言之，木讷者之心，容易打得开，容易与人相感相通。木讷之人，不习于争功，不惯于诿过。较诸伶牙俐齿之人，他们更近于“无伐善，无施劳”。这样的人多半安稳，多半沉静，常常是颜回的那种“不违，如愚”，也常常是旧时小孩共有的那种笨笨的模样。

中国的语言，可分为法语之言和巽与之言。法语之言好像法律体系一

老树印信

样，一条一条很清楚、很明白，这就是经。《论语》里面有很多这种语言，都是百世不易的道理。另外一种叫巽与之言，《易经》有个巽卦，巽是风，风一般的语言，无迹可寻。春风拂过，自然就有化育之功。这种巽与之言，或是拐弯抹角，或是正言若反，或假话，或反话，都有可能。这些不直接、貌似不清晰的语言背后，通常有个更深刻的东西，得细心玩味、推敲推敲，不能停留在字面的意思。

父母平时教育孩子，语言要保持丰富性。不能只有法语之言，否则孩子就容易被教傻；也不能只有巽与之言，否则孩子也会被教油，如果教到比大人还江湖，那就完蛋了。只有法语之言，没有巽与之言，教出来的孩子，很容易产生两种后遗症：一是教傻了，二是变虚伪了。外表看起来很有规矩，可肚子里却是一堆反逆的想法。所以，这两种语言要交错使用。孩子习惯两种语言自由切换之后，会慢慢拿捏怎么掌握和权衡。这些东西得慢慢培养、慢慢锻炼。这种交叉运用，一向是中国人的语言习惯。中国人是该正经就正经，该戏谑就戏谑。外表上随随便便，可里头藏着机锋，也藏着一种骨子里的极其认真与毫不苟且。世界上其他民族，不太容易像中国人把语言的出入玩到那么灵活、那么存乎一心。

不过，言教不如身教，身教不如不教。真正教育的本质，常常是外表上不怎么教的。古人学艺，师父就不怎么教；父母教孩子，也常常不太教。可这不太教，却是最大的教。这种无言之教，若在道家，名曰“大化无形”；若在儒家，则称为“身教”。

一个人遇到问题，最好的方法不是“打破砂锅问到底”，而是先捂着它，保持“暧昧”，等到有一天机缘成熟，自然就明白了。人有一段感觉苦闷的时间，对于生命成长是有帮助的。这就如同看书，遇到难懂的，不妨先跳过，回头再看时，或许就明白了。

在《史记》中，张良运筹于帷幄间，一派气定神闲。助刘邦得天下后，又功成身退。那进退间的从容，令人遥想不尽！孰知，年轻时的张良，却实实地不然。他不仅不淡定，压根就血气汹涌。当年，秦才灭韩，尽管家中有僮仆三百，张良在心激气切之际，甚至“弟死不葬”。为了国仇家恨，他散尽千金，“悉以家财求客，刺秦王”。最后，觅得了力士，遂以沉沉铁椎，奋力一掷，狙击秦王。这一击，虽说误中副车，功亏一篑，但两千多年来，为之震动的，又岂止当年秦皇？

事败后，血气汹汹的张良惊魂未定，急急亡命，遂改名易姓，避居于下邳。亡命之后，这五世相韩的世家子弟，脾气依然改变无多。于是，那日闲步，遇一老者，因其无礼太过，一时愕然，颇觉忿怒，便动念出手，“欲殴之”。张良“欲殴”的这老者，正是黄石公。

因黄石公，张良这一生，于是翻转。翻转的关键，不在于黄石公授以太公兵法，而在于黄石公狠狠赏了他一棒。从故意丢鞋，再轻蔑地让张良去捡，再倨傲地唤他穿鞋，这一个个动作，等于是一棒棒落下，就端看“孺子”张良接不接得起。若接得了，那是张良的造化；若接不了，那也只能拉倒。张良本是个心激气切甚至心高气傲的公子哥儿，见黄石公如此行状，一开始，难免心生不满，为之愕然，遂本能地“欲殴之”。但是，也算天幸吧！就在这恰恰一机里，张良忽地心念一转，暂且隐忍，勉强地“长跪履之”。就在这“孺子”张良“长跪履之”后，黄石公一脸恬然，“以足受，笑而去”。张良望着那含笑的身影，半晌，忽地一怔，像是开了天眼，顿觉可异，不由地心头一惊。这一惊，不仅惊开了聪明，更惊破了原有的执念。于是，接下来连续三次的五日一约，不管黄石公再如何蛮横发怒，再如何“蓄意刁难”，张良肯定都要虚心受此一棒了。

黄石公这一棒，是扶强不扶弱。施棒，是强者；受棒，更是强者。施棒不易，受棒更难。张良的心激气切，张良的世家包袱，他种种的习气与执着，若能受此一棒，进而一棒打杀，才可能从此彻底翻转。

黄石公与张良，两人高手过招，一个愿打，一个愿挨，遂一棒打响了历史，铿然有声。张良后来的运筹帷幄、决胜千里、功成身退，与之前血气方刚的他，形成强烈的对比。张良从黄石公身上学到第一项本领是：多说不如少说，少说不如不说。他几乎不讲无能量的话，但一开口就有能量。“遂去，无他言，不复见”，影响了张良一辈子。

教育的本质是教化。关键不在于教，而在于化。只有化得开、化得好，才能培养出孩子的真性情。

# 小惩大戒是真爱

在古代家庭中，惩戒是一大特色。家长体罚孩子，实乃家常便饭。该打就打，该骂就骂。故民间有俗语："宠子不孝，宠猪爬灶""三天不打，上房揭瓦"。

旧时的父母，并没有刻意要教孩子什么，就是因为他们心里有一个东西，叫作"平常心"。该怎么着，就怎么着。没那么多思维、概念的纠结，不会去想小孩该不该体罚？体罚之后会不会造成心理伤害？会不会导致人格扭曲？正因为没有那么多概念，于是，自然而然，一不小心，就把孩子教好了。这样的家长，无非是掌握了几个大原则，该打就打，该骂就骂，该关心就关心，该不管就不管。有些底线只要逾越了，肯定会打骂；只要没逾越底线，几乎不会管。过去的孩子，该有的规矩都有，但父母又大体不管，所以日子过得相当宽松而自由。这就是规矩与自由兼得的教育。但凡出于平常心，不盛怒，无恶意，不落爱憎，对小孩就有益处。

然而，到了今天，家长该不该打孩子，却成了一个严肃的问题。其实，合度之体罚，乃堂堂正正之事。《易经》说："小惩大戒，吉。"体罚只要是心平气和，只要适度，不仅没错，而且应该。不仅应该，而且在这价值观多元化的时代里，还必须理直气壮地公开表述。

有一个小学生上学时因忘了带餐具，老师要他暂时用学校的备用餐具。他不肯，即使百般劝说，不仅坚持不肯，还哭闹起来。老师无奈，遂给家长打电话，问能否送餐具过去。父亲当场回绝，且说，孩子若不拿备用餐具，午餐可以不让他吃。后来，孩子妥协了。吃了饭，当然也用了学校的餐具。但是，回家后，依然遭到了父亲的惩罚——打了三下手心。不是因为忘了带餐具，而是因为任性耍赖、不听劝告，更是因为当众胡闹、一错再错。

如果孩子犯了这样的错误，家长觉得实在离谱，予以体罚，是对孩子最大的爱护。但是，因现代教育理论禁止体罚孩子，家长觉得理亏，不敢动手。即使处罚了，也心怀忐忑，怀疑自己是否耐心不够？别人一旦诘问，就像犯了什么错似的。

一位母亲带着女儿看病，到了医院，小儿子不知体谅，又哭又闹，惹得候诊室内一阵骚乱。母亲先是哄着，安抚了一回，又去劝慰了两回，岂知儿子不听劝，愈闹愈凶。于是，母亲气恼不过，遂将他带出候诊室，到了外面，结结实实，用手打了两下屁股。这时，有位时尚女子恰好路过，端端然停下脚步，一脸严肃，正色言道："打孩子是不对的！"

按照西方教育学理论，体罚会造成人格扭曲。这话不算全错。因为过度暴烈的恶性体罚，确实会伤害孩子心灵。这就好比，暴饮暴食必然对身体不利；这又好比，用药过猛过烈，也必会伤身毁体。但是，不管如何有弊有害，饮食与药物，终不可废。体罚一事，其实相同。饮食固应节制有度，药物亦须谨慎使用，至于体罚，问题也在于如何拿捏分寸、适时适度。若能做到"小惩大戒"，自然就吉祥止止。但是，若不分青红皂白，便贸然严禁，就和废饮食、禁医药一样，完全是荒谬与错乱。

问题之关键，本在于体罚的合度。一则心平气和，无有盛怒；再则符合原则，小孩心服口服。如此合度之体罚，孩子其实都能接受，且多半能从中受益。不仅维护了家庭该有之秩序，对孩子的人格与学习，也是利大于弊。家长愈是标榜不体罚，小孩性情乖戾、以自我为中心的比例愈高。性情好的小孩，通常是成长于管教最合度、既不太过也无不及的家庭。

有人说，体罚只能有短暂的吓阻作用，不能有根本性的改变。此话诚然。因为，不管是体罚，或是奖励，或婉言相劝，或循循说理，总之，任何教导方式，都只能起到一时之效，极难有根本之改变。事实上，真要根本改变，谈何容易？除了建基于长期积累，还有待于时节因缘，更有赖于家长强大的生命修为。凡此诸事，岂能率尔达成？莫说体罚，其他任何方式，也都断乎难臻此境。

任何有效的方法，但凡合宜，即使只有一时之效，都不该偏废。任何手段，都应全面权衡，更该因人而异、顺时而变。较诸其他手段，对于大部分的年幼者、无知者、轻率蛮横者，体罚这方式，特别可收戒惧之效。孩子若能知所戒惧，便多有敬畏，多有虚心，来日进一步改变，也才庶几可能。若因难收根本之效，便轻率言废，那么，若非浅薄无知，就是好高骛远了。

《论语》道："或曰：'以德报怨，何如？'子曰：'何以报德？以直报怨，以德报德。'"这个"直"字，就是直道待人。以怨报怨，是一意报复，心有未平；以德报怨，则矫情太甚，心失其正。以直报怨，万象历然，不落爱憎。

民间教育小孩，从来是该打就打，该骂就骂。这便是直道待人。打几下手心，哪里就留下什么阴影了？孩子果真如此纤细脆弱，那么，人生无数的大小挫折，都更足以令他阴影重重。但是，家长无限宠溺，能帮孩子排除生命的所有挫折吗？但凡不是"以暴制暴"，但凡不是"以怨报怨"，只要秉持直道，平平正正，施之以罚责，兼说之以理，且动之以情，那么，家庭的正气可藉以维持于不坠，最终说来，孩子也仍会受益。

惩戒孩子，夫妻应各守其位，不要擅自越位。例如，母亲骂孩子时，父亲不能随便说话。现代家庭多没有"位"的概念，"昧于平等"足以摧毁一个家庭。貌似平等的家庭，没事还好，有事则乱成一团。教育孩子的事，母是"君"，父是"相"。父亲处于辅佐的位置，除非状况非常严重，才会出手"干预"。此时，不宜与对方争论，这不是对错问题，是"位"的问题。当然，父亲平日虽不多言，但关键时刻可以力挽狂澜。有一次，一个孩子和母亲吵架。事后，父亲并没批评孩子，只是淡淡地说了一句话："和妈妈这么说话，你觉得对吗？"结果，孩子的叛逆，瞬间就被融化了。另一次，父亲外出，孩子与母亲顶嘴。父亲回去只字未提，后来才轻描淡写地对孩子说："爸不在家，家里就你一个男人了。咱们男人是处理问题的，不是制造问题的。"孩子听罢，幡然醒悟。

昔日，孔子执教，因学生年纪较长，用不着体罚。但他的骂人，可是纪录遍在，难以胜数的。看孔子骂人，包括弟子对他的"吐槽"，其直截、利落、不扭捏、无纠结，都特有一种生命的健旺，更有着直道相待之气概。

时至今日，这健旺与气概，早已不复见矣。多年来，知识分子不断"启蒙民众"，充斥着虚矫的浮论与高调。结果，以"爱心""关怀"为名，行宠溺、姑息之实。"以德报怨"的矫情，终究换来了猖狂与乖戾。按照西方教育理念，母子关系也是朋友关系，过分强调权利和义务的对等。这样的状况，让受过中国文明熏陶的人，真是无限感慨。

孔子栖栖遑遑一生，他切切于心的礼乐治世，无非就是要找回世间的亲情与敬意。中国文明之主旨，不外乎"亲""敬"二字。西方传入的"权利"二字，看似时髦，也看似理所当然。但是，这对"亲"与"敬"，却扼杀最尽、斫毁最深。但凡亲近之人，都不该滥言"权利"。否则，情义荒失，人我两伤。家庭教育，更不该落入权利义务之迷障。

# 第一口奶最要紧

一个人自打有了意识，其所见所闻，不管是行为，抑或是言语，便时时刻刻吸收着文化讯息，这些讯息一点一滴渗入，就变成了隐性的文化基因。待渐渐长大，他们所接受的教育，若植根于不自觉的文化基因，扎得深，系得紧，与心灵深处的记忆相伴相印，生命才会有底气，才能安稳厚实。

一位朋友的孩子小学刚毕业，就被送到美国读书了。因为家长听说，学外语越早越好，否则口音就不纯正了，长大以后无论怎么练习，都不会有地道的美国音了。原来，家长早早把孩子送到异国他乡，居然就是为了一口纯正的发音！假如一个外国人来到中国，一开口就是纯正的北京腔，中国人会认为他是地道的北京人吗？当然不会，至多称赞他模仿能力强，谁不知道这是鹦鹉学舌呢？毕竟，他的文化基因还是西方的。

当今，孩子学习外语的年龄越来越早，这并非一件好事。因为，语言本身，从来不只是一种工具，也不只是与人沟通的媒介。语言文字，必然是文明的记忆，必然蕴含着文化的基因，自然就有种强大的力量。外语除了是语言以外，更潜藏着大量外来文化的价值观。语言是文化系统中最强大、最重要的载体。学习任何外语，必然会接收到后头的文化讯息。不管是否自觉，只要耳听口诵，语言后头的文化讯息就一定汩汩而入。

盲目提早学习外语，最大的后遗症在于价值观错乱导致的空虚彷徨，这是致命之伤。若是文化底气还明显不足，孩子愈早学习外语，对生命安稳之戕害，就可能愈大。孩子年纪那么小，哪能分辨其中的文化差异与文化冲突呢？当遇到文化冲突时，他们有何种能力来拣择呢？既然没能力自觉，更没能力拣择，说着说着，就一定会改变。

当然，如果这语言背后的价值观和既有的价值观重叠度高、一致性强，那么，从小学习外语也没什么问题。可是，万一重叠度不高，彼此的差异与冲突又明显，偏偏学的还是一种强势语言。这时，孩子的价值观还没稳固，文化底气还远远不足，将来即使不会价值错乱，至少也会心生困惑，没来由地彷徨空虚。很简单，这就是两个系统在打架。让孩子过早学习外语，来干扰尚未熟悉的母语，天下父母之残忍，莫过于此！

与西方人相比，中国人的文化基因确实很独特。有的人整天高喊“普世价值”，却从不明白、更不珍惜自身文化的独特性。初初之时，似乎无碍，待时日一久，年纪渐长，满脑子的“普世价值”与骨子里的文化基因，一显一隐，难免彼此冲突，互相矛盾。此时，不免要纠结，更不免要有怎么也理不清的困惑了。

今天教育之败坏，是因为文明之荒失。重建教育，正是文明再造。“直指当下，重归真切”，是每个家长应该时时自我提醒、不能或忘的原点。安稳厚实，才是重点；文化基因，才是根本。《论语》曰：“君子务本，本立而道生。”小孩在身心安稳之前，应浸润在自家的文化传统里。浸润得深，浸润得久，底气才足。有此底气，等长大后，不管是学习外语，或是接触多元文化，甚至行走于五光十色的花花世界，因其根基深稳，故可知分辨、有拣择、懂取舍，即使暂有混淆，只需稍一回神，仍能慢慢琢磨出身心安顿的平衡之道。总之，给孩子喂的“第一口奶”，必须是亲娘的。如果是“洋奶粉”甚至三聚氰胺“毒奶粉”，孩子一旦坏了味觉、伤了胃口，长大后就会失去分辨好坏的能力。

今天，中国创造了举世瞩目的经济奇迹。但是，中国人对于自己到底是谁，对于自己的文化身份，却感到空前的迷惘。这样的迷惘，当然源自从未停止过的自我否定与崇洋媚外。因为迷惘，许多人的内心深处惶惴疑惑，都有一种无家可归的漂泊感；也因为迷惘，整个社会才充斥着一种无以名状的浮躁与不安。

随着西风东渐，中国人在教育理念上一边倒倒向西方，认为西方教育才是启发性、创造性的，中国人的教育理念落后，让人压抑、呆板、守旧。这样的论调，多半是因为缺乏文化自信。回想两千五百年前，孔子门下鱼龙众多，号称三千，但重点不在于这量多，甚至也不在于质高，孔门之所以深阔，在于他那几位高徒个个精神、色色鲜明。且看他前期三大门人——颜回、子路、子贡，一个静默澄澈宛若高僧，一个慷慨豪迈直似侠客，一个聪敏通达游走政商，三人均非一般，个个不可小觑，但又大相径庭，彼此泾渭分明。然而，这三种截然有异的鲜亮人格，却又能在仲尼门下齐聚一堂，笑语盈盈，且又长期追随，实在让后人很好奇，这老师是何等的格局与器识！

在全世界，没有一种放之四海而皆准的教育，所有的教育背后都有一个价值观。中国价值观和西方价值观，姑且不论孰优孰劣，本来就是两套不同的体系。这两套体系，固然有某些东西是可以交融的，但更多的是不能相容的。作为家长，最重要的事情是帮孩子打个底。青春期之前，中国文化的底子打得越厚，将来面对西方文化挑战的底气越足。只要有这个底子在，无论走多少弯路，都能走回来。再怎么困惑，都不会受伤。这个底子越强大，就越有能力心平气和地面对中西文化的冲突，也越有能力选择性地对待西方文化的长处，蒙其利而不受其害。一个中国人，首先要明白中国文化是什么。读懂了自己的文化基因，再去看世界，再去了解别人，才叫国际化。不是说英文、看美剧，就叫国际化。会说中文，未必就了解中国；会说外语，也未必了解外国。

现今中国教育的根本问题，在于移植了一个不符合自己文化基因，甚至与自己文化基因相背离的教育模式。从小学到大学，采用的都是西方教育模式。这种模式最大的问题，就是只专注于知识层面，很难对学生的人格完成与生命气象产生教化的力量。西方人习惯于二元对立，把灵性的世界与世俗的世界切割开来。灵性的事归教会管，世俗的事归学校管。因此，学校本身就是一个世俗机构。可是，这样的教育理念一旦移植到中国，就必然要出大问题。一方面，中国没有西方那样的教会系统；另一方面，中国人的世界从来不是二元分割的。对于中国人而言，形而上与形而下是一体的，灵性的世界与世俗的世界是不可分割的。中国传统的教育，向来是既教授知识，更关注修身；既关注现实问题，更关注身心安顿。今天体制内的学校，在知识或者就业上，当然有其便利性。毕竟，它设计的教育目的本来如此。但如果学校只是孤零零地专注在知识层面和技术层面，社会就难免会出现价值真空、道德崩溃的困境。如果孩子完全融入这样的体制，也必然面临精神空虚问题。年龄越大，这个问题就越凸显。受的教育越多，离自己骨子里的文化基因就越远；受的教育越深，就越不清楚自己心灵的故乡在哪里。这是当代教育的集体悲剧。

二十世纪八十年代，中国出现了第一次出国潮。那个时代，所有出国的人都是“衣锦离乡”，高调告别亲友，义无反顾地离开故乡。到了国外，他们千方百计想去掉自己身上的乡土痕迹。但是，这一代人很难被彻底“转基因”。因为，一个打着五千年文明烙印的物种，其基因是很难被转过来的。在异国他乡，他们生下了第二代，成为“香蕉人”，皮是黄的，心是白的。孩子从小认为自己是西方人，但西方人却认为他们是中国人。因此，他们多少有点憎恶自己的中国面孔，巴不得把中国的根刨得干干净净，和中国文化断得越彻底越好。但是，他们父母的骨子里却是地道的中国文化基因，这群人仍爱吃中国菜、看中国戏、说中国话，好像生怕孩子们忘记故乡，总是想方设法让他们学点中文，亲近中国文化。其实，海外移民第二代的基因并没有改变，只是大脑的“芯片”被改写了，最多算是被“洗脑”。当他们骨子里的东西和头脑里的东西打架时，很容易纠结乃至抑郁。当海外移民第三代诞生后，才会真正面临“转基因”问题。遗憾的是，他们似乎生错了时代。随着中国在全球影响力的扩大，海外华人的心态也随之改变，很多人以中国为骄傲。中国的崛起，避免了一个“新人种”的诞生，这也算是民族之幸。说到底，海外移民第一代、第二代都是“原装货”，如果真的变成了“转基因”产品，他们的内心就不会有任何纠结，也不会躁郁不安了。

有人问，小孩多大出国留学好？答案是：在小孩的人生观、价值观、世界观还没稳定之前，最好不要急匆匆把孩子送出国，否则风险很大。最佳的出国时机，是在孩子大学毕业之后。因为，那时孩子的本土文化底子厚了，不容易被西方文化拉跑，也不容易有文化上的纠结，更不容易产生价值观错位。如果小学阶段就把孩子送出国，那父母真是“无知者无畏”。不少孩子在学校里有问题，家长以为给孩子换个环境就没问题了，那不过是自欺欺人罢了。如果眼下孩子有问题，换了环境也一样，问题终究还是问题。

有位家长从小让孩子拜名师学钢琴，决心走艺术之路。孩子表现出色，初中毕业就到国外留学深造，一去就是十年。当孩子毕业后回到中国，已经完全是西方思维了。母亲和孩子说话，一不小心就会触碰到孩子的“底线”。孩子总是抗议：“麻烦你尊重一下我的自由。”从此，母亲战战兢兢，唯恐侵犯到孩子的某种自由。不仅如此，孩子动辄批评父母、批评国家，仿佛成了一个“问题专家”。父母稍一开口，孩子便不知天高地厚地训斥：“你们都是井底之蛙，不懂得自由的可贵。”他甚至说：“你们天天吃地沟油都吃出免疫力了，我可不行！”总之，西方样样都好，中国问题成堆。孩子数典忘祖、崇洋媚外，令母亲几乎精神崩溃。母亲说：“这不像是我的孩子，完全是一个假货！到底是谁把我的孩子拐跑了？”

这就是孩子过早出国的副作用，他们心底的文化冲突会撕扯一生。其实，孩子只要与自己的本土文化产生根柢上的连接，就会有扶正祛邪的能量。有的家长为了逃避高考压力，早早把孩子送到国外，往往会产生更多的问题。尤其是面对异质文化，孩子根本就没有免疫力，很容易被“洗脑”。如果连自己都教不好的孩子，非要送给外国人去教，其结果就是孩子六亲不认，成为愤青、废青的概率极高。

过去，中国人习惯于仰视西方，如今终于可以平视西方了。所谓平视，当然不是刻意轻蔑，也不是存心丑化，而是不卑不亢，如实地看到彼此的差异。固然，美国教育有其独特之优势，但中国人至少不必这么争先恐后地把小孩送到美国，更不必把美国想象成梦幻般的国度。只有深植于自己的文化基因，才可能有真正的身心安顿。

# 学问生命莫脱节

孔子曰："必也正名乎。"今天，我们谈中国学问最大的问题，就是一直没有办法正名，老是用西方名词来谈中国学问。大凡属于中国独特性的东西，就没有办法翻译成英文。比如萧瑟、苍茫，这是典型的中国字眼，在中国诗歌与文章里头，俯拾皆是，却根本没办法和西方人讲明白。中国有非常多的关键字，仔细一想，都是没有办法翻译的。道家讲的"无"、佛家说的"空"，怎么翻译？中国人常讲的"精气神"三个字，也没有办法翻译，但中国人却很清楚是怎么回事，这些就是中国独特的东西。

现今的学校教育，即使只教知识，也有着很大的偏差。例如，教科书里有关人体的知识，内容完全是照抄照搬西方的。书里讲的纯粹是西方概念，连一个中医词语也没有，好像只有西方人才懂人体似的。其实，几乎所有的课程，都有类似的问题，甚至连语文课那种充满概念分析的讲法，也都是受西方影响。中国人学语文，根本就不该是语文课上的那种学法。

因此，复兴中国文化，第一件事就是正名，必须要用中国的名词、中国的字眼来谈中国的学问。只要用中国式的思考来谈自己的学问，中国学问的能量就会出现。只要继续用西方的名词、西方的思考，就会让人觉得中国学问要么可疑、要么一无是处。例如，有的学者动不动就提孔子的哲学思想。孔子最重要的不是他的哲学思想，而是他的生命气象。如果换成颜回，你能说他有什么哲学思想吗？颜回是孔门第一大弟子。唐代之前，不像今人说

“孔孟”，当时要不说“周孔”，要不谈“孔颜”。如此有分量的颜回，如果用文史哲的方法研究，就会发现这人没啥好说的，简直就是一无是处。传统读书，首先是观其气象。这么一个“观”，重点不在于大脑的分析，而在于整个生命状态的直接感受。感受颜回那种天清地宁般的生命气息，感受颜回那种湛然似水的静气。若从文史哲的角度分析，根本就没有办法谈他，但他在中国历史上的地位是如此显赫。中国人进了孔庙，头一个拜至圣孔子牌位，第二个拜的就是复圣颜回。结果，这么重要的一个人物，我们的大学却几乎无法谈他。为什么？因为我们用的所有名词都无法对应他，这说明，我们用的名词本身是有问题的。用这些名词来面对中国历史上这么一个响亮的人，竟然束手无策，这样的学问体系不是很奇怪吗？

今天，如果我们从客观、论据、逻辑的角度来谈中国学问，就必然要把中国的学问进行“改造”，才有办法纳入这个架构，以获得承认。港台的学院里有个“新儒家”学派，他们把儒释道三家用康德或黑格尔的哲学语言，建立了一套庞大的理论架构，因此取得了西方的认可，开始能够以哲学之名与西方进行所谓的对话，从此在学院占有一席之地。直至如今，港台谈中国哲学的学者，仍多半是“新儒家”的弟子与再传弟子。问题是，儒家的基点，原在于淑世之理想；儒者的本务，则是如何对应现实的形势。但到后来，这些充满想法、最标榜中国文化的“新儒家”，却一个个只能困守在学院，尽谈些于世道人心丝毫无补的哲学语言。他们平常说话，连一般人都很难听得懂，成为“有字天书”。现今，台湾一批“新儒家”学者，除了开开会、写写论文之外，对社会几乎没影响力，既昧于形势，又拙于应对，更少有行动力，真不知何以言儒？儒释道三家的能量，就从此消失掉了。所谓儒释道，就只剩下一个个抽象名词、一个个哲学概念，尽管说得头头是道，可真正的力道，就再也不见了。把中国的学问纳入西方的架构，不论是学术界，或者是文化界，一直是主流。所有被学术界认可的，几乎全都是“西体中用”的东西。

老树印信

外表是中国的，骨子里是西方的。所谓中国文化，当然只剩下一个空壳。

《大学》说，先格物，再致知。我们的祖先，凭着直觉，通过修行，楔入了全然直观的世界。从此，格了物，与物无隔；从此，对这世界心生欢喜，充满好感。于是，他们进一步想了解、想说明，这就是致知。格物是感，凭直觉，是在文字之先；致知则需要思考，得有赖文字说明。发明文字，是从格物走进了致知。走进致知这一步，有其必要，但也有其风险。后来历史之异化，正在于致知既久，遂忘了格物这根本。尤其日后的抽象学问，强调客观，抽离情感，成了彻彻底底的无感之知。知识理论一旦与格物脱钩，便不断复制繁衍，不断恶性膨胀，最后，成了不堪承受之重担。于是，读书人越忙着思考，理论结构越是严密，便越是压得自己喘不过气来。当代读书人之所以形容枯槁，学术论文之所以干枯乏味，都是因为跳过了格物，只忙着无根无本的致知。格物，是致知的根本；修行，是学问的基础。

事实上，现代教育体制本来就是为西方学问而设计。把中国学问摆在这种地方，根本就错了。西方学问强调站在客观分析的角度，而中国学问讲究感同身受、通情达理，更讲究应机、应缘。如果把话说到别人听不懂，固然可以指责对方文化不够，但其实自己才更有问题。现在大学里有许多的博学硕儒，只要一开口，就是引经据典，满嘴的学术名词。如果别人听不懂，就抱怨对方，好像自己受了多大委屈似的。如果是孔子，他跟别人说话，会不会说得别人听不懂呢？当然不可能。他不可能“目中无人”到此种地步。孔子不只跟有学问的人讲话，他与各色人等都说得上话。一个人的学问，如果只能跟少数有学问的人讲，那就不是中国学问，而是西方意义下的概念性学问。大学是西方产物，是所谓的“知识殿堂”。知识殿堂里的学者，总习惯抱着胸，身体微微向后靠，以一种疏离的姿态，与所有的事物保持距离，以便“客观”地分析、“客观”地批判。因此，做西方学问时，写论文忌讳有个“我”字，也不能有个人的情感，越冷静越好，要尽可能多地引别人的观点、多讲别人讲过的话。写论文若不旁征博引，单单只说自己的话，肯定是要被导师退回去的。

教育，原本是要让一个人变得越来越好。可是，在今天的学校里，学生们却很难变得越来越有朝气，反而开始变得暮气沉沉。那么，这样的教育，是不是就是根本出了问题？简言之，就是学问与生命处于脱节状态。

为什么会脱节呢？因为我们总是教育学生要客观、要冷静，不能有自己"主观"的想法。于是，他们的生命会被抽离开来，感觉系统处于关闭状态，只剩下一个干枯的大脑。久而久之，生命就会失衡，无从"兴"起。我们不断强调知识的追求，但没有教学生怎么感受身旁的事物，更别说要有能力感受得精准、契入事物的真正状态。没有人要学生好好地看一朵花、好好地听身边的声音、好好地体会旁人的感受，我们不断地在教知识的建构与组织，不断地在分析、不断地在思考、不断地在追问：有没有符合逻辑？论据严不严谨？知识有没有硬伤？可是，想了这么多，问了这么多，生命的感受到底在哪里呢？到最后，整个学问就会彻底异化。即使所谓的文史哲，看来是生命的学问，也同样摆出一副貌似客观、实则无感的姿态。每读一本经典，老师总要教有多少版本、有多少学术成果。若讲《老子》，就要讲老子的形而上学、宇宙论，讲得天花乱坠。问题是，学这些干嘛？我们知道老子的形而上学，跟我们的生命有什么关系？不幸的是，所有的大学，都在教老子的形而上学。

现代人谈中国学问，一来纠结于学术，二来老爱讲道理。事实上，很多事情不是道理懂了，问题就能解决。中国的学问，除了说理，向来都还有一个更重要的环节——修行。修行这词，若用儒家的话语，就是修身。《论语》讲来讲去，还是在谈修身。修身首重真切，只要不真切，身就修不了。因此，《论语》里有几回孔子批评子贡，都是因为子贡爱说大道理、不真切。正因为子贡常常话说得太大，言语不真切，所以有一回子贡问"君子"，孔子就

针对他说道 ：“先行其言，而后从之。”做得到，你再说，否则，就少说几句吧！不吹嘘，不高大，力求真切，一直是孔门修身的第一要务。

但是，中国的读书人，越到后代越爱说大道理，口气也越来越大，最有名的就是宋代张载的“横渠四句”：“为天地立心，为生民立命，为往圣继绝学，为万世开太平。”年轻时读此，佩服得简直要五体投地。而有了一点人生阅历和生命实感之后，难免要感慨 ：能做得到吗？操作性在哪里呢？“为万世开太平”，可能吗？很多读书人家里连一个星期的太平都开不了，怎么可能有万世太平？历史上的朝代连几百年的太平都开不了，怎么可能有万世太平？为万世开太平，如同说一个人长生不老。在中国的学问里，做得到才说，做不到就不说。做不到偏又爱说，那就叫“戏论”。

整个中国人的生命气象，宋儒是一个根本转折。中国文化要重建，首先就得打开读书人的生命气象。我们可以做的第一件事，就是学会看到别人的好处，看到旁人的可爱与动人之处。读书人喜欢夸大读书的作用，讲什么“三日不读书，面目可憎”，这纯粹是读书人的自大。你去民间看看，有些人一辈子从没读过书，面目可好看了！相反，整天读书读到面目可憎的人，真是不少。事实上，读书这事本来就有利有弊，误区很多。只要我们清楚误区在哪里，就有办法从读书这件事上获得好处。最简单的操作方法，就是一本书读了数页之后，暂时先盖起来，看一下旁边的人，是否有种明亮感，是否有种淡淡的喜悦。或者，看别人看得顺眼了一点。如果是，这基本上就是一本好书。

# 读经运动是与非

近年来，“读经班”风靡中华大地。读经运动，肇始于台湾，后又影响了大陆。若论传播之速，影响之广，诚百年来文化复兴之盛事也！

声势既大，反弹便深。台湾这边的反对声浪，主要来自政治考虑。但是，政客说话，通常连自己也不信。因此，这种反对，其实无伤。除此之外，再有明摆着反对者，其实不多。究其原因，系因台湾的儒家基底本来就在。民间的传统底蕴，更一向雄厚。真要推动读经，立可榫卯相合，毫无间然。

大陆一侧，却是不同。只见民间满头热忱，主流知识界却意态阑珊。主流知识分子一谈起读经，多半保留意见；激烈反对者，更大有人在。他们背负了五四以来的反传统包袱，对“旧社会”种种做法，素来反感；对于“读经”云云，尤其憎恶。“文革”至今，虽说时过境迁，但在他们身上的影响，却烙印如新。

这烙印，是历史之共业；若要理性说服，其实不易。真想去除，更属文化兴邦难上加难。一来，他们颇有年纪，习气已深，撼动极难。二来，读书人的知识障，素来严重。所有想法，都早已自成一说。理论之严之密，更将自己团团禁锢。

因此，那些极力反对读经之议论，不管出自什么名家学者，都不必与之过多辩驳。偶一言之，可矣。除此之外，多言无益。为人父母，为人师长，着实毋庸过虑，毋庸摆荡，大可放心地教导子弟读经。至于那些反对言论，尽管声势浩大，却也只是一群五四遗老的偏执拗强了！随着西方教育理论之没落，他们再如何呶呶不休，也都只能尽化浮花，全成浪蕊。一个个的浪头过了，也就过了。但是，沧海仍旧，青天依然。

不过，眼下的国学热，确实让人忧喜参半。喜，是因为这的确是件好事；忧，是因为站在台面上大声疾呼的人，常常是一群最偏执的人，一偏执，就可能把国学热带入歧途。这批人使命感深，战斗力强，能量也特别大。可听他那样子讲国学、谈孔子，心里总觉得怪怪的，会让人感觉有种比较极端、比较桎梏人的东西想要复辟似的。换句话说，这群人的生命气象是有问题的。正因如此，很多知识分子对于国学热有所抗拒或有所迟疑，其实是不无道理的。这当然也有知识分子个人的偏执，可能受五四运动的束缚过深，但凭良心讲，他们的某些情绪还是有道理的。毕竟，在这场国学热和文化重建的过程中，一开始冲在前面的人身上，仍不时可嗅得到当年五四运动要打倒的那种酸腐味，更严重的，甚至还有种礼教杀人的姿态。现在很多人对于国学虽然抱有好感，隐隐然却又觉得有啥不对劲，或许是觉得中国文化，尤其是孔子，不该是那群人所描述的那种桎梏人的、硬邦邦的、不苟言笑的样貌吧！

首先，道学味太重。“祸福无门，惟人自招”。清末以来，中国文化之倾颓破败，固因外力入侵，但根柢说来，更是因为自身之病重疴沉。自宋以来，过度尊崇儒家，又极度谨小慎微，读书人拘隘难伸，气象渐失。要不，耽溺于风雅之事；要不，萎死于琐碎之所谓道德。于是，那口通圣人之言的道学先生，摇头晃脑，非腐即酸，一个个尽成了孔子批评的格局既窄心量又小的“硁硁然小人哉”！五四以来的反传统，并没有将这股酸腐味洗清涤尽。相反，在极度反传统时，其伪善，其虚矫，的确是那道学精神的借尸还魂。甚至，还更堂而皇之，更蔚然大观。而今，旧事往矣，但那道学气息却未随之而去，在这波护持传统的读经运动中，仍依稀可得那份酸腐陈味。这些主事者，多半道德感过深，使命感太重，整个生命，仍然过多不必要之紧绷。生命若无法舒展，格局又无法打开，那么，读经再多，也是枉然！

正因这种窄隘，现今读经，遂多蹈宋儒旧辙，仍过度以儒家为中心，更过度紧盯《四书》。例如，台湾的高中课程，恢复了中国文化基本教材。最关键的是，既名之曰“中国文化基本教材”，就理应儒释道三家均衡介绍。孰料，主事者完全是道学心态，只读《四书》，不及其他。儒释道及诸子百家，皆生命之学，皆智慧之学，都是教人清朗、教人自由、教人明白之学问，都提醒着世人，教育之事最忌“以盲导盲”。若以自身之无明，“努力”鞭策他人，“竭诚”鼓舞他人，如此好为人师，看似教育，实则造孽，终究都是一场灾难。

现今读经，另一个更根本的困境是，脱离了原有的文化土壤。因此，长久看来，成效难彰，理想难期。

经典重不重要？当然重要。但是，经典再重要，依旧是圣人从生命的阅历与证悟之中提炼而来的，不管如何了不起，终究，也只是二手的东西。孩子倘使没有生活，没有第一手的生命经验，背了那么多的经典，又到底从何生根发芽？今天我们要教给孩子的，除了前人提炼出来的东西之外，更重要的，是不是让孩子自己也有提炼的能力？孩子必须有的，是感知的能力，是生活的能力。可是，眼下的读经学堂却几乎不碰这些东西。孩子没有一手的经验、一手的感受，却塞了那么多二手的东西，即便这些二手的东西再怎么了不起，可依旧是本末倒置。

古人很小就开始背经典，有些人也因此成了大才，但有个前提是，古人在背经典的同时，有生活，有家族的婚丧喜庆，有岁时祭仪，还有宗族邻里的人伦关系。在这些实际生命经验的滋养之下，经典才有丰沃的土壤，读了经典的孩子日后才得以成才。可现今的读经教育，孩子铆足全力，一心一意背完经典，势必得抽掉绝大部分的具体生活与生命感受。如此一来，经典背后的根基，经典前头的经验，又到底从何而来呢？

台湾读经大兴，迄今已逾十余年。彼时读经之孩童，今多已成年，最当勃然兴发之龄。此辈青年，理应斐然成章，早该熠熠生辉了。但证诸事实，却完全不然。此辈年轻人展现之气象，与读经之第一义该有的胸襟气宇，实在远不相侔。即使是最清楚可见的所谓中文程度，都很难说已经超越了未受读经洗礼的那代人，更遑论再长一辈。

这些年来，大陆的国学热方兴未艾，发展势头，一年猛过一年。这大概就是“历史的气运”吧！一方面，随着中国崛起，大陆已彻底走出贫弱，具备了百年未曾有之自信。可另一方面，当中国人有了自信之后，对于自己真正的文化身份，却感到空前的迷惘。这样的“历史气运”，说穿了，就是当下的中国人不愿意再迷惘，于是，便有一股强大的力道，想要转折，想找出口，想告别自我否定与自我掏空，更想借由文化的肯定与珍重来找回自己。换句话说，国学热最根柢的理由，只不过是面目模糊、魂飞魄散的中国人，满心热切地想看清自己的面目，找回自己的魂魄罢了！

读经，本是为了完成人格，成为通达事理、性情平正、自知知人的朗豁之人。然而，两岸读经，尽管如此一片骚然，但离此目标，却其实迢遥。问题的核心是，目前的读经并没有深植于该有的文化土壤，只像是种子撒在了浮土上，当然可以生长，也看似青葱翠绿，但总难以期待枝繁叶茂，绿荫满地。

所谓经书，是植根于自然、植根于文化土壤而生之长之茁之壮之的烨然硕果。读经，欲有大成，原该同古人一般，天生地长；亦该如古人一样，厚土深培于悠悠人世。否则，读再多的经，都只是拾人牙慧；背再多的经，都仍只是孔子嗟叹的“苗而不秀”“秀而不实”。如此读经，若当学究，容或可行；欲成志士，则断乎不能。现今文化土壤，经此百年斫毁，当然饶富不比当年，但真可植根之处，其实仍多。“十步之内，必有芳草”，如台湾民间之四时祭仪，又如神州各地之戏曲说书，再如庶民之活泼豁达。凡此种种，都足以让经书接得上源头活水。有志之士，若能留心于此，则读经之事，可长可久。读经运动，更可气象一新！

有人担心，小孩读经，将来会不会与当代社会格格不入？其实，这本身就是一个伪命题。如果真把中国文化吃透了，化到生命里，不可能跟当代社会格格不入，反而会更自在。因为你很容易了解别人，很容易体会人家的心情。毕竟，大家都有同样的文化基因，人同此心，心同此理，甚至连人家怎么算计你，也看得清楚明白，“危邦不入，乱邦不居”，该闪就闪，该避也会避。你越深入了解真正的中国文化，在当代社会上就能过得越安然。让孩子学习传统文化，目的就是要把孩子教好，而不是教傻。

还有人担心，中国传统文化中糟粕很多，例如计谋、权术之类。其实，把中国文化强行分为精华和糟粕，这样的二分法是典型的西方思维。中国形而上和形而下的东西是一体的，精华和糟粕也是一体的。例如，权术是中国文化中很重要的一部分，如果用得对，权术即便不是经国大用，至少也是人情练达。如果用得不对，就是勾心斗角，自误误人，最后弄得谁都没有好下场。问题的关键不在权术，而在人心。看待中国传统文化，必须做到“爱而知其恶，恶而知其美”。你喜欢它，仍得知道它有问题；你不喜欢它，也还是要看到它有动人之处。本着这样的态度，不管它好或不好，到头来，你都可以从中受益。

学习传统文化，最怕误入两个极端。要么，全盘否定；要么，全盘接受。在这两个极端里，人多半做不好事情，也不容易活得安然。活得安然与做好事情，就是所谓的“内圣”与“外王”。这两件事息息相关，二而一，一而二。在中国人的思维里，外面的世界与内心的世界，绝对不是不相干的。不可能像一些知识分子所说的，一个是私人领域，一个是公共领域，两者不能硬扯在一起。在中国人的世界观里，微观的内在世界与宏大的外在世界，必然有一定程度的对应关系，绝对不是截然划分的。

自古以来，圣贤都是应世之人，是对应时代乃至开创时代之人。圣贤比谁都更具有强烈的现实感，否则，凭什么对应时代？培养圣贤的最重要关键点，是“感”得时代之心、“感”得天下人之心，这是最高级别的格物。没有感、没有格物，要成为真正的圣贤，又如何可能？这样的学问，终究与圣贤的学问是两回事。尽管他们整天谈的是圣贤，可实际上却只会离圣贤越来越远。事实上，真正培养人才，不能整天只是读书。你得见过世面，得走走江湖，得知道人间险恶。如果你连遇到一个普通的坏人都没法应对，这算哪门子圣贤？面对坏人，圣贤即使无法搞定，至少也能够妥善地应对。读经的孩子整天背诵经典，像是无菌室里成长的幼苗，面对坏人，多半只能发慌，只能在心里“反求诸己”，或者把经典里面骂小人的字眼过了又过，最后无奈地感叹：“怎么会有那么坏的人！”

读经，最容易催生使命感。人可以有使命感，但别整天把使命感挂在嘴边。所有伟大的东西，包括“仁义礼智信”，谈多了，就变成说教，变成以善压人，甚至礼教杀人。人活着，不是为了那些抽象的“伟大”的事情，这种种的“伟大”，不论是治国平天下，或者成为圣贤大家，就本质而言，都与生命有隔，都不真切。真切的东西是什么？就是《论语》里的“风乎舞雩”，就是当下我们与人的相处，就是回家面对父母妻小。只有体会到这些真切，再慢慢往外扩充，进而体会更大的世界，这才是中国文化最基本的原理。但凡真切，就不单单是理论，也不单单是学问，甚至也不是空洞的“仁义礼智信”。

“仁义礼智信”这些字眼，刚开始都是好的。可再好的东西，如果讲得太久了，就会面临陈腐的危险。一个字眼用久了，我们会习以为常，讲得太顺，一旦变成陈词滥调，再好的话都会失去原有的真实感。任何时代都应有新的语言，可根本的精神，却是永远不变的。中国文明必须建立在尊重传统、继承传统之上，经典得读，可每一代人都应翻出当下的新意。一方面要立足经典，接得通古人；一方面要踩稳生活，接得了地气。倘真如此，自然就可以用时代的新语，说出万古不变的道理。

# 人生何须早规划

孔子自叙，年少之时，他“志于学”；年长之后，则“志于道”。现代人不言“志”，只谈“人生规划”。

“人生规划”，看似与“志”相仿，其实完全两样。现在年轻人，普遍无志。问题症结，不在他们，而在成人世界。成人造作的物化社会，无可欣喜，你要他们如何有志？

志气，近于混沌，必是感兴的。一如《西游记》那块灵石，受天真地秀、日精月华，感之既久，遂一迸而出那只石猴，方才学爬学走，石猴便拜了四方。他四方礼拜，是对天地有敬意，更是这世界实在新鲜、饶富兴味。这孙行者，可谓有志。志气向来讲不明，却明明白白开向一个可欣喜的未来；志气向来说不清，却清清楚楚指向一个可感兴的未知。

志气如诗。好的时代里，年少之人，各有其志。而少年十五二十时，也人人皆可是诗人。诗主感，又主兴。孔子说，“兴于诗”。现在学校教授古诗，为图方便，硬是逐句翻译成大白话。说是教学，其实是造孽。他们把学生仅剩的感悟能力，扼杀殆尽。

诗，是透过文字，与天地精神相往来；诗，是通过文字，与人世风景相映照。诗是孔子说的“思无邪”，是日月光华照见天地万物，历然爽豁，俱生好意。诗是年少的志气满满。青衿之志，贵在昂扬，贵在饱满。即便过当，即便恣纵无涯，都无碍于那厚实底气。年少青春，有此深厚底气，好比盘缠殷实，往后的人生，便可“走尽天涯，歌尽桃花”。这般且吟且啸、且歌且谣，迥异于今日所言的“人生规划”。

“人生规划”之为恶，正在于完全没有诗情。年少时代，无有诗情，何言青春？无有诗情，何言志气？“人生规划”是标准化社会的产物，明确清晰，像张工程图。但凡按部就班，就能达成“目的”，成为一个标准产品。“人生规划”如生产线：此时此地，装零件；彼时彼地，钉螺丝；传送至末了，装配完毕，生命也成乌有。

在生产线上，人人依相仿的“进度”，循序渐进。开头通常是用功读书，考好学校。不用功也行，总之找好工作，努力赚钱，设法理财；然后买车、买房、买保险；最后再做个“生前预嘱”，把一生积累的财产交出去，或者留给医院。如果人生只剩如此，真是不要也罢！莫怪年轻人无感无兴，也莫怪年轻人不知志气为何物。毕竟，成人世界教他们的，只剩这一份份的“人生规划”！

子曰：“吾十有五而志于学，三十而立，四十而不惑，五十而知天命，六十而耳顺，七十而从心所欲，不逾矩。”这是孔子年逾七十，谈他五十之心境。天命，一是限制，二是成全。有限制，才有成全。

年少时，人贵有志。其志辽辽，其愿未央，这是青春之最可感激处。青衿之志，不必具体，也不用明白。有些混沌，甚至有些糊涂，那才好。但凡精神饱满，生气昂扬，有胸罗天下之襟抱，这般气宇轩昂，这样志气清坚，就已然不负少年头了！

志气清坚，是孔子常说的“兴”字。早晨初起，眼前的一天，还没打算做些什么，满满的却有一份朝气，这就是“兴”。禅家说：“日日是好日。”他们最能得个“兴”字，所以个个抖擞，人人精神。这般带着些混沌，却又处处蕴含着生机，也是中国诗歌真正的境界。

花事虽好，但不管春日如何烂漫，如何无边无尽，仍得有个收束，来日方能结果。青春的混沌，年少的志气，那是蓄势待发，仿佛眼前有桩大事。但酝酿足了，蓄藏够了，真要出发上路，就得方向明确，格局清晰。于是，诗之后，要有礼；兴之后，得有立。因此，"十有五而志于学"之后，孔子说，"三十而立"。

方向定了，就该上路了。但，走着走着，颇有挫折，屡屡困顿。始料未及呀！境界一旦现前，原先的方向，忽起了彷徨；原本的信心，竟也开始动摇。敢情有些事情，其实没搞清楚？敢情对于自己，也没真弄明白？一次次生命状况，引来一回回困惑。但，这未尝不好。小疑小悟，大疑大悟。有了疑情，才可能有后来的不惑。禅家又言："一日有一日的领会，十年有十年的风光。"于是，又十年，孔子这风光，自道是"四十而不惑"。

待困惑一一廓除，随着年岁增长，却更明白，许多的事儿，前头都横亘着一座座大山，难以翻越，难以撼动。倾一己之力，真能所为者，其实都极其有限。这有限，固因人之自身，必然局限重重；亦因时代环境，定是限制层层；更因天命浩荡，委实难料。

生命的一座座大山，个中的一重重限制，若真切体会，如实感得，那么，人会谦卑，生命也会聚焦。明了自己的有限性，才可发挥一己的有效性。自身的局限，外在的限制，若真明白了，人就不会穷酸寒碜，也不会怨天尤人，更不会妄作轻为。不虚掷于自怜自叹，不随意轻举妄动，这意味着，但凡出手，就更可能一击必杀。换言之，明白了限制，也聚焦了能量。一旦聚焦，人真能所为者，虽说不多，却也不少。无需自我膨胀，但也毋庸妄自菲薄。所谓天命，正是这如如实实的不多也不少。说穿了，就是天生我才必有用。

孔子说："加我数年，五十以学《易》，可以无大过矣。"孔子如果早点读《易经》，或许生命就会不太一样。孔子在鲁国那样的政治环境下，一上台就诛杀自己觉得不道义的少正卯。如果孔子是一个成熟的政治家，当然就不会如此操切。从这个角度来看，孔子后来的下台，多少是咎由自取。老实

老树印信

说，这是自作因、自受果，自作自受，不能完全归咎于鲁定公与季桓子。孔子任鲁国大司寇，摄相事，一开始风风光光、政绩卓著，如果后来没犯错，什么问题也没有，突然就莫名其妙跌了一跤，踉跄下台，这未免也太不合情理了。如果对照当初老子对孔子的批评，就可以看到一条相似的线索。孔子年轻时就有的生命的某种急切，一直没有真正化开。也正因如此，他后来周游列国的仆仆风尘与屡遭困厄，就是一件好事，这是上天在成全他。在这个过程中，孔子屡经挫折，才更清晰地意识到自己的局限。“五十而知天命”中的“天命”二字，关键就在于知道了自己的局限。很多人在讲孔子时，都习惯一种仰望的姿态，多多少少都把他神化了。其实，孔子并不是一个神一样的人。如果孔子一出生就是个圣人，我们也只能顶礼膜拜，并没办法在他身上学到太多东西。毕竟，我们都没有圣人的基因。

在《论语》中，孔子与弟子们言志。子路说：“愿车马衣轻裘与朋友共，敝之而无憾。”颜回说：“愿无伐善，无施劳。”孔子说：“老者安之，朋友信之，少者怀之。”

那个时代，孔门师徒的志向看似很“虚”，很缥缈，却需要用一生去修行。现代人的志向看似很“实”，很具体，比较容易够得着，却没有多少分量。其实，人的志向不怕高，不怕做不到，就怕做到了之后不知下一步怎么办？珠穆朗玛峰固然很高，然而一旦登顶，便会怅然若失，拔剑四顾心茫然，感觉未必有那么好。所有实的东西背后，都有一个虚的东西；所有虚的东西背后，都有一个实的东西。虚的志向做到了，就会有一种生命根柢的安然；实的志向做到了，反而会有一种莫名的不安。

一位大学教授面试学生，学生们做了充足的准备，一个个光鲜亮丽，就像他们提供的申请材料一样。无一例外，每个学生都有耀眼的背景：学习成绩优异、艺术特长突出、获得过各级奖励、热心公益事业……然而，在赞叹学生综合素质高的同时，他也隐隐有一丝遗憾：他们看上去太完美了，似乎看不出有任何缺点；他们看起来也太像了，就像是一个模具打造出来的家具一样。不仅如此，他们在面试中的表现也很相像：一个个正襟危坐，面带微笑而不露齿；说话时吐字清晰，抑扬顿挫，仿佛在深情地朗诵一首诗。一个学生上来就说“子曰”，教授打断他，问他叫什么名字，他说了名字之后，接着说“子曰”，教授再次打断他，问他到底想说什么。他涨红了脸，一句话也说不上来。还有一个学生自信满满地坐在面前，等着被问各种可能的问题，仿佛一切尽在掌握之中。教授说：“我没有什么问题问你，你有什么问题要问我吗？”学生完全没有料到老师会提出这种问题，顿时惊慌失措，张口结舌，几乎要哭了出来。显然，所有的学生在来之前，都经过了某种程度的面试培训，至少看过如何应对面试的“宝典”，但可能没有人告诉他们：老师并不感兴趣他们表现出来的是谁，而只想知道真实的他们到底是谁？

最令人吃惊的是，当教授问他们“你希望自己未来成为什么样的人”时，很少有人能答上来。学生们说，他们压根儿就没有想过这个问题。真的是从来没有想过吗？其实不是。这个问题他们曾经想过，只不过那是在很久以前，久到连他们自己都忘记了。因为，所有人只关心一件事：考了多少分，排到第几名，能上什么学校。于是，教育被简化成了一条升学直线，所有的过程只为那个最后结果而存在：上北大或上哈佛。但是，没有人告诉这些孩子，上了北大或哈佛之后怎么办？难道自此之后人生皆成坦途，再不会遇到诸般烦恼与困厄？当他们真的置身于梦中的校园时，是否会陷入深深的焦虑之中：下一座山在哪里？

孔子的时代，重重忧患。但他那时，满满志气。到了晚年，还动辄问对门人：“盍各言尔志？”千百年后，孔子若是地下有知，当仍愿意召唤今日年少者：甩开那劳什子的“人生规划”吧！来，说说你的志向，老夫爱听呢！

# 治家亦如烹小鲜

《道德经》云："治大国若烹小鲜。"古人煎小鱼儿，仅洗一下，不去屎肠，也不去鳞，担心把小鱼儿弄断了。老子的治国之道很明白，就是不宜翻来覆去，不要动辄扰民，更不要瞎折腾。

在中华民族的历史上，从来没有一个时代像今天这样把教育看得这么重要，也从来没有一个时代如今天这般不知道该如何教育孩子。大人越折腾，孩子越不安宁；孩子越不安宁，大人越折腾。孩子闹腾，原因是家长折腾；孩子心乱，根源是家长心乱。家长动若脱兔，孩子焉能静若处子？

如今，很多父母养育孩子，总是少了一份平常心。他们天天急着送小孩到各种课外补习班，使劲给小孩灌输知识，学这学那。结果，小孩真的从中受益了，还是反而感染了他们的焦虑？父母整天惶恐于不让孩子"输在起跑线上"，在这样不安的氛围下成长，小孩怎能身心平衡？

眼下的孩子，最欠缺的是一分底气、一种生命根柢的安然。多少父母，不辞奔波，不畏劳苦，焦虑忙碌，结果呢？孩子固然看似聪明博学，但离生命该有的安稳，却也愈来愈远了。孩子若无法安稳，待稍稍长大，焉能不浮躁？又焉能不忧郁？可怜天下父母心，有多少家长殚精竭虑，唯恐将来苦了孩子。岂料，费尽心思，却换来一张张还没长大就已忧郁满布的脸；岂料，苦心安排，却让孩子走进了无边无际的彷徨与空虚。

在《史记》中，有一个人叫曹参。除了"萧规曹随"这个成语之外，几乎很少有人提起他。其实，曹参的厉害，正在于他的无所作为。

秦汉之际，在历史舞台的上半场，曹参其实是大有作为的。他先是出将，而后又入相。当年的曹参将军，征战沙场，共打下了两个国家，再平定一百二十二个县。如此战功，彪炳千秋。同时，曹参在厮杀冲突之间、出生入死之际，还“身被七十创”。因此，在汉初封侯时，论及位次，那些立下汗马功劳的大臣，便纷纷力主曹参应位先萧何，名列前茅。理由是，曹参披坚执锐，攻城略地。这样的战绩，当然了不起。可如此功勋，虽说煊赫一时，但若置于历史的长河中，却影响有限。然而，后半场的相国曹参，尽管无可称述，却有着“光而不耀”的特殊分量。这分量在于，他让我们明白了什么叫“无为而治”。

曹参为相，凡一十二年。相齐之初，厚聘胶西盖公为师。礼敬之隆，甚至将堂堂相府正堂，都改成了供养盖公的住宿处所。如此优礼，显然是当时初初一见，盖公三言两语，便打到曹参要害，将他最关切之处都清楚地点了出来。盖公不仅提示曹参如何在齐地“安集百姓”，更指点曹参在汉初形势下如何进退用藏。于是，盖公为言黄老之道，既说人道，亦言天道；既言臣道，亦谈君道。从此，曹参“如齐故俗”，一切因之循之，以清静为本。他如江如海，也藏污，也纳垢，即使奸邪之人，亦容之蓄之，不惊不扰。九年之后，“齐国安集，大称贤相”。同时，他虽位列开国功臣，却以无名为令名，安稳沉静，不落机巧。日后，刘邦对功臣多有猜忌，即使忠勤如萧何，一度受拘被执。可偏偏曹参从不受疑，亦不遭忌。他吉祥止止，连个事儿也没有。

刘邦死后，又两年，曹参继萧何为相，“举事无所变更，一遵萧何约束”。既无变更，自然不兴不革，根本就无所事事。于是，属下与群僚见曹参这般“日夜饮醇酒”，毫不作为，大都深感不妥，亟思劝谏。结果，一见曹参，才欲开口，曹参便招呼饮酒。喝一段落，想开口再言，曹参又频频劝饮。一饮再饮，最后酒醉而去，终究不得而言。曹参相汉，如此三年。后来，司马迁

老树信印

评曹参："不变不革，黎庶攸宁。"

这样的"不变不革"与"守而勿失"，乍看之下，岂不容易？似乎，只需要竟日醇酒、沉湎其中，然后一切不管即可。但是，如果细细想来，却又实实地不然。试想，任何人高居相位、总揽天下之际，可能会毫无兴革吗？毕竟，人多有私心，当官的更有权力欲望。位高权大如相国，随便起个心念，天下都要为之震动。有兴有革，一来可证明自身能力，二来不也彰显了自己的分量？再者，人总有一己想法，也总有爱憎好恶，一步步走到相国高位，更免不了会有满肚子的理想与抱负。新相上任，基于使命感，即使不觉得百废待举，至少也颇感处处有待改进。于是，在准备一展抱负之时，就必然有改革，也必然有更张，又怎么可能彻底依循、毫无改变呢？

因此，曹参的"不变不革"，看似愚钝，实则有莫大之智慧。他的竟日醇酒，貌似滑稽不经，但骨子里，却有一番深谋与远虑。曹参之所以无所事事、毫不作为，固然有鉴于秦法过严过密，"民苦秦苛法久矣"；也固然是因萧何规模已定，"法令既明"。但是，关键仍在于曹参既明人道，亦明天道。他明乎天人，故不以一己私意扭曲天道。时势若该休养生息，他就绝不妄加兴革，也不随意滋事。换言之，曹参面对天道时，可以将私心与权力欲望节制到近乎"无我"，也可以把爱憎好恶与理想抱负化除到近乎"无执"。就一般人而言，真要节制私心与权力欲，其实已不太容易。至于要去除理想与抱负的执着，则属难上加难。但是，也唯有真做到如此，"不变不革"，才庶几可能。

于是，曹参清静无为，一切沿用旧章。紧接着，他只找"对"的人来做事。曹参从郡国之中，挑选官吏，只要是"木讷于文辞，重厚长者"，一旦发现，便马上起用。相反，若是"言文刻深，欲务声名者"，则一概摒弃。

从此，曹参的相府里，尽是一群不惊不扰、不务声名的厚重长者。他们既不严苛，也不以法逼人。他们不求表现，也不贪图绩效。他们默默做事，老老实实。外表是个官员，性格则近于老农。这一群厚重长者，一个个光而不耀。他们是，暧暧内含光。一时间，遂成了这新朝的气象。

虽然曹参只任汉相三年，但典范一立，不仅养成汉朝的宽厚之风，更养足了两汉气脉。于是，我们今天看到汉陶与汉砖，也读到汉简与汉碑。那里头，都有种曹参无为而治遗留下来的“无用之大用”，名曰“质朴与大气”。有汉一代，前后绵延四百年。即使后来被篡，直至西晋末年，匈奴人刘渊称帝，仍因人心思汉，依然要建国号为“汉”。我们今天自称汉族，相较于全世界骤然而兴又骤然而衰的诸多民族，汉民族几遭颠踬，旋即又勃然而兴，汉文明更是气息深长、绵亘久远。

治国需要清静无为，治家亦如此。费孝通在《生育制度》中写道：“我们若是有闲情，坐下来计算一下，一个孩子在一小时中所受到的干涉，一定会超过成年人一年中所受社会指摘的次数。在最专制的君王手下做老百姓，也不会比一个孩子在最疼他的父母手下过日子更难过。”

孩子有毛病，可以提醒一下，但别动不动就想改造他。不持改造之念，并不意味着姑息，也不意味着放纵，而是因为我们深知即使作为成人，想改变自己都是何等困难，于是我们也才知道：不能急啊！一旦知道急不来，就不容易产生不必要的情绪，不会轻易去责备：“我已经讲了那么多次，为什么你永远都改不了？”

事实上，恰恰是因为“讲了那么多次”，才会“永远都改不了”。讲越多次，越改不了。凡事适可而止，一件事讲太多次，只会起反效果。中国人爱说“事不过三”。刘备去找孔明，就是三次。若过了三次，可能刘备就不去了。如果第四次还去，那除了刘备貌似很有“诚意”之外，也可能说明刘备其实就是个强迫症患者。面对这种强迫症患者，估计诸葛亮也不会答应的。因为，将来相处肯定会很痛苦。偏执的人，通常是天下最大的乱源。

古代的家庭，父母对孩子看似管得很严，但本质上并不多管，孩子自由生长的空间很大，就像野草一样无拘无束。只要孩子不过分，父母基本不干涉。其实，孩子能不能成才，与父母的管制是否严苛并无关系。任何一颗种子，都是“自得天机自长成”。过多的人工干预，反而使其弱不禁风。大人越是折腾，孩子越是逆反，倒还不如顺其自然。无为，有时恰恰是最大的有为。若要孩子安宁，家长先安定下来，一切自然就顺了。

本来，所谓学习，就是有样学样。教育，无非是明白之人使人明白；教育，只不过是走在前头的那人一派气定神闲，于是后头之人一个个也跟着神清气爽，如此而已。

教育之要，“简静”二字。大人朗然清安，小孩才能不躁不郁。今天教育之崩解，部分原因正是被大人急坏的。小孩还没变坏，大人就先急出了躁郁症。结果，愈急愈坏，愈坏愈急。身处在急成一片的躁郁时代，令人格外想念“简静”岁月里的天清地宁，也让人怀念“简静”时日中人应有的自在与安然。这一代孩子说来可怜，因为他们在成长过程中，能看得到自在安然的榜样，着实已然不多。

无论是家长，还是老师，不要让你的“认真”、你的“好”变成乱源。有的老师总想把学生改造成自己心目中的理想状态，这种“祸害”程度，不亚于那种望子成龙的家长。一不小心，大人就变成子女一生中最大的梦魇。他们当然是求好心切，但再怎么求好，一旦心切，副作用就出来了。真要求好，就不能心切，就只能若有似无地求，一副心中无事的状态。最大的关心，是看起来不太关心。在这样的情况下，你的“认真”、你的“好”，才能养人。中国文化最有分量的东西，都是阴阳调和、举重若轻的。当你能举重若轻时，才有办法承受最重的东西。

中国人说“大化无形”，也说“无为而治”。一个家庭倘使能变好，基本都是“润物细无声”，在不知不觉之时、若有若无之间慢慢转化的。倘使要转化别人，其实都得先把自己的生命松开。自己松开之后，对方转化的可能性才会变大。生命最核心的问题，通常都不是在一种紧张的状态下解决的。相反，越是宽松，才越可能解决。

严格地讲，对于孩子的教育问题，也不是完全不当回事，而是在“当回事”与“不当回事”之间，保持着若有似无的状态。能看到那个问题的存在，却又不被它绑住。只要心里没有紧张感，就有办法跨越过去。很多烦恼都是这样，越是紧盯着它，越想跟它拼搏，就越难解决掉。有时不把它当回事，反而就跨越过去了。事实上，人是不能被改造的，最多只能被转化。而且，转也是自己去转，别人顶多也就给一些因缘。真正转化的发动与完成，根本仍在自己。

# 莫让孩子成巨婴

在第九十一届奥斯卡颁奖典礼上，一部由华裔导演石之予执导的《包宝宝》荣获最佳动画短片奖。

这部短片虽是美国公司出品，片中却随处可见“福”字、青花瓷、太极等中国元素。短短八分钟，讲述了一个中国人再熟悉不过的话题——亲子关系。

一名生活在唐人街的华人妇女，发现自己包出来的小包子变成了一个小男孩。小包子萌萌的样子，一瞬间击中了她的心。她怜爱地给小包子洗澡、打扮、喂食，像呵护孩子一样，小心翼翼地守护着他长大。时光流逝，小包子慢慢长成一个渴望闯荡世界的少年，而母亲却担心小包子独自出门后会磕着碰着，从而拒绝了他的请求。母子之间，第一次产生了嫌隙。

可是，母亲的忧虑与牵挂，永远挡不住孩子的步伐。小包子终于还是离开了，再次回来的时候，带回一个金发碧眼的女朋友，而她手上闪闪发光的钻戒，似乎在向老妈宣告着“主权”。面对即将和女朋友搬出去、彻底离开自己的小包子，母亲失控了。她一把揪起小包子，将它吞进了肚子。随后瘫倒在地，放声大哭。

电影的结局，总算回归温情。母亲在吞掉小包子后，突然从噩梦中惊醒，原来这一切，不过是自己的梦中幻想而已。而她真正的儿子——一个很像小包子的男人也回到她身边，母子间的隔阂慢慢消除了。母亲接纳了儿子的独立与离开，也学着与洋媳妇和睦相处，一切都在往好的方向发展。导演说，这是一个关于家庭与爱的故事，也是一个关于放手的故事。愿所有深爱对方的父母子女，终将彼此原谅，达成和解，迎来属于自己的丰盈岁月。

现实版的中国式亲子关系，不正是如此吗？爱与恨并存，两代人撕扯挣扎，直至两败俱伤。而亲子教育中的“人吃人”，也正在无数家庭中上演。父母对孩子过分保护，最终以爱为名将子女吞噬。

其实，对小孩过度期待，是父母的贪念。只要有贪念，就会害人。“望子成龙，望女成凤”，多半是贪念，常会酿成悲剧。对于小孩，家长可以有所期待，但不能过度。一旦过度，就是在害小孩，也会把自己赔进去，最后变成两败俱伤。因此，对小孩的原则是：可勉强，但不能压；可引领着走，但不要拖着走。小孩年纪愈大，愈有想法。如果硬压，反弹就大。当孩子还小时，大人对待他有弹性，将来青春期时，他的弹性也会出来。不仅对自己，对别人也会有种可呼吸、可翻转的弹性。世上本来就是一样米养百样人，孩子各有各的福报。你未必活得比他好，又凭什么对他指指点点呢？

有一名男演员的妈妈，为了不让儿子做饭，跟着儿子跑剧组，儿子在哪儿拍戏，她就跟到哪儿。因为不想看到儿子被打，她不许儿子接古装戏和武打戏。怕儿子上火，她常年给儿子榨果汁，每天凌晨起床熬梨汤。结果，被妈妈控制了近四十年的儿子，实在忍无可忍。他一直想逃离妈妈的掌控，但妈妈总会使用“苦肉计”。回家时，他发现妈妈在哭。这种密不透风的爱，就像无形的枷锁，让孩子陷入了恐婚状态，痛苦不堪。

在《论语》里，陈亢请教孔子的儿子伯鱼说：“你在孔子那里听过不同的教诲吗？”伯鱼说，没有。有一次，孔子问伯鱼：“学《诗》了吗？”伯鱼说：“没有。”孔子说：“不学《诗》，无以言。”还有一次，孔子问伯鱼：“学礼了吗？”伯鱼说：“没有。”孔子说：“不学礼，无以立。”陈亢退而喜曰：“问一得三，闻《诗》，闻礼，又闻君子之远其子也。”

这段话的核心在最后一句话：与自己的儿子保持适当的距离。一个健康的家庭，父母有自己的生活，孩子有自己的生活。父母和子女，最好的状态是处于有情和无情之间，不要陷溺其中。情感如蜜糖，必须化得开。如果父母的感情太滥，孩子的压力也会过重，反而不易成长。

其实，每个父母也都知道，孩子总归要离开自己。父母可以在他年幼时提供舒适的生活，但不可能陪他一辈子。总有一天，他要独自面对这个有点残酷的世界。人在幼年，需要依赖成人的保护和供养。家庭就是孩子的“温室”。在父母的眼中，儿女是永远都长不大的。靠着父母的呵护，孩子不必在能力还不够的时候去直接应付外面的世界。在冷酷的社会环境中，父母就是孩子的缓冲带。孩子从小只要张嘴哭，就有奶汁；只要伸手要，就有玩具。这世界，真是一个随心所欲的童话世界。若是孩子永远能得到这优待，将成为童话世界里的王子或公主。

然而，真实的世界哪里会是童话世界？世界资源有限，到处充满竞争，一切东西都得费心费力去求取。一个孩子在家里生活得太久，往往会在社会环境中失去适应的能力。因为，家里多的是迁就、谦让，少的是争斗、竞争。一个在家里从来没有受过惩戒的孩子，一旦遇到社会的残酷竞争，就会惊慌失措。

婴儿靠母乳才能生长，但长大之后，却不能再吃母乳了。母乳不但不能满足长大了的孩子的营养需要，而且对于孩子的消化能力也有不良影响。于是，这才有了不愉快的“断乳期”。断乳了，孩子才有战斗力。家庭就像蚕茧，不论多么结实、多么美观，目的是给茧内的蛹一个成长和蜕化的机会。茧壳的完整性是暂时的，若是怕蚕宝宝受苦，只有把蚕宝宝闷死在茧内。可是，杀蛹完茧，又岂是作茧自缚者的本意？

当今，很多孩子被称为“巨婴”。虽然生理年龄已经是成人，但心理年龄仍似婴儿。这些孩子毫无能力，弱不禁风，却又极度自私，只知道一味向父母索取。一旦要求得不到满足，就会像没断奶的婴儿一样撒泼。教育家马卡连柯说："一切都让给孩子，为了他牺牲一切，甚至牺牲自己的幸福。这是父母送给孩子的最可怕的礼物了。"

一位作家说："所谓父女母子一场，只不过意味着，你和他的缘分就是今生今世不断地在目送他的背影渐行渐远，而他用背影告诉你，不必追。"聪明的父母既不会让孩子感到童年的贫瘠，也不会让孩子感到成年的窒息。如果父母真的爱孩子，就该教会他和这个世界相处的能力。孩子在社会上活得如鱼得水、游刃有余，才是父母最大的成功。

第七章

CHAPTER SEVEN

# 家　国

## 家的外面是天下

在中国，家是有弹性的。“自家人”可以把任何一个人拉入圈子，其范围因时因地伸缩自如，大到数不清，天下可成一家。

费孝通先生认为，中国的家像是一块石头丢在水面上推出去的波纹。每个人都是这个圈子的中心。有句俗语叫“一表三千里”，三千里是指其广袤的意思。在这张巨大的网中，中心就是自我。在传统的乡土社会，每一家以自我为圆心，周围划出一个圈子，这个圈子就是“街坊”。有喜事要请酒，生孩子要送红蛋，有丧事要出来抬棺材。这不是一个固定的团体，而是一个范围。范围的大小，要依着中心的势力厚薄而定。有势力的人家，街坊可以遍及全村，穷苦人家的街坊只是比邻而居的两三家。到极端时，可以像战国时期苏秦潦倒归来，“妻不以为夫，嫂不以为叔”。在乡下，家庭可以很小，而一到有钱人家，家庭可以大到像个小国。中国人特别对世态炎凉有感触，因为这圈子会因中心势力的大小而变化。以家为中心，像石子投入水中，波纹一圈圈推出去，愈推愈远，愈推愈薄。

儒家最讲究人伦，伦是什么？“伦也，水文相次有伦理也。”凡有“仑”的字，意义皆有相通之处，表示条理、类别、秩序等。伦重在分别，《礼记》里所讲的十伦，鬼神、君臣、父子、贵贱、亲疏、爵赏、夫妇、政事、长幼、上下，都是有差等的次序。“不失其伦”是在区别父子、远近、亲疏。人和人往来所构成的纲纪，就是一个差序，也就是伦。《礼记》里说：“亲亲也，尊尊也，长长也，男女有别，此其不可得与民变革者也。”父子有亲，君臣有义，夫妇有别，长幼有序，朋友有信，古人称之为“五达道”。

孔子最注重的就是水纹波浪向外扩张的推字。他先承认一个己，再推己及人。顺着这同心圆的伦常，就可向外推了，“本立而道生”。从己到家，由家到国，由国到天下，是一条通路。《中庸》里把五伦作为“天下之达道”。因为在这种社会结构里，从己到天下是一圈一圈推出去的。

在这个富于伸缩性的网络里，随时随地有一个“己”作中心。这并不是个人主义，而是自我主义。自我主义，即一切价值是以“己”作为中心的主义。自我主义并不限于“拔一毛而利天下不为”的杨朱，连儒家都该包括在内。杨朱和孔子不同的是，杨朱忽略了自我主义的相对性和伸缩性，他太死心眼儿，一口咬了一个自己不放。而孔子是会推己及人的，可是尽管放之于四海，中心还是在自己。子曰 :“为政以德，如北辰，居是所，而众星拱之。”这是很好一个差序格局的譬喻，自己总是中心，像四季不移的北斗星，所有其他的人随着他转动。在孔子的道德系统里，绝不肯离开差序格局的中心。因之，他不能像耶稣一样普爱天下，甚至爱他的仇敌，还要为杀死他的人求上帝的饶赦，这些不是从自我中心出发的。

以自我为中心，先保住自己，才能保住家国，这是成大事者的基本素质。在《史记》中，汉高祖刘邦为了打天下，曾不顾家人而逃命，留下两桩恶名昭彰的事儿——踹小儿与烹太公。但是，作为一代豪杰，这恰恰是他的非凡之处。

当年，刘邦出兵关中，率五路诸侯军，一举攻下了楚都彭城。正当大摆酒宴庆功之时，项羽忽从齐地回击，以迅雷不及掩耳之势，攻入彭城，大破汉军，再一路追杀。最后，将刘邦严严实实地围了三匝。此刻，一阵猛烈的沙尘暴突然自西北而起，“折木发屋，扬沙石，幽冥昼晦”。在这黑天暗地中，刘邦才侥幸地与数十骑逃遁而去。逃跑的路上，刘邦折往沛县，打算“收家室而西”。与此同时，楚军也派兵往沛，欲取刘邦家人为质。到了沛县，汉王的家室，早已东奔四散，杳无踪迹。刘邦只好继续西逃，途中，恰恰遇到他的一双儿女——孝惠与鲁元，“乃载行”。结果，才走了一段，忽闻楚军追来，刘邦一急之下，将儿子和女儿推到车下。驾车的夏侯婴一看，急忙下车“收载之”。于是，刘邦提脚再“蹶两儿，欲弃之”。夏侯婴不忍，只好再急急停车，“收载之”。刘邦又踹，夏侯婴则又停，“如是者三”。夏侯婴不仅一回回将孩子收载，最后，干脆让两个孩子紧紧抱住他，死活都不让刘邦再踹了。十万火急之时，刘邦频频挥剑，大概有十几次，“行欲斩婴者十余”。已经没辙的刘邦，总不能连驾车的夏侯婴也一脚踹了吧！所幸，楚军终究没有追上，刘邦侥幸逃回了关中。

还有一回，项羽因战况不利，一时心急，在慌乱之中，遂不择手段，扬言要把刘邦的父亲给烹了。可是，刘邦却嬉皮笑脸地说：“幸分我一杯羹。”这时，项羽身边的项伯说，像刘邦这种“为天下者，不顾家，虽杀之无益”。意思是，杀了也白杀，反更添祸。于是，项羽无奈，只好罢手。结果，刘邦看似没心没肺，倒是把父亲救了。刘太公不仅保住了老命，最后还当上了太上皇。

刘邦的举动，乍看之下，的确蛮横残忍、无理至极。然而，作为王者，身系天下安危。保住一己，与维护千万人的身家性命，乃一而二、二而一之事。顾全自身生命，看似自私，实则为其职责所在。当楚军快追上时，刘邦若顾念儿女，一彷徨，一犹豫，最后终究被擒。其结果，必然全数被杀，无一幸免。况且，以项羽之暴虐冲动，更不知要连累多少无辜呢！刘邦虽说“残忍”，却最能留得住一双儿女的小命。当时，他大脚一踹，除了保住自己之外，那双儿女若非夏侯婴死命抢救，必然要落入楚军手中。可是，楚军一旦取得了汉王家人，不管是谁，都是为了留置楚营，以为人质。刘邦当然清楚，楚军不管再怎么胆大妄为，除非项羽首肯，否则，都不可能马上杀了。

毕竟，那不仅失去了一大筹码，还会引来汉军的同仇敌忾，反倒助长对方士气，怎么说，都是有弊无利呀！

对于刘邦而言，当时急急逃命，若能带着一双儿女顺利脱险，自然最好。可是，若真不得已，的确也只能一脚踹开，先求自己活命了！至于那两条小生命，如果真成了人质，只能再想办法了。虽说“家国不能两全”，但说白了，居圣人之位，其终极目标是为了天下长治久安，这大概就是“为天下者不顾家”的道理吧。

中国儒家认为，要建立天下的秩序，应该让民众先获得一种具体的体验，这种具体的体验，就是家庭的体验。家庭的有序图像，是天下有序图像的起点。家庭秩序由血缘、辈分、长幼等逐一设定，非常清晰。把家庭秩序放大、外移、扩散，就是国家秩序和天下秩序。将私人空间秩序扩展为公共空间秩序，就是家国一体、天下一家。

# 不知国家为何物

中国社会是以家族为核心的。祖宗崇拜，是中国独特的文化现象。祖宗，就是最老的父亲。传统社会的中国人，最高的人生目标就是光宗耀祖，最起码的社会义务是传宗接代。一旦犯了错误，遭遇惨败，则愧对列祖列宗。所以，古人最重视宗庙和神主。宗庙就是祖先的祭殿，神主则是祖先的牌位。以宗庙为中心，族长率族而居，叫作祖籍。进入国家时代，宗庙又成了国家的象征。以祖庙为中心，国君率民而居，叫作国。祖立则国立，祖在则国在，祖毁则国亡。祖国，就是祖宗之国。

在中国，代表部落的是炎帝黄帝，代表部落联盟的是尧舜禹，代表国家诞生的是夏启。

世界上，犹太民族似乎是个例外。他们的国家曾被多次征服，人民曾被多次流放，最后被罗马人赶尽杀绝，从此成为一个没有祖国、散居在世界各地的流亡民族。也许，只有耶路撒冷那座哭墙，才知道他们流过多少泪水。几千年来，被征服的国家数不胜数，只要国破家亡，就不可能作为一个民族存在。唯独犹太人，失去国家一千八百年，流落世界十万八千里，而民族犹存，那是因为文化的根没断。有了犹太教，背井离乡的犹太人就有了主心骨，有了凝聚力，有了核心价值观。无论身处何地，无论皮肤黑白，他都是犹太人。至于国籍，反倒是无所谓的。只要建立过国家，哪怕后来失去，也会有自己的文明。

人类之所以建立国家，图的就是一个安全。然而，当一个国家没有给人民带来安全感时，人民也不会有对国家有归属感和认同感。

清朝末年，朝廷腐败，民不聊生。当八国联军打进北京城时，老百姓认为是皇帝和洋人在打仗，争相帮忙带路。因为，皇帝才是这个国家的唯一主人，百姓不过是被统治的臣民。国民，并非公民。故此，民间从来没有国家的概念。

当八国联军打到北京城时，慈禧太后早就化装成村妇，携光绪帝一溜烟往西跑了，整个紫禁城空无一人，只剩下手无寸铁的老百姓。他们听说八国联军来北京城外了，纷纷跑到城门外看热闹。八国联军发现，这些聚集在一起的老百姓一点也不害怕，要么站着，要么蹲着，一双双毫无精神的眼睛看着精神抖擞的八国联军，似乎危在旦夕的北京城和他们无关。当八国联军兵不血刃进入北京城后，遇上了高墙，打算翻墙走捷径，当他们找来高梯子往上爬时，那些围观的老百姓竟然争相扶梯子，这让八国联军大为惊愕。八国联军在紫禁城里大肆掠夺财宝，正为带不动沉重的财宝而发愁时，又是北京老百姓组织了浩浩荡荡的运输队，用单轮小推车把他们掠夺的财宝一件件运到了天津大沽口，没有人偷拿袋子里的财物。八国联军临走前，北京百姓见到军队长官就下跪磕头，磕完头后还赠送了两面锦旗，写满了祝福的话。

《王大点庚子日记》就是一个北京看客的“活标本”。王大点是一名差役，身份相当低贱，属于不能参加科考的下九流，但由于干的是“辅警”的活计，所以日子过得还可以。义和团运动期间，他每天都出门闲逛，四处看热闹，义和团焚香拜神他看，清兵和义和团攻打使馆他也看，义和团把“二毛子”剁成肉酱他看，有人趁乱抢劫他也看。不仅看，而且跟在后面顺手牵羊，哪怕捞一块木板也是好的。甚至当八国联军打进城来的时候，他依旧出来看热闹，趁乱大捞一把，跟着众人从主人逃走的店铺里抢土麦子、皮衣和铜钱，连他看不懂的旧书也没有放过，划拉了一大抱回家，任凭子弹乱

飞，好像根本就不知道害怕。在他的日记里，经常可以看到掩饰不住的兴奋：“今日看热闹不少。”只有八国联军刚破城的时候，烧杀抢掠，北京城一时间没处买米买面了，他才感到有点恐怖。

在他的眼中，所有惨无人道的事情都不过是热闹。洋人占了北京，他连一点反抗的表示也没有，居然很快就和洋人做起了交易，还多次为洋鬼子拉皮条找妓女，从中捞点好处。义和团运动和八国联军入侵，对于他来说只有两件事有意义：看热闹和占便宜。只要有这两样存在，即使有生命之忧，他也会冒出来。

一张珍藏在美国国家博物馆的老照片，记载了八国联军 1900 年 8 月 14 日攻入北京城的瞬间。地点在广渠门一带，联军正在顺外城的下水道攻入城内，两个小时解决战斗。可以肯定，爬下水道绝对有人带路。当他们爬上岸时，京城百姓居然齐齐站在河沿，作围观状。百姓袖着手，抻着脖，平静地围观，摆出一副与己无关的看热闹神态。

苦难深重的老百姓，在数千年中的宿命就是被一伙伙的强盗统治。任何一个朝代的统治者，对于百姓的关心程度，并不会超过一个强盗对于自己保护的对象。地域辽阔的国家，是统治者的私产。人口众多的百姓，也不过是给统治者创造财富的苦力、给统治者保卫江山的兵源。不管是哪个朝代，不管是何人当政，老百姓的这种宿命是无法改变的。固然，蒙古人统治中国，百姓没有什么好日子。但是，汉族人朱元璋统治中国，又给老百姓带来什么好处？兴，百姓苦；亡，百姓苦！

所以，当鸦片战争打响时，老百姓冷漠地看清政府和洋人开战，甚至怀着幸灾乐祸的心情，看不可一世的封建贵族被洋人打得人仰马翻。对于老百姓来说，既然被奴役是一种无法改变的宿命，被洋人奴役与被清政府奴役，又有什么不同呢？第二次鸦片战争时期，中国人看清军失败时，仿佛是在看戏。英军统帅巴夏礼目击此景，疑惑不解，问其买办何以至此，买办说：

“国不知有民，民就不知有国。”

1912 年 1 月 1 日，中华民国宣告成立。但是，统治者从来没有能力把老百姓团结起来，也没有能力将每个家庭的积极性调动起来。即便有了国家，中国人也是一盘散沙。老百姓都认为“天高皇帝远”，国家与自己没有半毛钱关系，只有家族香火兴旺才是真的。

当年，日本为什么敢发动大规模的侵华战争，他们的底气从哪里来呢？原来，日本人对中国人的国民性格有过深入的研究。1936 年，日本驻北平特务机关长松室孝良，向关东军总部上交了一份秘密报告，对华北的中国军阀和各级官吏这样评价：“大部分个人或小集团的繁荣主义，缺乏为国民的观念，因此形成独霸一方、独裁、私民之状况。国家之存亡，民族之疾苦，彼等不负任何责任。彼等政治欲、物质欲非常旺盛，故彼等除维持现状以解决其欲望外，殊不愿粉碎其势力也。真能爱国为民者，为数极少，大部为顾己而不顾人之辈。”他认为，“中国人之特性，爱国不过五分钟，甚且有不知国家为何物者”。

1937 年淞沪会战爆发后，日军给每一个士兵都有发了一份《长江下游地方兵要地志拔萃》，他们对中国人做了很详细的分析，其中包括：爱钱财和储蓄观念强，缺乏国家观念，不关心政治；爱面子；极富附和与雷同性；保守而尊大；实用主义强，恩义感薄弱；天命观念强；形式主义重，巧于辞令；富于妥协性；上层阶级人士极尽怠惰享乐之能事，而一般百姓极勤勉；易被宣传所鼓动；猜疑心重；情况恶化时极脆弱；守成观念重；尊重祖先坟墓；对强者屈服顺从，对弱者虚张声势；回避责任。

在日军的金山卫登陆中，有一个叫山田武一的间谍，只花了很少的钱，就买通了当地老百姓，让他带着观察地形，此举对日本的成功登陆起到了极大作用。事后，山田武一感慨地说：“从我们对主人家以及当地的居民的观察来看，他们对现政权没有什么特殊的感情，他们常常说这样的话：卢永祥时代我们要吃饭，孙传芳时代我们要吃饭，蒋介石时代我们还是要吃饭，日本人来了我们仍然这样。”

1937 年 12 月，杭州沦陷后，一名日本随军记者发现，当地有些百姓竟然笑脸相迎，简直不可思议。他在报道中写道：“假使日本城市被敌人占领了，就不可能有这种事情。无论男女老幼都不会忘记他们是敌人，而且始终会对他们抱着敌意。日本人就是死也不愿和敌人友好的。”

在中国几千年的历史上，百姓国家观念淡薄。国家不过是统治者的私产，朝廷从来不把老百姓当人看。这样的国家，与老百姓何干呢？不管谁当皇帝，老百姓还不是照样过日子。

# 舍家保国为哪般

新中国成立后，人民成为国家的主人。从苦难中站起来的中国人民，在饱尝外国列强欺压凌辱之后，终于懂得了国家的意义。为了国家，可以切断家族血脉；为了国家，可以放弃家庭利益。仅仅十几年时间，中国人就让“两弹一星”上天，从此宣告国家主权不受威胁。为了国家富强，无数人不惜牺牲个人和家庭利益，无怨无悔，“舍小家，保国家”成为共同的价值观。

西方人强调个体意识，中国人强调集体意识。个体意识是个体优先于集体，而集体意识则是集体优先于个体。所谓集体意识，就是先有集体，后有个体。集体先于个体，也高于个体。没有集体就没有个体，个人是集体的一部分。个人的价值，首先体现于他所属的集体；个人的功过，也决定着集体的荣辱。

新中国成立后，社会流行的口号是：“宁可少活二十年，拼命也要拿下大油田”“小车不倒只管推”“只要干不死，就往死里干”“晴天抢干，雨天巧干，白天大干，晚上苦干”……妻子住院，丈夫不回家；父亲去世，儿子不回家；孩子生日，爸爸不回家……类似先公后私、公而忘私、大公无私的故事，比比皆是，激励着一代又一代人为国献身。

从“两弹一星”到核潜艇，从北斗卫星到载人航天，每一项重大成果的背后，都凝聚着奋斗者巨大的牺牲和付出。为了国家和民族，他们夙夜在公，废寝忘食，终于使中华民族告别了任人宰割的屈辱历史！

邓稼先是“两弹一星”之父。1958 年，妻子许鹿希发现这个和自己情深意笃的男人突然变了：他的行踪变得飘忽不定，经常半夜翻铁丝网回家，回来后也是心事重重。而让许鹿希没有想到的是，这一切仅仅是开端。

不久后，邓稼先突然对妻子说：“我要调走了。”许鹿希大吃一惊问：“去哪里？”邓稼先沉默良久后只答了三个字：“不能说。”接下来，针对妻子的任何问话，邓稼先都只以这三个字做回复。

这一夜之后，邓稼先就住进了茫茫戈壁滩，开启了长达二十八年的分居生涯。去做什么？去哪里？去多久？通通都是“不能说”。丈夫邓稼先离开后，许鹿希只能默默守着原来的住处，带着孩子等丈夫回来。她不知道，这一等，竟是一生一世。

1985 年，许鹿希终于等来了丈夫邓稼先，这是自 1964 年夫妻团聚后，他们再次有机会朝夕相处。此时，许鹿希记忆中高大健壮的邓稼先，已经变成了瘦骨嶙峋的模样。这一次，他却不能和许鹿希回家了，因为他已被确诊为直肠癌晚期，必须在医院接受治疗。直到此时，妻子依旧不清楚丈夫去了哪里、做了什么、因何得了癌症。

1986 年 6 月 24 日，北大不少年轻人一边挥舞着报纸一边跑过来说：“许老师，邓稼先上报了。”许鹿希接过报纸后，禁不住泪如雨下。原来，这一天的《人民日报》在头版头条刊登了邓稼先的长篇报道，介绍了邓稼先为了研制我国原子弹、氢弹等核武器隐姓埋名的事迹。

当许鹿希拿着报纸走进医院时，邓稼先正躺在病床上输血。望着病床上昏迷的邓稼先，许鹿希百感交集。直到这时，她才知道丈夫失踪的秘密。而邓稼先得癌症，就是因为核辐射。1979 年那次空投氢弹，因为操作失误导致氢弹直接坠地摔碎。身为总指挥的邓稼先冒着生命危险，进入现场，用手拿起关键性的零件残片。由于接触了弹头，受到严重核辐射，加之核燃料有剧毒，导致邓稼先全身渗血。病榻前照顾的日子虽然辛苦，但许鹿希却很知足，因为这是她陪在丈夫身边最长的一次……

在新中国历史中，还有一位隐姓埋名的功臣叫黄旭华。他是我国第一代核潜艇总设计师，被誉为“核潜艇之父”。他曾与亲人神秘失联三十年。

20世纪50年代的一个新年，黄旭华出差到广东，经组织批准回了趟汕尾老家。母亲送别三儿子时，留下了简单几句话：“你从小就离开家，那时候战争纷乱，交通不便，你回不了家。现在解放了，社会安定，交通恢复了，爸妈老了，希望你常回家来看看。”

黄旭华流着眼泪满口答应了母亲。没想到，这一离别，就是三十年。再相会时，父亲和二哥都已去世。他回忆说：“父亲病重，我工作紧张没回去。父亲去世，我也没回去奔丧。父亲只知道他的三儿子在北京，不晓得在什么单位，只晓得信箱号码，不晓得什么地址，更不知道在干什么。”

1956年，黄旭华与李世英结婚，次年大女儿黄燕妮出生。他开始研制核潜艇后，李世英独自操持着家里的大事小事。1987年，上海《文汇月刊》刊登长篇报告文学《赫赫而无名的人生》，记录了中国核潜艇总设计师的人生经历。黄旭华把文章寄给广东老家的母亲。文章中只提到“黄总设计师”，没有名字。但文中“他的妻子李世英”这句话让母亲知道，这个“黄总设计师”就是她的三儿子。

母亲没想到，三十年没有回家，被家里的兄弟姐妹们埋怨“忘记父母的不孝儿子”，原来在为国家做大事。多年后，黄旭华的妹妹告诉他，母亲当时一而再、再而三地读这篇文章，每次都是满面泪水。母亲把子孙叫到身边，说了一句让黄旭华感动不已的话：“三哥（黄旭华）的事情，大家都要理解，都要谅解。”

家是最小国，国是千万家。在中国人的精神谱系里，国家与个人，是密不可分的整体。家与国，自古难两全。在国家危难、民族衰亡的时刻，牺牲家庭是必须付出的代价。没有一代人的不幸，换不来几代人的安宁。

美国国家统计局曾发布了一组关于世界各国劳动参与率的数据，中国的劳动总量和劳动参与率均居世界第一。所谓劳动总量，就是所有工作者的工作时间总和；所谓劳动参与率，就是参加工作人口占全体人口的百分比。中国人的劳动参与率达到76%，也就是说，只有少数人在家里无所事事，包括老人、孩子和学生。中国人的勤奋，令世界惊叹和汗颜，甚至还有一点恐惧。外国人问："难道中国人就不需要休息吗？"的确，中国人厌恶好吃懒做，鄙视坐吃山空。职场上最流行的一句话就是："比你优秀的人比你还努力，你还有什么资格不努力？"这么勤奋的结果就是，中国人在劳动力资源上碾压全世界。

印度人老是抱怨："我们的人口也很多啊，凭什么赶不上中国？"其实，看看他们的做事风格就知道了。印度人做事从来不紧不慢，他们总说："急什么，人要活几世呢，这世做不完，下世再来做。"印度人修一条马路，好几年下来还是烂尾工程，而中国人早就修完一条高铁了。印度人干活很优雅，每天都有茶歇时间，喝杯咖啡聊聊天，一混就是一天。而中国人则是昼夜不歇，"打虎亲兄弟，上阵父子兵"。干起活来你追我赶，分秒必争。这么牛的国民，你说赶超就赶超？

一句话，中国奇迹是干出来的。中华民族之所以能够历经磨难而不衰、饱尝艰辛而不屈，家国情怀居功至伟。无数追梦者以"小我"的奋斗推动着中国这个"大我"的发展，而"大我"的发展又进一步孵化着"小我"的梦想。解码中国奇迹，这是一把不可或缺的"密钥"。

# 踩在脚下的墓碑

新中国成立后，中国人的国家观念空前强烈。然而，经过“文革”的摧残，中国人的家族观念日益解体，家谱零落，祠堂废弃，甚至连孔子的墓也没有躲过那场浩劫。

《炎黄春秋》杂志曾邀“文革”见证人撰文记录了孔墓蒙难的历史。1966 年 11 月 15 日，山东曲阜孔府大门前举行“彻底捣毁孔家店誓师大会”。会后，红卫兵们分头冲进孔庙、孔林、周公庙，砸碑、拉匾、捣毁塑像。有人从孔子像中掏出了一部线装古书，这是一部装帧考究、古色古香的明版《礼记》。紧接着，又从孔子以及颜回等门生塑像肚里，掏出了线装的《周易》《尚书》《诗经》《春秋》《大学》《中庸》《论语》《孟子》等经典。挤不上神龛的红卫兵，便将那些摔落在地上的至圣先贤的头颅，像足球一般踢来踢去。

1966 年 11 月 29 日早晨，天气阴冷。北京来的红卫兵前去扒孔子墓。一声令下，巨大厚重的“大成至圣文宣王”碑被拉倒，摔在碑前的石头供桌上，断为两截。为了更快地掘开墓穴，红卫兵还动用了雷管和炸药。

墓中共扒出了五具尸体，包括孔祥珂及夫人、孔令贻及其妻妾。尸体刚出土时保存还很完整，但很快被红卫兵和农民的铁钩戳破，尸体便像撒了气的皮球一般迅速地瘪下去。

墓穴被挖开，孔子第 76 代嫡孙孔令贻的尸体被拖了出来。孔令贻是孔林掩埋的最后一位“衍圣公”，这是孔子嫡系长子长孙的封号，自宋代起

就世袭爵位。尚未腐败的脸以及身体被划破，在冬日的空气中，迅速氧化变黑。

很多年后，一位见证者说：“挖出来的几具尸体在那里放了五六天的样子，每天围观的人都络绎不绝。后来，一天晚上，被弄到孔林东南角的一个土坑里烧掉啦。主要是觉得每天都有很多人去看，尸体男女都有，光着身子太难看。”

巨大的坟冢，让人们花费了整整两天时间，从地面向下又挖了三米多之后，仍没有什么发现。人们终于失去了耐心，他们用探铲深深地掘了几个眼，装进炸药雷管，又胡乱炸了一通。揭地而起的泥土被高高地抛向天空，一会儿才陆陆续续地落下来，打在周围的树枝上，发出哗哗啦啦的响声，也落在围观的人们头上。

然而，孔夫子让两千多年后才赶到他坟前的人们失望了，因为那是一座空坟。他的肉体已全部融进黄土，成了天地万物的一部分。他一无所有，那些礼赞和咒骂都不属于他，那些庙宇和高碑也不属于他。可悲可叹，延续了两千多年的孔氏家族墓地就此毁灭，随葬品也被洗劫一空。

如今，孔令贻的墓位于整个孔林的边上，游人罕至，只因当年被破坏得太彻底。末代衍圣公孔德成是孔令贻的儿子，当年蒋介石视之为国宝级人物，将孔德成与故宫文物一道抢运到了台湾。孔德成曾任台湾考试院院长，于 2008 年 10 月离世，享寿 88 岁，尽管一再获邀，他却从未踏上故土。很多人说，他心里难受。祖坟被挖，这在中国人的传统中，是莫大的侮辱。

在历史上，无论多么风云叱咤的人物，也难预料自己死后的事情。墓地，从来不是一个清静的地方。

2010 年，《中国青年报》记者付雁南采写了《一代宗师，与猪为邻》的报道，讲述了《大公报》前主编张季鸾墓地的故事。一边是冷清的墓地，一边是喧闹的猪场。张季鸾的墓碑就这样静悄悄地立着。他生前关注下等人和底层生活，到他死后，他的墓地仍然没有与这些内容脱掉干系。

1942 年，张季鸾因病去世，他的遗体被从重庆迎返陕西故土，在一场规模盛大的公祭典礼之后，下葬在西安市杜曲镇竹林村一座占地四十亩的陵园中。如今，这个曾经远近闻名的陵园几乎彻底被毁。

这位报人，曾因披露政府内幕，先后两次被袁世凯和段祺瑞投入监狱；这位报人，在主持《大公报》时曾提出著名的“不党、不卖、不私、不盲”方针，一度成为新闻界公认的标尺。

然而，“大跃进”期间，为配合大炼钢铁，周围几个人民公社争先恐后地派人来到这里。很快，陵园院墙内外的洋槐、白杨，还有坟前的秦岭松，都被砍倒，送入土法炼钢的炉子里。

张季鸾的外甥女李赋英记得，从很小的时候起，每年清明节，母亲都会带着自己去给舅舅扫墓。但等到几年后，她才慢慢看懂那些石碑上面刻着的名字：胡宗南、林森、蒋介石……记不清楚从哪一年开始，她和母亲就再也不能去祭拜舅舅了。在随后的运动中，所有石碑上刻着的“敌人”的名字，都被人一点一点砸掉。直至“文革”开始后，这些用江南运来的石材刻成的碑，连同墓基上砌的石条、青砖，都被彻底砸碎，成为村民们用来盖房子的边角料。

最后，在“破四旧”运动中，一辆拖拉机从坟顶推过，将半个土包夷为平地。整个陵园瞬间变成了庄稼地。村民们发现，不知什么时候，张季鸾的墓地已经被人挖开了。之后的几十年里，张季鸾的墓带着赤裸裸的裂痕，躺在这片凌乱的庄稼地里。即使是“文革”结束后，也没有人想要重新修整一下这个陵墓。一代报人张季鸾墓，沦为荒郊野冢，无任何标识，人迹罕至。

在仅剩的一片一亩见方的土坡上，张季鸾后人补立的墓碑，孤零零地立在丛生的杂草间。从墓碑背面所刻的两则唁电中，人们仍能揣度出墓地主人生前的辉煌。毛泽东在电文中称赞张季鸾“功在国家”，而周恩来更是盛誉他为“文坛巨擘，报界宗师”。

可是，生活在墓地附近的大多数人，对这位报人的记忆却已经淡漠。周围的人们，并没读过他的文章，甚至根本讲不出他的具体身份。有的老人还能记起，这里埋了一个“文化人”。而年轻人则认为，他只不过是个“教书先生”。

没有人知道，墓室主人曾在中国新闻史上留下多少辉煌。与相邻的砖窑和猪场相比，这方小小的墓地很少有人祭拜，四周稀稀落落的几棵松树长得也不茂盛。张季鸾在世时，于右任曾这样评价他：“恬淡文人，穷光记者，呕出肝胆。”但恐怕谁都没有想到，这名生前恬淡的记者，身后竟然如此惨淡！万幸，张季鸾之墓今日终于由西安迁至榆林，张季鸾纪念馆也落成开放。

在云南建水县，也曾有一片无主墓碑。不是立在墓前，而是躺在一个杂乱的市场里，成为垫脚石。一块块墓碑覆盖在一道水渠上，人踩，车压，谁也不会在意。墓碑上的名字已然模糊，就像流逝的岁月一样斑驳。无人知晓这一块块墓碑的来历，更无人知晓墓碑的主人。对于这一块块墓碑，有人惋惜，有人愤慨，有人怒斥。“哪家的不肖子孙，把祖宗的墓碑都让人踩在脚下了！”

这话说得酣畅淋漓。然而，谁又能知道，墓碑的主人，经历了何等惨烈的时代风暴。在那个特殊的时代，夫妻反目、父子决裂、兄弟互残的人间悲剧，几乎每天都在上演。哪怕亲眼看到祖坟墓碑被砸，又有谁敢挺身而出，与一个疯狂的时代对抗？一块块墓碑，浓缩了多少家庭的苦难。后来，有民间人士将这些无主墓碑安置在山上一片空地，让亡者安息，也让后人体面。

多年前，一位古稀之年的老人向安徽省固镇县提出建议：请把方忠谋墓作为不可移动文物进行登记并予以保护。这位老人是“文革”举报亲生母亲、致使母亲被处决的张红兵。此事源于固镇县方忠谋“现行反革命”冤案，发生于1970年。作为这个惨无人道的家庭悲剧制造者，作为经历了“文革”

炼狱的一名当年的红卫兵，他写了一封忏悔信：

“我原名叫张铁夫，后改名张红兵。1970 年春，我因检举母亲的所谓的坚决斗争的英勇事迹，而被固镇县教育革命展览誉为大义灭亲时，是一个刚满 16 周岁的少年。而今天，我已是一个有了孙辈的老人。在‘文革’后近半个世纪的岁月里，我经历了痛苦的反思、人性重新在心灵中复苏的艰难漫长过程。

“这是一段渗透着我的家人鲜血和泪水的往事，不堪回首。为此，不知道有多少个夜晚，我曾与无言的母亲相会，并从睡梦中哭醒。我这个吃着狼奶长大、曾经铁石心肠、六亲不认的狼孩，几经磨难、内心熬煎，逐渐与兽性告别，脱胎换骨，从虚幻的天国回归现实世界，皈依了伟大的人性。

“1967 年，在谈到‘文化大革命’形势大好的标志时，一位领导曾说：‘过去一家人碰到一块，说闲话的时候多。现在不是，到一块就是辩论无产阶级文化大革命的问题。父子之间、兄弟姐妹之间、夫妻之间，连十几岁娃娃和老太太，都参加了辩论。’

“在‘文革’中，因言罹难的人何止千千万万，罹难者遗址遍布各个角落。但是，作为由于儿子检举、揭发自己的亲生母并准备扭送公检法军管组、要求对她判处死刑、立即执行的政治性案件，无论是在当时、在现在还是在将来，也可能是绝无仅有的。

“我深深感到，当时像我们这样的家庭不是一个正常家庭，当时的社会不是一个正常社会，当时的国家也不是一个正常国家。而建立起一种基于和睦家庭关系之上的健康社会，对于每一位公民来说，实在是太重要了！它就是我后来的一个梦想。痛定思痛，为子孙后代计，必须从我做起，让人们吸取历史教训，避免这一类灭绝人性的家庭悲剧重演！我之所以在事隔 42 年后提出将家母墓作为不可移动文物的认定申请，其实就是把自己的心灵伤疤生生地撕开了给人看，引起疗救的注意。

“如果有人说，这实在是竖立起一根历史耻辱柱。那么，由于母亲是因我告发而死，为了赎罪，我心甘情愿地钉在这根柱子上！如果有人说，你因此会成为一个反面教员。我会回答：我愿意！”

这样“大义灭亲”的故事，只是“文革”中千千万万人间悲剧的“冰山”一角。在《论语》中，叶公语孔子曰：“吾党有直躬者，其父攘羊而子证之。”孔子曰：“吾党之直者异于是：父为子隐，子为父隐，直在其中矣。”父亲偷羊，儿子居然去检举。对于这样的正直，孔子不认可。法律是维系社会运行的规则，父子亲情是维系父子关系的纽带。但是，如果因为遵守法律而牺牲父子亲情，连家庭关系都处不好，又怎能算是正直呢？自古以来，中国人都遵循“父为子隐，子为父隐”的道德底线，不会主动告发自己的亲人。即便是现代法治社会，也不鼓励亲属之间相互举报。如果鼓励人们背弃伦理亲情，将会导致亲情淡化、人格扭曲，从长远来看，必将人人自危，谈何社会稳定！

在浩荡的历史洪流中，每个家庭都有其幸运或不幸。历史的车轮，并非总是理性的。有时，它会跌跌撞撞，无情地碾碎一代人的青春梦想，然后才能回归正轨。车轮匆匆碾过之后，前进的剧痛总是留给个体。一个个破碎的家庭，如同一面面镜子，照见了历史的残酷与真实。

每一块被踩在脚下的墓碑，都凝结着一片斑斑血泪，昭示着后人莫忘历史。

# 万家团圆国运兴

任何一种国家体制，都是世界各民族在不同的历史条件下，为了实现安全、自由和身份认同所作出的选择。中华文明的不同之处在于，我们走了一条从生殖崇拜到图腾崇拜再到祖宗崇拜的道路。其他民族的身份认同，或者靠神，或者靠法，或者靠信仰，唯独中国人是“认祖归宗”。有了祖宗崇拜，才有家国体制。

国是放大的家，家是缩小的国。从婚姻开始，逐渐衍生出家庭、家族、社会、国家。家庭是最基本的生存屏障，也是最核心的经济单元。有家才有国，家若解体，国将不国。

中国人以前老是说“香火”。所谓“香火”，一来上香，二来熟食以荐，本质上就是祭祀。大家那么在意“香火”，首先要有子孙，有子孙才能延续“香火”；其次，子孙不能不肖，必须把“香火”这事念兹在兹，一直坚持下去。当世世代代的子子孙孙都能“传香火”，能重视丧礼、重视祭祀时，中国人的信仰问题大致就可以解决了。

中国人的信仰其实就是生命的延续，《易经》说“自强不息”，《易传》说“生生之谓易”，这生生不息对绝大多数人而言，就是透过后代子孙让自己的生命永无止息，无限地延续下去。换句话说，中国的丧礼与祭祀让人可以虽有限而无限，形体有时而尽但精神却能永生不灭。在此情况之下，中国的丧礼和祭祀就与西方的宗教有着同等的分量。丧礼和祭祀的郑重其事，是

老樹印信

给了中国人“永生”，也给了中国人一生最重要的保证。

正因中国人的信仰是建立在丧礼与祭祀的基础上，所以，中国人对后代的关切才会如此绵密而恒常。西方人当然也关注孩子，但是，只要到了成年，多半就鲜少过问，不像中国人自幼至长、从小到大、从未婚到已婚、从子到孙，近乎无穷无尽的关切。毕竟，中国父母的关心孩子，是立足于世世代代无尽延绵的视角。中国人的关心后代，一如对祖宗的无尽念想，都是信仰层次、近乎宗教的。中国人只要能往上联结祖宗、往下联系子孙，两端一直延伸时，生命就不再只是有限的线段，而是一条绵延不绝的直线，没有尽头。

眼下，全球发达国家正面临一个最根本的危机：灭种。什么是灭种？是人类自行了断。简单地说，就是一方面活得没有意思，自杀率高；另一方面又越生越少，大家都不太愿意生孩子。一位台湾人家里生了三个孩子，在不同的场合，总会被人问道：“你为什么会生三个孩子？”言外之意，你怎么会有那么大的勇气？他们所问的关键，并非一般人所想的“三个孩子负担很重”诸如此类的现实考虑，而是属于更有“境界”的那种人。他们的问题是：“这个世界会越来越好吗？何苦把孩子生出来让他们将来受苦呢？你忍心吗？”当今时代，很多人之所以决定不生小孩，正是因为这么个“深刻”的理由。

近年来，受西方观念影响，中国人的生育观念也在悄然转变。虽然国家先后放开双独二孩、单独二孩、全面二孩、全面三孩，短期内带动了人口反弹，但很快又重新回落，一路下泻，几近腰斩，下滑幅度之大、速度之快，在全世界都是罕见的。2022 年，中国人口达到峰值。从 2023 年开始，中国进入一个崭新的时代，名曰“人口负增长时代”。自 2011 年，中国劳动年龄人口开始负增长，此后属于劳动年龄人口负增长的缓慢期，也是一个缓冲期。当人口转入负增长，劳动年龄人口的减少速度会越来越快，缓冲期也就此结束。今后，人口负增长对劳动力、人力资本、资本回报率、生产率提高的影响将会加倍呈现。现代人不只晚育少育，现在甚至连婚都不愿意结了。北京、上海几十万优秀“剩女”，每每令父母姑姨痛心疾首，却又无可奈何。

一项调查显示，全国结婚率连续多年下降，屡创新低。而离婚率则持续上升。所谓离结比，是以当年登记离婚的人数为分子、以当年登记结婚的人数为分母得出的一个比值，这是反映婚姻稳定程度最敏感的指标。2018 年，我国离结比高达 38%，平均每天有超过 1 万对夫妻离婚，家庭的基石正在动摇。社会学家的概括简单而直白：“中国婚姻或许在火速终结，中国家庭或许在快速崩溃。”甚至有社会学家预言：婚姻制度终将消亡。

经济社会越发达，爱情越容易老去，婚姻越容易散去。西方自工业革命以来，因产业急剧膨胀，各国为了拉动经济发展，遂以“解放”劳动力为名，鼓励家庭成员投入职场，不断削弱家庭，让社会无限地凌驾于家庭之上。于是，多少夫妻天各一方、聚少离多，婚姻脆弱不堪，家庭分崩离析。中国人的精神归属主要在家庭，家庭动荡不安，精神没有归属，抑郁症等精神疾病必然增加。

在中国离婚率十强城市中，北京、上海、深圳、广州位居前四位。大城市离婚率频频登顶，一个“忙”字成为主要原因。在这些以快节奏、高效率为标志的城市，忙工作、拼事业、熬夜加班冲业绩，成为大多数人的常态。很多夫妻面临着没时间约会、没精力带娃的局面，在外奔波劳碌，回家相顾无言。家庭无人经营，婚姻难以为继。一对又一对夫妻，不是在离婚，就是在离婚的路上。

有人说，现代结婚的目的就是为了“协同进化”。因为任何一个物种，要想收获最大的进化利益，关键是找到合适的伙伴。一分钟足以爱上一个人，一小时足以谈一场恋爱，十二小时足以结一次婚，二十四小时足以离一次婚。现在的婚姻，从七年之痒，变成了三年之痒。一段婚姻，以前的恩爱期是七年；如今的恩爱期，已经缩短到了三年。结婚之前，他们是陌生人；

结婚之后，他们是夫妻；结婚三年之后，他们就变成了仇人。以前离婚，讲究好聚好散；现在离婚，如同仇人对决。

网上有一篇文章叫《凌晨三点的北上广，最适合离婚了》。文中说，一位律师在经手了四百多件离婚案后总结道：上班时间越长的夫妻，越容易离婚。每个人都忙得像个上了发条的机器，围着工作团团转，家成了旅馆，办公室才是“常驻地”。有限的精力，被无限地投放在工作中，屡屡加班到凌晨三点，分配给家庭的时间所剩无几。生活就像是一场搏斗，白天耗尽力气，回家只想倒头睡觉。有人凌晨三点不回家，有人清晨五点已上路。北京是全国最先醒来的城市。清晨五点，人们已经在为通勤奔波。人潮一早从东南西北涌入城市中心，又在晚间回归，这是属于北京的“潮汐”。在北京，人们平均每天上班路程超过一个“半马”。

快节奏的生活，催生了“垃圾婚姻”。所谓垃圾婚姻，就是完全是为了结婚而结婚，结婚之后彼此都受折磨，婚姻一直停留在垃圾状态。人在，心不在。回了家，你玩你的手机，我看我的电视；你玩游戏，我追韩剧。即使坐在同一张沙发上，也处于完全不同的两个世界。世界上最亲密的，是夫妻；世界上最疏远的，也是夫妻。你只是孩子他妈，我只是孩子他爸。更可悲的是，即便婚姻处于垃圾状态，却依然拒绝改变。因为害怕失去，所以拒绝离婚。

改革开放以来，中国人用了四十多年的时间，换来了经济发展的奇迹。然而，当一个国家跨过这个坎之后，重建家庭就成为重中之重。国家富强为什么？为了千家万户的幸福。牺牲家庭是权宜之计，重建家庭是长远之计。

网上有这样一个问题：“每月要赚多少钱，才能撑起一个家？”一名网友的回答令人动容：“撑起一个家的关键词不是钱，而是爱。”当男男女女都去忙着赚钱时，家庭迅速萎缩，离婚率急剧上升。西方文明用“女权”等名义，千方百计把女性从家庭中抽离开来。从早到晚，越来越忙，忙到最后，婚姻沦为形式，家庭名存实亡。家既破碎，国何以安？

儒家强调修身、齐家、治国、平天下，可人们都太容易忽略根本的修身、齐家，一下子就跳到最后面的治国、平天下了。事实上，单单修身这件事情，就得忙一辈子。孔子讲来讲去，更多还是谈个人的修身。最后说治国、平天下，其实不过是把自己的修身再向外延伸一点，把自己安然的状态很自然地延伸出来罢了。

因此，任何志在国家天下之人，都应先回身专注于家庭；有心教育者，更应从自己的家庭做起。家庭始于一夫一妻，真要恢复修行的自觉，就不妨从夫妻相处做起。有人满嘴奉献社会、报效国家，却置家庭于不顾，动辄牺牲婚姻，其实都是颠倒梦想。甚至，有人无心于家庭，却高言献身教育，更是彻底的自欺欺人。

任何时代，只要活得安然，就是最积极的入世。我们从不缺乏有理想有抱负的人，更不缺乏想要改造社会的人，却最缺乏一个个安稳的人。今日中国，只要出现千千万万个自在安然的人，好好过日子，好好尽本分，把身旁的人安顿好，把自己的家庭经营好，中国的问题就解决一大半了。

孟子说："天下之本在国，国之本在家，家之本在身。"从离家到回家，这是时代的共业，也是历史的轮回。中国人站起来、富起来、强起来之后，更需要安下来。回归家庭，就是最大的安心之法。

国富民强，不是抽象的概念，最终都体现在千千万万家庭上。对于中国人来说，最大的圆满来自家庭。如果家庭不和谐，无论头顶多少光环，人生都是有缺陷的。

家庭是国家的细胞。一个强大的国家，需要亿万个幸福团圆的家庭来支撑。治国之根本目的，就是让每个家庭都过得好。无论何时，都不能以拆解家庭为代价。当家庭变成了空壳，国家的意义何在？

家，是生命的起点站，也是生命的终点站。不管走多远，家永远是最强大的“地心引力”。

中国人讲究叶落归根。叶，无论多么繁茂，总要枯萎飘零。根，才是叶的故乡。

家运如花草，国运如节气。花草可以做春天的见证，但不能做春天的保证。只有春天，才可以保证花草茂盛。国运兴，则家运兴；国运旺，则家运旺。

山水迢迢，路远情长，跨越千山，莫忘回家！

# 后 记

两年前，我初次见到薛仁明先生，是在北京的课堂上。那天，他穿一身布衣，蹬一双布鞋，脸色黝黑，带着一股田野风，像个地地道道的农民。说《论语》，讲《史记》，侃京剧，信手拈来，好似闲话家常，却又扣人心扉，忽远忽近，收放自如，于不切题处最切题。薛先生的课堂，更像一个戏园子，台上台下，互相加持，令人闻风相悦。

人这一生，遇见的人很多，但能够心灵相契的不多。我与薛先生一见面，便觉得亲。他的话，句句印心，声声入耳。薛先生常说自己是乡下人，土里土气。其实，那恰恰是他的底气，也是他的大气。他活得敞亮，凡事无可无不可，但又能守得住大根大本。和很多读书人不同，他不纠结、不苦闷、不酸腐，既接“地”气，又接“天”气，对天地有感激，对历史有情义，对人世有欢喜。他的课堂被戏称为“薛家村”，他是当之无愧的“村长”。他曾写过一副对联。上联：重重忧患亦可且吟且啸；下联：满满志气不妨载歌载谣；横批：日日是好日。这，大概就是他追求的生命气象。

我从事医学新闻报道近三十年，已经出版了“医学人文三部曲”。古语道：“上医医国，中医医人，下医医病。”《回家》看似与医学无关，却又大相关，因为它是医人、医国的书。医学从本质上讲，是一个生命观问题。每个人的生命观不同，对医学的理解也不同。然而，医学太有限了，无法认识和解决最根柢的生命问题。所以，最好的药物是“心药”，最高的医道是“心法”。如果不触碰“人道”和“天道”，就不可能了悟生命的本质。每个人终将走向衰老和死亡，如何让这段旅途自在欢喜，才是人生最紧迫的课题。

我与薛先生相识既久，深感两岸文化同根同源，两岸中国人面临着同样的身心困顿。于是，我们决定联袂撰写《回家》。回家，既是回归家庭生活，更是回归精神家园。而那个精神家园，乃中国人的共同归宿。回家，才是中国人的安身立命之道。

近百年来，中国人经历了冲出家庭、拆解家庭到回归家庭的变迁。这是历史的共业，每个人都无法摆脱。国家的命运和家庭的命运，从来都是分不开的。人生之不幸，大多始于家庭之不幸。当今时代，中国正面临着百年未有之变局，中国人正经历着史上最大的危机——家庭危机。眼下，电视上谈家庭问题的人，几乎都是搬弄西方男女平等那一套。结果，不谈还好，越谈家里越乱。所谓婚姻家庭专家，几乎都是婚姻解体、家庭不幸的人。至于谈国学的人，满口国家天下，唯独不碰家庭这一块。但是，中国文明的基地是家庭。“自天子以至于庶人，一是皆以修身为本”。先谈修身齐家，再论治国平天下。如果不谈家庭，中国文化的重建就是“空中楼阁”。可悲的是，当今学者，总喜欢谈那些深奥而繁复的人生哲学，反而忘了到底什么才是人生的根本。你若问禅师，什么是佛法大意？禅师很可能冷冷回你一句：“吃茶去。”抑或，不咸不淡来一句：“庭前柏树子。”让你吃一盏茶，或者闻一缕香，就是参禅悟道。因为，那才是最真实的生活。那么好的茶，那么香的树，你不去感受，反而去关心那么虚幻的东西，岂非离“道”越来越远？

在写作过程中，“薛家村”的同学们分享了很多精彩案例。例如，上海的管维莹讲述了小时候全家春节祭祖的细节；台湾的韩正文回忆了跟随父亲回大陆探亲的情景；台湾的罗燕侬描述了客家人的传统文化习俗；北京的李伟讲解了云南建水民居的文化内涵……因为都是熟悉的人讲述的真实故事，所以格外真切动人。有的细节，我几乎每读一次，都掉一次泪。在此，谨向他们致以诚挚的谢意！

但愿每一位读完《回家》的人，都能找到回家的路。谨以此书，献给那些热爱中华传统文化的人，感念那些在悠悠岁月中过往的人事因缘。

白剑峰

2019 年 10 月于北京